Symposium: Soziale Nachhaltigkeit

Beiträge für das „Symposium: Soziale Nachhaltigkeit"
am 2.11.2017, Potsdam (IASS)

Herausgegeben von Michael Opielka und Ortwin Renn

ISÖ – Institut für Sozialökologie gemeinnützige GmbH
ISÖ – Institute for Social Ecology non-profit company

Bibliographische Information der Deutschen Nationalbibliothek:

Die Deutsche Nationalbibliothek verzeichnet diese Publikation in der Deutschen Nationalbibliographie; detaillierte bibliographische Daten sind im Internet unter http://dnb.dnb.de abrufbar.

© 2017 ISÖ – Institut für Sozialökologie gemeinnützige GmbH

Herstellung und Verlag:

BoD – Books on Demand, Norderstedt

ISBN: 978-3-74603-231-3

Symposium:
Soziale Nachhaltigkeit

Beiträge für das „Symposium: Soziale Nachhaltigkeit"
am 2.11.2017, Potsdam (IASS)

Mit Beiträgen von Ortwin Renn / Michael Opielka / Birgit Pfau-Effinger / Anita Engels / Beate Littig / Sophie Peter / Daniela Setton / Anna Henkel / Stephan Lorenz / Felix Ekardt / Susan Thieme / Wolfgang Strengmann-Kuhn / Christoph Brüssel

Herausgegeben von Michael Opielka und Ortwin Renn

Redaktion: Sophie Peter, Olga Sazonova

Siegburg, November 2017

*Die Vorträge des Symposiums werden in überarbeiteter Form im Jahr 2018
als Buch im oekom-Verlag, München erscheinen.*

ISÖ - Institut für Sozialökologie gemeinnützige GmbH

Ringstraße 8, 53721 Siegburg

Tel.: +49 (0) 2241 1457073, Fax: +49 (0) 2241 1457039, E-Mail: info@isoe.org, Web: www.isoe.org

Coverabbildung: ISÖ

Weitere Informationen zum Symposium sowie die Videos der Vorträge finden sie auf der Homepage des ISÖ – Institut für Sozialökologie gGmbH:

http://www.isoe.org/institut/veranstaltungen/symposium-soziale-nachhaltigkeit-2-11-2017-potsdam/

ISÖ
Institut für
Sozialökologie

Inhaltsverzeichnis

Vorwort

Mit den im September 2015 von den Vereinten Nationen verabschiedeten Sustainable Development Goals (SDGs) der *Agenda 2030* wurden erstmals soziale und ökologische Nachhaltigkeitsziele systematisch verknüpft. Bei den sozialen Nachhaltigkeitszielen wurden ebenfalls erstmals auch die Industrieländer zum Adressaten und nicht ausschließlich die sogenannten Entwicklungsländer, wie noch bei der Vor-Agenda, den Milleniums-Entwicklungszielen der *Agenda 2015*.

Inwieweit verändern sich jedoch soziale und vor allem sozialpolitische Modernisierungsziele im Kontext der Nachhaltigkeitsperspektive? Lässt sich überhaupt von „Sozialer Nachhaltigkeit" sprechen und wenn ja, was ist damit genau gemeint? Genügen die unter dem Begriff „sozial-ökologische" Forschung und Politik formulierten Fragestellungen den komplexen Anforderungen der SDG und eines Programms zur Sozialen Nachhaltigkeit?

Da hier berechtigte Zweifel bestehen, beauftragte das IASS im Sommer 2016 das ISÖ mit einer Studie zu „Soziale Nachhaltigkeit. Konzept und Operationalisierung", die im Frühjahr 2017 unter dem Titel „Soziale Nachhaltigkeit. Auf dem Weg zur Internalisierungsgesellschaft" im oekom Verlag erschien.

Das gemeinsam von IASS und ISÖ am 2. November 2017 in Potsdam veranstaltete Symposium sollte anlässlich der Studie und ihrer Buchveröffentlichung die wissenschaftlichen und politischen Perspektiven des Konzepts Soziale Nachhaltigkeit ausloten. Verhandelt wurden insbesondere folgende Fragestellungen, sowohl in deutscher, europäischer und international vergleichender Perspektive:

- Was ist der Forschungsstand zum Verhältnis von Wohlfahrtsregime und Umweltregime? Sind wechselseitige Steigerungen zu beobachten? Welche Rolle spielen dabei welche Normative?
- Wie lassen sich Aspekte der Sozialen Nachhaltigkeit empirisch messen? Welche Indikatoren sind hier angemessen und wie lassen sich die Ergebnisse interpretieren?
- Welche Bedeutung kommt außersozialwissenschaftlichen Perspektiven in der Forschung zu Sozialer Nachhaltigkeit zu? Inwieweit kann der Fokus Soziale Nachhaltigkeit einen Beitrag zu vertiefter Transdisziplinarität in der Nachhaltigkeitsforschung leisten?

- Welche politischen Verwendungszusammenhänge des Konzepts Soziale Nachhaltigkeit lassen sich beobachten? Kann das Konzept einen Beitrag zur Entwicklung einer neuen gesellschaftspolitischen Arena auf der Grundlage von SDG und Menschenrechten leisten?

Dieser Band diente in einer ersten Fassung der Vorbereitung des Symposiums und präsentiert Texte der dort Vortragenden, die sich mit dem Thema Soziale Nachhaltigkeit auf verschiedenen Ebenen beschäftigen. Die Vorträge des Symposiums werden in überarbeiteter Form im Frühjahr 2018 als Buch im oekom-Verlag, München erscheinen.

Ob es sich bei „Soziale Nachhaltigkeit" um ein Konzept, ein neues Paradigma oder, eingeschränkter, um eine Fragestellung handelt, war Gegenstand des Symposiums. Wir sind uns sicher, dass zumindest die Fragestellung außerordentlich dringlich ist. Eine menschengemachte Lösung des menschengemachten Klimawandels erfordert eine Vielzahl von sozialen Innovationen.

Michael Opielka und Ortwin Renn

1 Die soziale Komponente der Nachhaltigkeit

Ortwin Renn

„Man könnte bilanzieren: Seit Rio (1992) ist nichts so nachhaltig wie das Reden und Schreiben über ›nachhaltige Entwicklung‹ oder ›Sustainable Development‹ (SD) und gleichzeitig nichts so aussichtslos wie der Versuch, den Begriff konsensfähig und allgemeinverbindlich zu definieren" (Judes 1997, S. 1). Mit diesen bitteren Worten beginnt eine kritische Analyse in der Zeitschrift »Politische Ökologie« über die Nachhaltigkeitsdebatte in Deutschland. Wird der inflationäre Gebrauch des Wortes »Nachhaltigkeit« dazu führen, dass wir nur noch mit einer Worthülse alles, was edel, hilfreich und gut erscheint, unter einen Begriff fassen wollen?

Weltweit herrscht Übereinstimmung darüber, dass Nachhaltigkeit ein normatives Leitbild zur Verwirklichung einer intergenerationalen Gerechtigkeit darstellt (vgl. Knaus/Renn 1998, S. 29ff.). Wie dieses Postulat aber konkret umgesetzt werden soll, darüber besteht keineswegs Einigkeit. Denn das, was künftigen Generationen als Erbe hinterlassen werden soll und muss, hängt maßgeblich von der individuellen und kollektiven Bewertung des Erbes ab. Vielfach wird als Erbschaft nur die Menge der natürlichen Ressourcen verstanden, die, von den heutigen Menschen genutzt, folgenden Generationen nicht mehr vollständig zur Verfügung stünden. Darüber wird leicht vergessen, dass zur Erbschaft auch die wirtschaftlichen Errungenschaften einer Volkswirtschaft gehören, die mithilfe von Kapital, Arbeit und Natureinsatz geschaffen worden sind. Auch die sozialen Institutionen, wie demokratische Willensbildung, Formen der friedlichen und gerechten Konfliktbearbeitung, Schaffung und Ausbau des Wissens sowie Manifestationen des kulturellen Selbstverständnisses und der soziokulturellen Identität, sind ebenfalls wichtige Elemente des kulturellen Erbes. Die einseitige Fokussierung auf natürliche Ressourcen ist deshalb zu eng (vgl. Daschkeit 2006; Opielka 2016).

Damit Nachhaltigkeit nicht nur eine Leerformel wird, ist es sinnvoll, Nachhaltigkeit unter normativen (Was wollen wir!) und funktionalen (Was können wir?) Gesichtspunkten zu fassen (vgl. Renn et al. 2007). Das Konzept der normativ-funktionalen Nachhaltigkeit umfasst drei zentrale Komponenten: zum Ersten die Sicherstellung ökologischer Funktionen für kommende Generationen (Kontinuität), zum Zweiten die Durchsetzung von Gerechtigkeitsnormen zwischen und innerhalb der Generationen und zum Dritten den dauerhaften Erhalt der individuellen Lebensqualität im Sinne einer zeitübergreifenden, effizienten und vor allem fairen Verteilung. Es geht

nicht um Stillstand oder um Konservierung, sondern um Wandel und Dynamik in einem Rahmen, der humane Lebensbedingungen für alle Menschen auf Dauer sicherstellt. Die Bedingungen für eine an diesen drei Zielen ausgerichtete nachhaltige Entwicklung lassen sich im Wesentlichen aus den Funktionen der verschiedenen Umwelten für den Menschen ableiten.

- Im Rahmen der *natürlichen Umwelt* geht es zunächst um die Erhaltung der lebensbedingenden Faktoren wie Luft und Wasser. Zum Zweiten geht es um Risikobegrenzung bei menschlichen Eingriffen, die gesundheitliche, ökologische oder klimatologische Auswirkungen haben. Zum Dritten geht es um die Nutzung der Umwelt als Reservoir für Rohstoffe und Abfallbecken *(sinks)*. Ziel ist hier, die Nutzungsmöglichkeiten der natürlichen Ressourcen über die Zeit hinweg aufrechtzuerhalten. Dazu können Verbesserungen der Nutzungseffizienz (mehr Dienstleistung pro Einheit Naturressourcen) und die Substitution von knappen durch weniger knappe Ressourcen beitragen. Schließlich geht es auch um kulturelle und ästhetische Werte, die mit bestimmten Naturphänomenen verbunden werden.

- Im Rahmen der *Wirtschaftsordnung* geht es um die Aufrechterhaltung und Organisation einer existenz- und lebensqualitätssichernden Produktion und Reproduktion. Das oberste Ziel ist hier die Schaffung einer Wirtschaftsordnung, die mit den begrenzten Ressourcen dieser Welt effizient umzugehen versteht. Darunter sind weiterhin zu nennen: ausreichende und effiziente Versorgung der Menschen mit den Gütern, die zur Aufrechterhaltung eines humanen Lebens notwendig sind. Solche Güter können privater und öffentlicher Natur sein. Zum Zweiten geht es darum, die über die Grundbedürfnisse hinausgehenden Güter und Dienstleistungen so anzubieten, dass ihre möglichen externen Kosten für Umwelt und andere Personen minimiert sowie im Preis reflektiert werden. Schließlich muss Innovationsfähigkeit sichergestellt sein, da ohne einen Wandel der Produktionsprozesse die Begrenztheit der Ressourcen zwangsläufig zu einer Belastung künftiger Generationen führt. Das Vorhandensein und die Sicherung eines flexiblen Ordnungsrahmens auf der einen Seite sowie ein ausreichendes Know-How im Sinne von Kapital und Humanressourcen auf der anderen Seite sind dazu unabdingbar.

- Im *sozialen und kulturellen Bereich* geht es vor allem um die Wahrung der menschlichen Identität im Rahmen von Gemeinschaften und der Gesellschaft. Auch in Zukunft müs-

sen Menschen Gelegenheit haben, tragfähige Beziehungen auf der Basis wechselseitigen Vertrauens aufzubauen, sich selbst als Teil einer sinnstiftenden Kultur zu verstehen und im Rahmen von Ordnungssystemen Orientierungssicherheit zu finden sowie institutionelle Möglichkeiten für eine friedliche Lösung von Konflikten vorzufinden. Zu den Funktionen von Sozialsystemen gehören Motivation durch gerechte Verteilungsschlüssel, Solidarität mit anderen Menschen, kulturelle Identitätsbildung und Sinnstiftung sowie die Sicherstellung von verhaltensregulierenden Normen und Gesetzen. Vor allem geht es um die institutionelle Absicherung von Grundbedürfnissen, die für die Entfaltung der Menschen konstitutiv sind.

Der Beitrag zum Symposium „Soziale Nachhaltigkeit" baut auf diesem normativ-funktionalem Verständnis von Nachhaltigkeit auf und thematisiert vor allem die dritte Komponente, die als soziale und kulturelle Dimension der Nachhaltigkeit verstanden werden kann. Es baut auf den Ausführungen von Michael Opielka zu den institutionellen Bedingungen der Nachhaltigkeit auf und thematisiert vor allem die Leistungen in Bezug auf Gerechtigkeit und Identitätsbildung.

2 Soziale Nachhaltigkeit und Internalisierungsgesellschaft

Michael Opielka

Mit den im September 2015 von den Vereinten Nationen verabschiedeten Sustainable Development Goals (SDGs) der Agenda 2030 wurden erstmals soziale und ökologische Nachhaltigkeitsziele systematisch verknüpft.[1] Bei den sozialen Nachhaltigkeitszielen wurden auch die Industrieländer zum Adressaten und nicht ausschließlich die sogenannten Entwicklungsländer, wie noch bei der Vor-Agenda, den Milleniums-Entwicklungszielen der Agenda 2015. Inwieweit verändern sich jedoch soziale und vor allem sozialpolitische Modernisierungsziele im Kontext der Nachhaltigkeitsperspektive? Lässt sich überhaupt von „Sozialer Nachhaltigkeit" sprechen und wenn ja, was ist damit genau gemeint? Genügen die unter dem Begriff „sozial-ökologische" Forschung und Politik formulierten Fragestellungen den komplexen Anforderungen der SDG und eines Programm Sozialer Nachhaltigkeit? Hier bestehen aus soziologischer Sicht doch erhebliche Zweifel, denn die moderne Gesellschaft erscheint in diesen Diskursen eigentümlich reduziert: der Wohlfahrtsstaat kommt nicht vor.[2]

In den Diskursen zu ökologischer Transformation und Nachhaltigkeit wird der Wohlfahrtsstaat als zentrale Regulierungsform moderner Gesellschaften neben der kapitalistisch verfassten Marktwirtschaft fast durchweg als Thema gemieden (z.B. WBGU 2016). Eine „Soziologie der Nachhaltigkeit" (Engels 2017) sollte sich dieser Vermeidungsstrategie nicht anschließen. Für die Soziologie ist nicht erst seit Max Weber die Sozialpolitik von hervorragender Bedeutung. Nach Weber hat Sozialpolitik ihren Ausgangspunkt in der Kritik von Prozessen und Resultaten formaler Rationalisierung, prototypisch im modernen Kapitalismus. Diese Kritik mündet in ethischen Forderungen nach korrigierenden Interventionen und wird damit Gegenstand einer Institutionalisierung, deren Rationalitätskriterium die Befriedigung individueller Bedarfe ist (Weber

---

[1] Der Beitrag erschien unter dem Titel „Soziologie Sozialer Nachhaltigkeit – Zur Idee der Internalisierungsgesellschaft" in „Culture, Practice and European Policy", 2017, Vol. 2, No. 2, pp. 4 – 19 und basierte in Teilen auf Kapitel 1 („Zur Konzeption Sozialer Nachhaltigkeit") in Opielka 2017, das wiederum in weiten Teilen auf einem Aufsatz des Verfassers in der Zeitschrift „Soziologie" beruht (Opielka 2016). Er wurde noch einmal durchgesehen und geringfügig erweitert.

[2] Das gilt leider auch für den neuesten „Bericht" an den „Club of Rome", der ansonsten eine Vielzahl von Anregungen für eine „neue Aufklärung für eine volle Welt" beinhaltet (Weizsäcker/Wijkman u.a. 2017).

1988). Sozialpolitik wurde zum dominanten Regulativ moderner, vor allem demokratisch verfasster Gesellschaften (Opielka 2008). Mit der nun offensichtlichen Gesellschaftsrelevanz des Konflikts um Nachhaltigkeit und der Etablierung von Umweltpolitik stellen sich aus soziologischer Sicht daher neue Fragen:[3]

- Was ist der Forschungsstand zum Verhältnis von Wohlfahrtsregime und Umweltregime? Sind wechselseitige Steigerungen zu beobachten? Welche Rolle spielen dabei welche Normative?

- Welche Bedeutung kommt außersozialwissenschaftlichen Perspektiven in der Forschung zu Sozialer Nachhaltigkeit zu? Inwieweit kann der Fokus Soziale Nachhaltigkeit einen Beitrag zu vertiefter Transdisziplinarität in der Nachhaltigkeitsforschung leisten?

- Welche politischen Verwendungszusammenhänge des Konzepts Soziale Nachhaltigkeit lassen sich beobachten? Kann das Konzept einen Beitrag zur Entwicklung einer neuen gesellschaftspolitischen Arena auf der Grundlage von SDG und Menschenrechten leisten?

- Wie lassen sich Aspekte der Sozialen Nachhaltigkeit empirisch messen? Welche Indikatoren sind hier angemessen und wie lassen sich die Ergebnisse interpretieren?

Diese Fragen einer soziologischen Forschungsagenda Soziale Nachhaltigkeit werden im Folgenden diskutiert, wenngleich einige nur sehr knapp. Zunächst wird gefragt, ob der konzeptionelle, erkenntnistheoretische Rahmen des zeitgenössischen Nachhaltigkeitsdiskurses möglicherweise ganz systematisch eine ernsthafte Beschäftigung mit Sozialpolitik verhindert hat. Mithilfe einer Unterscheidung Sozialer Nachhaltigkeit in vier Konzeptionen und vier Themendimensionen soll das Begriffsfeld erschlossen und deutlich werden, warum Sozialpolitik im Nachhaltigkeitsdiskurs und in den Überlegungen zu einer Postwachstumsgesellschaft mitgedacht werden muss.

Eine der Prämissen ist, dass der Wohlfahrtsstaat selbst keineswegs nur (über das Argument der Arbeitsplatzsicherung) ein Wunschtreiber für (auch) stoffliches Wirtschaftswachstum ist, sondern zugleich ein Organisator für systemische Nachhaltigkeit sein kann, wenn seine Binnenlogik auf Soziale Nachhaltigkeit ausgerichtet wird. Die Diskurse zu Nachhaltigkeit und Sozialpolitik haben eine zentrale Gemeinsamkeit: ihren Fokus auf den Wert der Gerechtigkeit.

---

[3]   Diese vier Fragen strukturieren ein Symposium zum Thema „Soziale Nachhaltigkeit", das durch das ISÖ – Institut für Sozialökologie und das IASS (Prof. Dr. Ortwin Renn) am 2. November 2017 in Potsdam veranstaltet wird: http://www.isoe.org/institut/veranstaltungen/symposium-soziale-nachhaltigkeit-2-11-2017-potsdam/

Eine weitere Gemeinsamkeit ist innerhalb der Spannung zwischen Externalisierung und Internalisierung von Problemen der Fokus auf letztere: Sowohl Sozialpolitik wie Nachhaltigkeit wollen vorhandene Konflikte nicht auf – zudem möglichst schwache – Dritte externalisieren, sondern innerhalb der jeweils verantwortlichen Systeme lösen.

Die von der Generalversammlung der Vereinten Nationen am 21. Oktober 2015, kurz vor dem Pariser Klimagipfel, angenommene Resolution „Transforming our world: the 2030 Agenda for Sustainable Development" (UN 2015) hat mit den „Sustainable Development Goals" (SDG) eine Strategie skizziert, die genau das leisten könnte: einerseits die systematische Verknüpfung von Klima und Wohlfahrt, von Umwelt- und Sozialpolitik, andererseits die anwendungsorientierte Differenzierung in ein komplexes Set von Unterzielen und die Bestimmung relevanter Indikatoren für eine zeitliche Einhaltung. 11 der 17 Ziele der SDG-Strategie „Agenda 2030" sind sozialpolitische Ziele, wenn Sozialpolitik im weiten Sinne der modernen Wohlfahrtsstaats- und –regimetheorie verstanden wird: „Keine Armut" (SDG 1), „Kein Hunger" (SDG 2), „Gesundheit und Wohlbefinden" (SDG 3), „Hochwertige Bildung" (SDG 4), „Geschlechtergleichheit" (SDG 5), „Bezahlbare Energie" (SDG 7)[4], „Menschenwürdige Arbeit" (SDG 8)[5], „Weniger Ungleichheiten" (SDG 10), „Nachhaltige Städte und Gemeinden" (SDG 11), „Frieden, Gerechtigkeit und starke Institutionen" (SDG 16) und selbst „Partnerschaften zur Erreichung der Ziele" (SDG 17)[6].

2.1 Zur Konzeption Sozialer Nachhaltigkeit

Klimawandel und Kapitalismus sind verbreitete, globale Phänomene. Doch *sie unterscheiden sich* in zweierlei Hinsicht markant, vordergründig *historisch*: Der Klimawandel erscheint seit den 1970er-Jahren auf der politischen Agenda, der Kapitalismus seit den 1840er-Jahren. Die ökologische Frage als Gattungsfrage beschäftigt die Menschheit nun bald 50 Jahre, die soziale Frage als Klassenfrage seit gut 170 Jahren. Was sehr lange währt, deutet auf Stabilität, Bedeutung für gesellschaftliche Akteure und auf Institutionalisierung hin. Vielen erscheint die ökologische Frage noch immer herbeigeredet, der Klimawandel eine Konstruktion. Ähnlich hielten und halten auch viele die soziale Frage für längst gelöst, den Kapitalismus für siegreich.

---

[4] „Bezahlbare und saubere Energie" heißt es vollständig, das „Saubere" ist Teil der ökologischen Nachhaltigkeit, wenn man einmal separieren möchte.

[5] Lassen wir auch hier den Aspekt „Wirtschaftswachstum" aus SDG 8 weniger beachtet, eine Dimension des Diskurses um ökonomische Nachhaltigkeit, nicht ohne Widerspruch zum Gesamtduktus der SDGs.

[6] In klassischen Wohlfahrtsstaaten als Neo-/Korporatismus bekannt.

Die meisten sehen aber in beiden Fragen hohe Relevanz, ahnen auch einen Zusammenhang, doch „klar" ist er nicht. Das hat mit dem zweiten, gravierenden Unterschied zwischen Klimawandel und Kapitalismus zu tun: Sie unterscheiden sich auch *analytisch*.

Das seit den 1990er-Jahren zirkulierende, sogenannte „Dreieck der Nachhaltigkeit" wirkt auf den ersten Blick intuitiv überzeugend. Es unterscheidet ökologische, ökonomische und soziale Nachhaltigkeit – je nach Stakeholderinteresse werden drei sich verstärkende oder sich gegenseitig bremsende „Säulen" konzipiert. So beschreibt 1998 die Enquete-Kommission des Deutschen Bundestages „Schutz des Menschen und der Umwelt" Nachhaltigkeit zum ersten Mal als dauerhaft zukunftsfähige Entwicklung der ökonomischen, ökologischen und sozialen Dimension menschlicher Existenz (Deutscher Bundestag 1998). Diese „drei Säulen" der Nachhaltigkeit stehen, so heißt es seitdem häufig und zugleich kontrovers[7], miteinander in Wechselwirkung und bedürften langfristig einer ausgewogenen Koordination.

Das Dreisäulen- oder Dreiecksmodell der Nachhaltigkeit hat eine bislang wenig beachtete Parallele zum in der Nachhaltigkeitsdebatte ebenfalls präsenten Modell der drei Prozesse „Effizienz-Konsistenz-Suffizienz", das auf unternehmerische Nachhaltigkeitsstrategien abzielt (Schaltegger u.a. 2003, S. 25), sinnvollerweise aber für alle stoffbezogenen Nachhaltigkeitsstrategien gelten kann. Joseph Huber hatte schon in den 1990er-Jahren „Konsistenz vor Effizienz vor Suffizienz" und eine „Gesamtstrategie der abgestuften Präferenzen" gefordert. Man müsse „zuerst und vor allem versuchen, die ökologische Angepasstheit der Stoffströme durch veränderte Stoffstromqualitäten zu verbessern (Konsistenz), um dann, auch aus ökonomi-

---

7   Grunwald/Kopfmüller 2012; Felix Ekardt hält die Unterscheidung für unmaßgeblich und definiert Nachhaltigkeit ausschließlich gerechtigkeitstheoretisch: „Es geht mit der Nachhaltigkeit also um die Erweiterung der Gerechtigkeitsidee, also der Frage nach der richtigen Gesellschaft (...), in raumzeitlicher Hinsicht, also hin zur intertemporalen und der global-grenzüberschreitenden Gerechtigkeit." (Ekardt 2016, S. 67) Vor dem Hintergrund dieser Definition überrascht doch seine recht pauschale Ablehnung des Konzepts „Soziale Nachhaltigkeit", sofern es systematisch mit den Wohlfahrtsregimen in Bezug gesetzt wird (wie bei Opielka 2017), die offensichtlich systematische Antworten auf die „Frage nach der richtigen Gesellschaft" geben. Ekardt neigt zu pauschalierenden Ausführungen, wenn er beispielsweise eine „angebliche soziale Nachhaltigkeit" (Ekardt 2016, S. 73) beklagt, eine Begründung ihrer Angeblichkeit jedoch schuldig bleibt und beispielsweise wenig kenntnishaft behauptet: „Wenig mit der intertemporalen Perspektive hat dagegen ‚die Sozialpolitik als Ganzes' tun. Denn bei ihr bleibt eben wieder unklar, wie heutige Menschen sie über lange Zeiträume ermöglichen oder verhindern können." (ebd., S. 72) Das ist offensichtlich weder Stand früherer noch heutiger Sozialpolitikforschung. Sozialpolitik wirkt von Anfang an in langfristiger, intertemporaler Generationenperspektive (vor allem, aber nicht nur in der Rentenversicherung). Idiosynkratische „Theorien" der Nachhaltigkeit ignorieren die langfristige Pfadabhängigkeit von Institutionenentscheidungen in der Sozialpolitik, die auch unter Begriffen wie „longue durée" verhandelt wird (dazu Opielka 2008, S. 38ff.). Gegenwärtige Entscheidungen prägen die Sozialpolitik erneut langfristig und zunehmend auch globale Verteilungsrelationen.

schen Gründen, die Ressourcenproduktivität dieser Stoffströme optimal zu steigern (Effizienz), und wo beide Arten von Änderungen in ihrem Zusammenwirken an Grenzen geraten, da müssen wir uns eben zufrieden geben (Suffizienz)."[8]

Die Parallele zwischen Dreisäulen- und Dreiprozessmodell der Nachhaltigkeit könnte folgende sein: ökologische Nachhaltigkeit und Konsistenz, ökonomische Nachhaltigkeit und Effizienz, soziale Nachhaltigkeit und Suffizienz. Doch der Stolperstein ist unübersehbar. Ein Verständnis von Sozialer Nachhaltigkeit, das sich bislang vor allem auf Ungleichheit und Gerechtigkeit bezieht, hat wenig mit Suffizienz zu tun. Andererseits öffnet sich gerade hier die Tür zur Verbindung der Diskurse mit Postwachstum und Sozialer Nachhaltigkeit, wie die Diskussion um eine sozial gerechte Gestaltung der Energiewende in Deutschland zeigt.

Die drei Dimensionen der Nachhaltigkeit finden sich als einigendes Deutungsmuster in zahlreichen Texten seit der UN-Konferenz von Rio de Janeiro 1992 (United Nations Conference on Environment and Development, UNCED), deren Abschlusserklärung ein solches Dreieck jedoch nicht beinhaltet.[9] Deutungsmuster sind in der Regel implizit und vorbewusst. Hier ist das eingangs erwähnte analytische Problem im Dreieck eingebaut: In einer kapitalistisch verfassten Weltwirtschaft meint wirtschaftliche Nachhaltigkeit, dass die Funktionsimperative des Wirtschaftssystems nicht gefährdet werden dürfen. Ihre Protagonisten im Nachhaltigkeitsdiskurs sind Arbeitgeber, Unternehmerverbände, Wirtschaftsflügel. Soziale Nachhaltigkeit meint die andere Seite im Antagonismus der Klassen: Hier positionieren sich weltweit Gewerkschaften und NGOs, die sich der Repräsentanz der Kapitallosen und der Ausgeschlossenen verpflichten. Wenn also, wie in praktisch allen relevanten Nachhaltigkeitsdiskursen, eine Homöostase dieses Dreiecks beschworen wird, dann wird der Klassenantagonismus in die Figur der Nachhaltigkeit eingebaut und gleichzeitig in einen zweiten Antagonismus gespannt, nämlich zur „reinen" ökologischen Frage. Damit beruht das Dreieck der Nachhaltigkeit auf einem doppelten Widerspruch: zuerst zwischen sozialer und wirtschaftlicher Nachhaltigkeit (Klassenantagonismus) und dann auch noch zwischen diesem Spannungsverhältnis und der ökologischen Nachhaltigkeit im engeren Sinn. Antagonismen oder Ambivalenzen neigen dazu, die Akteure zu lähmen. Eine doppelte Ambivalenz im Drei-Säulen-Konzept der Nachhaltigkeit birgt damit ver-

---

[8] Huber 1995, S. 157; kritisch dagegen Ekardt 2016a.

[9] Abschlusserklärung 1992: http://www.un.org/Depts/german/conf/agenda21/rio.pdf; die Erklärung der Stockholm-Konferenz 1972 enthält dies ebensowenig: http://www.un-documents.net/aconf48-14r1.pdf

schärftes Stillstandsrisiko. Am Beispiel der Klimapolitik lässt sich das gut demonstrieren: Gewerkschaften und Regionalpolitiker kämpfen Seite an Seite mit Energiekonzernen für ein Weiterbestehen der fossilen Energieerzeugung durch Braunkohle und gegen Dekarbonisierung. Stephan Lessenich hat das Verwirrungspotenzial der Spätmoderne auf den nachhaltigkeitsrelevanten Begriff der „Externalisierungsgesellschaft" gebracht. In dieser leben die Leute „nach absoluten Maßstäben (...) über den Verhältnissen anderer"[10]. Klimawandel und Kapitalismus verschmelzen im sozialen Wegschauen. Eine babylonische Verwirrung aus Volkskapitalismus und Volksklimawandel scheint sämtliche Akteure irrelevant zu machen, die dann auch nicht zur Verantwortung gezogen werden. Der Klimawandel im Kapitalismus wird zu einem wunderlichen Narrativ, einer Kulturfigur, die nur als „Ressource der Imagination" (Hulme 2014, S. 333) noch politisch nutzbar werden kann. Ist der Wandel von der Logik der Externalisierung in eine Logik der Internalisierung, des Sich-ehrlich-Machens überhaupt denkbar, ein Pfad in Richtung „Internalisierungsgesellschaft" erkennbar?

Hier kann ein Dokument helfen, sowohl das Konzept Sozialer Nachhaltigkeit zu schärfen als auch die Möglichkeiten und Grenzen politischer Klimaschutzmaßnahmen näher zu bestimmen. Es handelt sich um ein Diskussionspapier der „Commission for Social Development" des Wirtschafts- und Sozialrates der Vereinten Nationen (kurz: ECOSOC[11]) mit dem Titel „Emerging Issues: The Social Drivers of Sustainable Development" (UN ECOSOC 2014). Dessen Argumentationsschwerpunkt liegt zunächst auf dem organisierten Klassenkompromiss, der sich an der dominanten Wertschätzung von Erwerbsarbeit ausrichtet. Dies entspricht dem Grundimpuls von ECOSOC, der sich in der Dreifach-Konstruktion der UN-Unterorganisation ILO noch zuspitzt (Regierungen-Gewerkschaften-Arbeitgeber). Seit den 1980er-Jahren haben nun nach Auffassung des ECOSOC drei politische Diskurse die alte Lohnarbeitszentrierung aufgeweicht:

- Der Diskurs um **Frauenarbeit** seit den 1980er-Jahren, der zum einen zeigt, dass gleiche Zahlung für gleiche Leistung ebenso wenig durchgesetzt ist wie eine sichtbare Bewertung der Familien- bzw. Hausarbeit.

---

[10] Lessenich 2015, S. 24; ausführlich Lessenich 2016.

[11] ECOSOC versteht sich unterdessen als zentrale Plattform für Nachhaltigkeitsdiskurse („the United Nations' central platform for reflection, debate, and innovative thinking on sustainable development"), sie verantwortet das Monitoring der SDGs (UN ECOSOC 2016): http://www.un.org/en/ecosoc/about/index.shtml

- Die Wahrnehmung und Anerkennung der **informellen Ökonomie** seit den 1990er-Jahren – durch die Selbstartikulation des Globalen Südens und die Relevanzbeobachtung der Subsistenzökonomie; die Diskussion über eine Erweiterung des BIP um nicht-monetäre Wohlfahrtsleistungen gehört ebenfalls hierher.
- Schließlich seit den 2000er-Jahren aufgrund der Beobachtung von „jobless growth" und im Anschluss an die Finanzkrise eine Infragestellung von **Wirtschaftswachstum** an sich, dessen ökologische Folgen zunächst eine geringe Rolle spielten.

Das Dreieck der Nachhaltigkeit („the three pillars of sustainable development") wird zu Beginn des Papiers in spezifischer Formulierung aufgerufen: „sustainable development, enabled by the integration of economic growth, social justice and environmental stewardship". Die drei Dimensionen sollen gleichrangiger ("more equal") behandelt werden als bisher. Warum? Die Antwort ist einfach: „Indeed, the interpretation of sustainable development has tended to focus on environmental sustainability while neglecting the social dimension." Was aber ist diese "social dimension"? Könnte sie mehr oder etwas anderes sein als "social justice", als der Fokus auf Ungleichheit und deren Behebung? Das ECOSOC-Dokument deutet das an. Als „social drivers for sustainable development" wird eine bemerkenswerte Reihe von Handlungsfeldern angeführt und kombiniert. Von der Förderung der informellen Ökonomie über eine universalistische Sozialpolitik einschließlich eines Grundeinkommens („transformative social policy"), eine „grüne Ökonomie", über Partizipation und Empowerment, bis hin zu einer generell sozialen und solidarischen Ökonomie; eine Treiberliste, die noch vor wenigen Jahren im gewerkschaftsbezogenen Kontext undenkbar gewesen wäre.

Vor dem Hintergrund dieser Diskursentwicklung wird der nächste Schritt auf eine Verallgemeinerung von Sozialer Nachhaltigkeit in der internationalen Politik hin nachvollziehbar, wie er mit den SDGs im Jahr 2015 gelang. ECOSOC wurde mit der Überwachung und seine Statistik-Kommission mit der Indikatoren-Entwicklung beauftragt (Opielka 2017, S. 87ff.).

2.2 Vier Konzeptionen Sozialer Nachhaltigkeit

Es erscheint hilfreich, den bislang diffusen Begriff Soziale Nachhaltigkeit klarer zu definieren und ihn seiner Begrenzung auf linke Kapital(ismus)kritik zu entziehen (ohne darauf zu verzichten). Er sollte insbesondere nicht mehr auf den ökonomischen Kontext reduziert werden.[12] Ratsam wäre darüber hinaus eine sozialwissenschaftlich integrative, zunächst soziologische, im Weiteren transdisziplinäre Perspektive, die vor allem auch an die politische Steuerung (Governance) anschlussfähig ist. Diese Anschlussfähigkeit bietet das in der vergleichenden Wohlfahrtsstaatsforschung verwendete Konzept des „Welfare Regime", das vor allem durch die Arbeiten von Gøsta Esping-Andersen bekannt wurde.[13] In jüngster Zeit wurde es auch auf seine Anwendbarkeit in der Umwelt- bzw. Nachhaltigkeitspolitik überprüft.[14] Im ersten Differenzierungsschritt werden die regimetheoretischen Überlegungen daher noch zurückhaltend eingesetzt.

Eine diskursanalytische Betrachtung[15] erlaubt die Unterscheidung von vier[16] Konzeptionen Sozialer Nachhaltigkeit:

Ein **skeptisches** Verständnis von Sozialer Nachhaltigkeit als Nachhaltigkeit ökonomischer Funktionalitäten. Hier geht es um Generationengerechtigkeit, beispielsweise in der Verteilung der Finanzierungslasten der Rentenversicherung zwischen Jung und Alt, finanzpolitisch um die Begrenzung von Staatsschulden („schwarze Null"), aber auch um die Verhinderung einer wachsenden Nachfrage nach öffentlichen Investitionen in die Förderung von Nachhaltigkeit

---

12   So im Jahrbuch Ökologische Ökonomik 2007. Soziologisch erweitert bereits bei Littig/Grießler 2005, allerdings fehlt ein systematischer Bezug auf Wohlfahrtsstaatlichkeit.

13   Esping-Andersen 1990, zur anschließenden Diskussion in der Wohlfahrtsforschung Arts/Gelissen 2002; Esping-Andersen kann sich auf eine Diskussion in der politikwissenschaftlichen Theorie Internationaler Beziehungen stützen (ohne sie explizit zu erwähnen). Die Regimetheorie von Robert O. Keohane und Stephen Krasner – deutsche Vertreter sind unter anderen Volker Rittberger oder Michael Zürn – entstand um 1980 als Weiterentwicklung der Interdependenztheorie. Internationale Regime sind kooperative Institutionen, die durch informelle und formelle, rechtliche und nichtverrechtlichte Strukturen gekennzeichnet sind und Konflikte zwischen Nationalstaaten bearbeiten. Vier Kennzeichen internationaler Regime werden unterschieden: Prinzipien (gemeinsame Grundannahmen), Normen (allgemeine Verhaltensstandards), Regeln (spezifische Verhaltensvorschriften) und Verfahren (konkrete, gemeinsam verabredete Prozeduren) (Hasenclever u.a. 2000). Esping-Andersen übertrug diese Überlegungen auf die Wohlfahrtsstaatsanalyse selbst, sein Regimebegriff gilt nicht überstaatlichen, sondern innerstaatlichen Institutionengeflechten.

14   Gough 2016, zumindest als Policy-Vergleich Koch/Mont 2016; dazu auch Opielka 2017, S. 74ff..

15   Hier ist auf die enorme Fülle internationaler Veröffentlichungen zu Sustainability Sciences in Fachzeitschriften zu verweisen (Kates et al. 2001, Bettencourt/Kaur 2011).

16   Gegenüber Opielka 2016 wurde das „internale" Verständnis regimepolitisch in ein marktzentriertes „skeptisches" (liberales) und ein gemeinschaftszentriertes „internales" (konservatives) Konzept ausdifferenziert.

über die Aufnahme neuer Schulden. Soziale Nachhaltigkeit wird in diesem liberalen Politik- bzw. Regimetyp skeptisch, vielfach mit Abneigung und negativ konzipiert, als positives Konzept ist es in diesen Diskursen kaum zu finden.

Ein **enges** Verständnis von Sozialer Nachhaltigkeit als „Soziale Umverteilung": Hier wird „das Soziale" als eine von „drei Säulen" der Nachhaltigkeit konzipiert, als Konfliktreduktion und Umverteilung, antagonistisch zur (eher wirtschaftsliberal gedeuteten) ökonomischen Nachhaltigkeit und als Begleitung der ökologischen Nachhaltigkeit, die im Zentrum dieser Konzeption steht.[17] In dieser Perspektive wird eher von sozialdemokratisch-sozialistischer Politik bzw. einem solchen Regime ausgegangen und damit von der Genese der dritten „sozialen" Säule als gewerkschaftlich-linkem, politischem Programm gegen eine Dominanz der „wirtschaftlichen" (Kapital-)Säule. Das diskursive Verständnis von „sozial" entspricht damit der heutigen Verwendung von „sozial" im Sinne einer vertikalen Verteilungsgerechtigkeit.[18] Das enge Verständnis Sozialer Nachhaltigkeit korrespondiert mit Konzepten einer „ökologischen Modernisierung".

Ein **internales** Verständnis von Sozialer Nachhaltigkeit als Nachhaltigkeit des Sozialen: Diese Konzeption hat mit Ökologie und dem heute üblichen Konzept von Nachhaltigkeit (Sustainability) zunächst wenig zu tun. Sie bezieht sich primär auf das Soziale selbst, auf den Erhalt und die Reproduktion der gemeinschaftlichen Kernsysteme einer Gesellschaft. Dieses Verständnis kommt einem konservativen Politik- bzw. Regimeprinzip nahe, wie ihn beispielsweise die ordoliberale Freiburger Schule der Ökonomie vertrat und hat hier viele Berührungspunkte mit dem „skeptischen" Konzept Sozialer Nachhaltigkeit: Es geht um eine nachhaltige Vermögenskultur, beispielsweise durch die Förderung von Familienunternehmen oder vermehrte Stiftungsgründungen oder um „good governance", um die langfristige Stabilität von Institutionen. Die Brücke zur Verantwortung gegenüber Natur und Umwelt schlägt diese Konzeption über die Gemeingüter, die sogenannten „Commons". Luft, Artenvielfalt, Wasser und Naturschönheiten sind durch Egoismen und Kurzzeitdenken bedroht, der Blick auf das Gemeinschaftliche in einer konkreten kleineren Gesellschaft bis hin zur Weltgesellschaft schließt die ganze Ökologie des

---

[17] Exemplarisch: Senghaas-Knobloch 2009, ähnlich auch Jahrbuch 2007, abgeschwächt Littig/Grießler 2005.

[18] In einer klassischen Studie hat Eckart Pankoke die deutsche Verwendungsgeschichte und damit auch die Veränderung des Bedeutungsgehaltes von „sozial" nachgezeichnet (Pankoke 1970).

Sozialen ein, von der Natur bis zum geistigen Welterbe.[19] In diesen eher konservativen Diskursen wird mit dem Begriff der „Sozialen Nachhaltigkeit" versucht, eine Transformation von Institutionen oder Umverteilungsprozesse zu vermeiden und stattdessen, ohne die Gesellschaft zu verändern, institutions-immanent, eben internal, die Natur zu schützen.[20]

Schließlich findet sich auch ein **weites** Verständnis Sozialer Nachhaltigkeit, in dem das „Soziale", dem englischen Sprachgebrauch folgend, eher als das „Gesellschaftliche" verstanden wird: Soziale Nachhaltigkeit wird hier als gesellschaftliches Projekt, als Transformationsprojekt konzipiert. In dieser Arena werden Diskussionen über die Postwachstumsgesellschaft, über „Green Growth" und „Degrowth" geführt. Soziale Nachhaltigkeit wird im garantistischen Politik- bzw. Regimetyp als Dachkonzept für die Nachhaltigkeitsdiskussion entwickelt. Der Begriff „Garantismus" bedarf einer Erläuterung: Die klassischen Politiklegitimationen liberal/sozialistisch/ konservativ - also Mitte/Links/Rechts - wurden in den letzten Jahrzehnten durch eine globale Agenda sozialer Grundrechte herausgefordert, die sich nicht umstandslos dieser Trias unterordnen lässt. Es gibt starke Argumente dafür, dass Demokratien eine evolutionäre Dynamik hin zu sozialen Grundrechten entfalten, die durch geeignete Politikstrukturen (v. a. direkte Demokratie) gestützt werden. Der Regimetyp „Garantismus" trägt dieser Dynamik Rechnung. Die im Wesentlichen menschenrechtliche Fundierung des garantistischen Regimetyps (Opielka 2008) markiert ein starkes Verständnis Sozialer Nachhaltigkeit, den Gegenpol zum skeptischen, liberalen Verständnis. Das Tableau der Sustainable Development Goals (SDG) und das Votum für einen „holistischen"[21] Politikwechsel seitens der UN stehen für ein weites Verständnis Sozialer Nachhaltigkeit.

In Abbildung 1 werden die vier Konzeptionen Sozialer Nachhaltigkeit in die systematische Darstellung der Wohlfahrtsregime eingefügt. Damit ist ausdrücklich noch keine Analyse umweltpolitischer Regime verbunden. Eine solche, formal der Analyse von Wohlfahrtsregimen vergleichbar, liegt noch nicht vor.

---

[19] In diese Richtung argumentiert eine Forschergruppe am Umweltforschungszentrum Leipzig (Klauer u.a. 2013) mit einem „Beständekonzept", das die Dimension „Zeit" in die Ökonomie holt und dadurch Nachhaltigkeit operationalisiert.

[20] Zimmer (2015) geht bis an die äußerste Grenze der Denkmöglichkeiten einer konservativen Partei wie der CDU, wie auch das Vorwort des Fraktionsvorsitzenden Volker Kauder zur Publikation zeigt.

[21] „The SDGs are a univeral agenda of sustainable development, calling on all nations to pursue a holistic strategy that combines economic development, social inclusion and environmental sustainability." (Bertelsmann/SDSN 2016, S. 8)

	Typen des Wohlfahrtsregimes			
	Liberal	*sozialdemo-kratisch*	*konservativ*	*garantistisch*
Steuerung / Governance: • Markt • Staat • Familie/Gemeinschaft • Menschen-/Grundrechte	**zentral** marginal marginal mittel-hoch	marginal **zentral** marginal mittel	marginal subsidiär **zentral** marginal	mittel subsidiär mittel **zentral**
Dominante Form sozialstaatlicher Solidarität	Individua-listisch	lohnar-beits--zentriert	kommunita-ristisch-etatistisch	Bürgerstatus, universalis-tisch
Vollbeschäftigungsgarantie	Schwach	stark	mittel	mittel
Dominante Form der sozialstaatlichen Steuerung	Markt	Staat	Moral	Ethik
Konzeptionen Sozialer Nachhaltigkeit	**skeptisch**	**eng**	**internal**	**weit**
Empirische Beispiele in der Sozialpolitik	USA	Schweden	Deutschland, Italien	Schweiz („weicher G.")

Quelle: Opielka 2008, S. 35, um „Konzeptionen Sozialer Nachhaltigkeit" erweitert

Abbildung 1: Typen des Wohlfahrtsregime und Konzeptionen Sozialer Nachhaltigkeit

Alle vier Konzeptionen Sozialer Nachhaltigkeit beinhalten wesentliche und zukunftsfähige Gesichtspunkte. So politisch-normativ sie auch konstruiert sind, sie sind zugleich analytische Konzeptionen zur Untersuchung der Steuerungsleistungen sozialer Systeme.[22] Das **skeptische** (liberale) Verständnis will institutionelle Änderungen meiden und setzt im Wesentlichen auf technologische Lösungen des Nachhaltigkeitsproblems. Das **enge** Verständnis legt den Fokus auf jene sozioökonomische Konfliktlage, die Thomas Piketty als Prozess weltweiter Dominanz von Kapitalrenditen über Arbeitnehmereinkommen auslegte (Piketty 2014). Sie inszeniert sich

---

[22] Die empirisch fundierten Theorien zur Entwicklung von Wohlfahrtsstaaten im internationalen Vergleich (Macht-Ressourcen, Funktionalismus, Institutionalismus usw., vgl. Esping-Andersen 1990) auf die Entstehung von Umweltregimen anzuwenden, könnte zu erheblichen Einsichten führen.

in den Diskussionen um Energiepreise oder Braunkohleabbau, wonach Klimaschutzmaßnahmen sozial ungleich wirken und vorhandene Benachteiligungen zu verschärfen drohen. Das **internale** Verständnis wiederum zählt schwerpunktmäßig auf gemeinschaftliche Gestaltungsoptionen, auf ein „Transformationsdesign" (Sommer/Welzer 2014), auf mentale Veränderungen (Verhalten, Konsum) und technische Innovationen (Zimmer 2015), institutionelle Veränderungen sind diesem politisch eher konservativen Verständnis weniger recht.[23] Das **weite** (garantistische) Verständnis Sozialer Nachhaltigkeit schließlich könnte insgesamt zu einem Leitbild des Nachhaltigkeitsdiskurses werden. Indem es das Soziale, das Gesellschaftliche und Institutionelle einer Transformation zu einer nachhaltigeren Gesellschaft betont, ohne sich damit zu begnügen, wird deutlich gemacht, dass eine primär technologische oder ökonomische Strategie den systemischen Charakter der sozial-ökologischen Problemstellung verfehlt.

Ein weites Verständnis Sozialer Nachhaltigkeit zielt auf eine umfassende Reorganisation von Politik, wie sie im 20. Jahrhundert mit der Idee des Wohlfahrtsstaates und der Etablierung verschiedener Formen eines „Wohlfahrtsregimes" weltweit erfolgreich gelang.[24] Es bleibt zu hoffen, dass es der Nachhaltigkeitsbewegung, wie zuvor der Arbeiterbewegung, gelingt, neue Institutionen zu fordern und zu fördern, die den sozialen Ausgleichsimpuls des Sozialstaats systematisch zu einer Art „Öko-Wohlfahrtsregime" weiterentwickeln.

Eine Nachhaltigkeitsbewegung benötigt Transformationsnarrative. Psychische Veränderungen erfordern symbolische Repräsentanzen des Ungedachten, des „Noch-Nicht" (Bohleber 2014). Das gilt auch für soziale Veränderungen. Michael Braungart, der Erfinder des „Cradle-to-Cradle"-Prinzips, kritisiert den Nachhaltigkeitsdiskurs, denn Nachhaltigkeit sei nicht genug, viel wichtiger sei Qualität (Braungart/McDonough 2014). Den Menschen als Naturschädling zu betrachten, nähre zugleich Resignation und Zynismus. Die Tätigkeit des Menschen, seine Sozialität, soll und kann der Welt nützen. Erst durch den Menschen wird die Welt für den Menschen zu einem guten Ort. Die Natur allein, der romantische Traum von einem naturidentischen Leben, wäre ein Alptraum.

---

[23] Das regimetheoretisch konservative, internale Verständnis hat in seiner „kommunitaristischen", gemeinschaftlich-empathischen Dimension auch eine linke bzw. linksliberale Ausprägung und Geschichte (Opielka 2006).

[24] Opielka 2008, im Anschluss an die Arbeiten von Gøsta Esping-Andersen; zu einer frühen Positionierung der Sozialpolitik im ökologischen Diskurs vgl. Opielka 1985.

2.3   Vier Themendimensionen Sozialer Nachhaltigkeit

Worum geht es thematisch, wenn von einem **weiten** Verständnis Sozialer Nachhaltigkeit die Rede ist? Ändert sich die Wahrnehmung von Problemen und, mehr noch, lassen sich durch diese Perspektive analytische Überlegungen für die Forschung entwickeln? Im Folgenden sollen vier systemische Entwicklungsstufen, vier Emergenzniveaus[25] Sozialer Nachhaltigkeit skizziert werden:

Auf der ersten Ebene geht es um das **Faktische**, um die ökosoziale Frage oder Problem-anzeige – es ist die Ebene der Differenzialdiagnostik. Hier finden wir eine Vielzahl von Themen aus der sozialökologischen Forschung (SÖF)[26], aus der breiten internationalen Diskussion um Transition und Transformation zu einer nachhaltigen Gesellschaft.[27] Diese wird erweitert um die Forschung zu Wohlfahrtsstaat und Wohlfahrtsregime. Hierzu gehören auch die Entwicklung der SDG-Indikatoren und ihr Monitoring. In zeitlicher Hinsicht ist diese Ebene auch das Terrain der empirischen Zukunftsforschung, die mit Megatrend-Analysen, Szenarien, Roadmaps und Stakeholderpartizipation die materiale Grundlage für alle Transformationsreflexionen legt.[28] Die Ebene des Faktischen ist nicht nur selbst durch politisch-kulturelle Diskurse problematisch, die eine „post-faktische" Welt behaupten oder befürchten. Deren konstruktivistisches Programm bestreitet die Objektivität der Wirklichkeit und selbst die kommunikative Konsensbildung über empirische Tatsachen, insbesondere dann, wenn es sich um zukünftige Tatsachen handelt. Die sozialökologische Forschung befeuert den Zweifel am „Faktischen", das sich von Fakten überzeugt gibt, die nicht gewiss sind. Ein Beispiel für diesen Alarmismus

---

[25]   Die vier Emergenzniveaus entsprechen den vier Reflexionsstufen einer auf Georg Wilhelm Friedrich Hegel und Talcott Parsons aufbauenden Handlungs- und Systemtheorie (Opielka 2006). In der wissenssoziologischen Perspektive von Parsons können zwei gegenläufige Hierarchien unterschieden werden: die energetische Hierarchie von Materie zu Information (Stufe/Level 1 bis 4) und die informationelle Hierarchie von Information (oder Geist) zu Materie (Level 4 bis 1).

[26]   Das BMBF begann 1999 mit einer Sondierungsphase zur gleichnamigen Forschungslinie (Balzer/Wächter 2003), die unterdessen zumindest in der deutschen Diskussion eine außerordentliche empirische und theoretische Präsenz erreicht hat: http://www.fona.de/de/19711; relevant erscheinen die zaghaften, doch zunehmenden Überschneidungen zu gleichfalls BMBF-finanzierten Prozessen der Zukunftsforschung unter der Signatur „Foresight" (Zweck u.a. 2015).

[27]   Grin et al. 2010; Scoons et al. 2015.

[28]   Popp/Zweck 2013; Armin Grunwald hat in der Denktradition von Kant und Popper differenziert begründet, warum über Zukunft nicht im Modus des „Faktischen" verhandelt werden könne. Sie ist ja noch nicht und damit sind auch die Annahmen über sie nicht falsifizierbar (Grunwald 2009). Epistemisch ist dieser Einwand auf den ersten Blick nicht zu entkräften, auch wenn wir davon überzeugt sind, dass die Zukunft und generell die Zeit nicht nur als lineares Phänomen verstanden werden kann. Für die vorliegende Argumentation mag der Hinweis genügen, dass unter dem „Faktischen" nur gesellschaftlich handlungs- und systemrelevante Problemanzeigen verstanden werden, hinter denen natürlich Deutungen stehen, deren Genese häufig und teils intentional im Dunkeln bleibt.

ist der Band „Zwei Grad mehr in Deutschland. Wie der Klimawandel unseren Alltag verändern wird. Das Szenario 2040" (Gerstengarbe/Welzer 2013): Ernsthaft bemühen sich die physikalischen Klimaexperten des Potsdam-Instituts für Klimafolgenforschung (PIK) um Simulationsmodelle und deren regionale Auswirkungen: „Die Städte in Bayern, Thüringen, Sachsen, im Saarland und dem südlichen Baden-Württemberg sind durch eine Erwärmung um mehr als 1,5 °C besonders stark betroffen." (Grossmann-Clarke/Schubert 2013, S. 192ff.) Aber was bedeutet diese Projektion für die Gesellschaft, vor allem, wenn im Absatz davor berichtet wird, dass bereits jetzt die Städte im Westen Deutschlands eine „um zwei bis vier Grad höhere Jahresmitteltemperatur" haben als der Bundesdurchschnitt? Aus diesen Tatsachenerwartungen lassen sich nicht nur keine klaren Anhaltspunkte für Extremwetterereignisse ableiten – eine Aufgabe für Meteorologen –, sondern auch kaum Befürchtungen einer merklichen Zunahme von beispielsweise Hitzetoten. Fakten sind mit ihrer Bewertung, Evaluation und Einordnung untrennbar verknüpft. Eine ganzheitliche Forschung zu Sozialer Nachhaltigkeit erfordert Seriosität und Kompetenz, die zumindest der sozialwissenschaftliche Teil jener Alarmschrift vermissen ließ.[29]

Die zweite Ebene steht für das **Politische**: Themen sind hier die Anwendungs- und Transferorientierung, Reallabore, Translationalität (anwendungsorientierte Grundlagenforschung). In demokratischen Kulturen gehören dazu Partizipation und Diskursivität, bis hin zu Citizen Science. Anwendungsorientierung wird nicht verschmäht, sondern gelobt, aus ganz grundsätzlichen politischen Gründen, denn jedes Gemeinwesen ist politisch. Ähnlich wie in den kulturwissenschaftlich geprägten „Postcolonial Studies" geht es um eine Wahrnehmung der Stimmen aus dem „Off" und ihre repräsentative Einbeziehung in dominante Diskurse, um ihre diskursive Inklusion (Lessenich 2015, 2016). Generell fordert ein Forschungsprogramm Sozialer Nachhaltigkeit auf dem Level des Politischen Wertereflexivität: Kein strategisches Interesse rechtfertigt sich ohne Argumente, die seine normative Dimension offenlegen.

Auf der dritten Ebene finden wir das **Organisatorische** der „scientific community": Die Themen der „Sozialen Nachhaltigkeit" sind hier Interdisziplinarität sowie vor allem (und zugleich am schwierigsten umzusetzen) Transdisziplinarität und Neodisziplinarität. Das Miteinander der

---

[29] Dagegen bietet der gewichtige Sammelband „Klimawandel in Deutschland" (Brasseur et al. 2017) einige sozialwissenschaftlich kenntnisreiche Beiträge (v.a. Renn 2017) auf, auch wenn die wohlfahrtsstaatlichen Implikationen nicht behandelt werden.

disziplinär organisierten Wissenschaft (Interdisziplinarität) genügt bei komplexen Problemfeldern nicht, hier sollen sich die Disziplinen auch erkenntnistheoretisch und strategisch näher kommen (Transdisziplinarität). Und wenn das nicht reicht, so entstehen neue Disziplinen (Neodisziplinarität), wie früher die Soziale Arbeit, die Kommunikationswissenschaften oder die Informationswissenschaften. Auf der Suche nach einer transdisziplinären Forschung für Nachhaltigkeit entstehen deshalb immer weitere neue Disziplinen (Sustainability Sciences).

Die vierte Ebene einer wissenschaftlichen Beschäftigung mit Sozialer Nachhaltigkeit zielt auf das **Epistemische**, auf die Möglichkeitsbedingungen für komplexes, holistisches und systemisches Denken. Themen sind hier die Spannung zwischen Evolution und Emergenz, also Entwicklung und Sprung, die große Frage nach den Bedingungen wissenschaftlicher Paradigmenwechsel.

Die hier skizzierten Themen finden sich auch in neueren Texten zur „transformativen Wissenschaft"[30], wenngleich meist in anderer oder ohne analytische Systematisierung. Die Repräsentanz von Wirklichkeit in der Wissenschaft ist mehrdimensional und kann auf jeder Ebene zu Konflikten führen. Geboten sind Heuristiken zu ihrer Unterscheidung, vor allem dann, wenn Wissenschaft zur Zukunftsgestaltung beitragen will und in sozialen Konflikten unvermeidlich Partei ergreift. Der Präsident der DFG, Peter Strohschneider, kritisierte heftig das Konzept der „Transformativen Wissenschaft" als Entdifferenzierung komplexer Wirklichkeit. Eine „Große Transformation", im Sinne des hier vertretenen **weiten** Konzepts Sozialer Nachhaltigkeit, sei moralisch überladen und trage zugleich zur Depolitisierung bei, weil nun alles dem expertengetriebenen Nachhaltigkeitsziel unterworfen werde. Armin Grunwald beruhigte, verglich die Entstehung der transformativen Nachhaltigkeitsforschung mit der Genese der Technikwissenschaften, sah Parallelen und zudem keinen Wunsch umzustürzen, sondern eine organisatorische Chance zur Erweiterung des wissenschaftlichen Blicks.[31] Ähnlich erkennt auch der Wissenschaftsrat in einem Positionspapier die Notwendigkeit an, „große gesellschaftliche Herausforderungen" zu adressieren, worunter von wissenschaftspolitischen Akteuren vor allem der Klimawandel, die globale Erwärmung und saubere Energie verstanden würden (Wissenschaftsrat 2015, S. 15). Der Fokus Soziale Nachhaltigkeit erlaubt eine zusätzliche, beruhigende

---

[30] Schneidewind/Singer-Brodowski 2013, Jahn 2013.
[31] Strohschneider 2014; Grunwald 2015, 2016.

und aufmunternde Parallele: Vermutlich erfüllen die transformative Nachhaltigkeitswissenschaften am Beginn des 21. Jahrhunderts eine ähnliche Funktion wie die Sozialwissenschaften zu Beginn des 20. Jahrhunderts. Nicht nur die Soziologie begriff sich damals als Medium der Sozialreform und Antwort auf die soziale Frage als Klassenfrage (Kaufmann 2014). Das Ergebnis war der Wohlfahrtsstaat. Ein gutes Jahrhundert später wird die ökosoziale Frage, wenn es gut geht, mit einem globalen „Öko-Wohlfahrtsregime" beantwortet.

Zum Abschluss dieser Überlegungen, die sich einer soziologisch fundierten Begriffsbildung widmen und in der These gipfeln, dass nur ein „weites" Verständnis Sozialer Nachhaltigkeit den gesellschaftlichen Herausforderungen angemessen begegnet, soll noch ein kurzer Blick auf alternative Begriffskonzeptionen geworfen werden. Armin Grunwalds Buch *Nachhaltigkeit verstehen*, das diese Arbeit an Begriff und Bedeutung nachhaltiger Entwicklung dokumentiert und diskutiert hat, erleichtert und beschleunigt diesen Blick (Grunwald 2016). Dabei erscheinen zwei Bedeutungslinien hilfreich, auch zur Verortung der eigenen Position. Zum einen die Unterscheidung von „starker" und „schwacher" Nachhaltigkeit, zum anderen die Unterscheidung „integrativer" und „starker" Nachhaltigkeit.

Unter „starker" Nachhaltigkeit wird ein Ansatz[32] verstanden, der nicht von einer wechsel-seitigen Ersetzbarkeit von Ressourcen und Kapital ausgeht. Demgegenüber vertreten die Ansätze „schwacher" Nachhaltigkeit genau diese Substituierbarkeit – Technik kann beispielsweise Natur ersetzen (Grunwald 2016, S. 121ff.). Während die Ansätze schwacher Nachhaltigkeit vor allem in der neoklassischen Ökonomie vertreten sind, sind es eher Philosophen, die sich, an Prinzipien orientiert, auf Rechtfertigungsdiskurse einlassen, und deren starke Nachhaltigkeitsannahmen auch nicht durch Operationalisierungsfragen getrübt werden.

Der Konflikt zwischen „schwachen" und „starken" Ansätzen im Nachhaltigkeitsdiskurs lässt sich mit der oben erläuterten Vierertypologie dechiffrieren: Schwache Ansätze entsprechen dem eher skeptischen Verständnis sozialer Nachhaltigkeit. Wer auf Markt und Wirtschaft fokussiert ist, der muss schon aus erkenntnistheoretischen Gründen davon überzeugt sein, dass sich im Grunde alle sozialen Phänomene auf Markt- und damit auf Austauschrelationen redu-

---

[32] Häufig bleibt unklar, ob es sich um Theorien, d.h. Wissenschaft, oder um politische u.a. Handlungsperspektiven handelt.

zieren lassen. Starke Ansätze finden wir bei den drei anderen Konzepten Sozialer Nachhaltigkeit – je nachdem, welche politischen Zusatzannahmen (eher sozialistisch, konservativ oder garantistisch) vorherrschen.

Bemerkenswerter und theoretisch anspruchsvoller ist das „integrative" Konzept nach-haltiger Entwicklung, das Grunwald selbst bevorzugt. Es besteht aus drei inhaltlichen Elementen: intra- und intergenerative Gerechtigkeit, globale Orientierung und anthropozentrischer Ansatz.[33] Alle drei Elemente sind für die vorliegende Konzeption relevant, auch wenn hier mit der Regime-Theorie ein anderer, nämlich historisch-systematischer Zugang gewählt wird: Der hier vertretene Ansatz der Wohlfahrtsregime-Theorie konstituiert sich sowohl steuerungs- wie gerechtigkeitstheoretisch.

Das Problem ist allerdings, dass die drei althergebrachten Regimekonzepte – liberal, sozialistisch, konservativ – für intergenerationale Gerechtigkeitsprobleme nur sehr partikulare Antworten finden. Liberale denken in Nutzenkalkülen, Sozialisten in Klassenutopien, Konservative in Gemeinschaftspartikularismen. Aus jedem Regimeansatz lässt sich damit nur begrenzt ein intergenerationales Gerechtigkeitsdenken destillieren. Nur der garantistische Ansatz – der den Sustainable Development Goals der UN zugrunde liegt – scheint substanziell universalistisch angelegt. Damit ist auch das Element der globalen Orientierung ausgemacht: Es gelten analoge Kriterien, Nachhaltigkeit muss global gedacht und verfolgt werden. Der von Ulrich Beck kritisierte „methodologische Nationalismus" strukturiert freilich noch immer die wohlfahrtsstaatlichen Agenden der Welt, da die Sozialpolitik aufgrund der Fiskalautorität der Nationalstaaten selbst überwiegend national gedacht wird. Die Globalisierung wirft zudem die komplexe Frage auf, ob durch sozial- und fiskalpolitische Interventionen die Primärverteilung an Märkten (Vermögen und Erbschaften, Einkommen) wirksam beeinflusst werden kann.

Schließlich der Anthropozentrismus: Das Konzept Sozialer Nachhaltigkeit und damit auch das hier vertretene **weite** Konzept sind schon aus epistemischen Gründen anthropozentrisch, solange jedenfalls Tiere, Bäume oder Steine keine vertragsfähigen Mitglieder von Gesellschaften sind. Vertragsfähig würde bedeuten, dass sie auch Verpflichtungen gegen die Menschen haben und sich entsprechend strafbar machen können. Solange davon nichts ersichtlich ist, sollten wir nur die Menschen und ihre Gesellschaften für Nachhaltigkeit verantwortlich machen.

---

[33] Grunwald 2016, S. 94; lesenswert ist aber auch die Herleitung und damit das gesamte Kapitel 4 seines Buches.

2.4   Wie normativ ist Soziale Nachhaltigkeit?

In einem Bericht über aktuelle Versuche, eine „Soziologie der Nachhaltigkeit" zu fundieren, beobachtet Anna Henkel „die unter Normativitätsgesichtspunkten soziologische Skepsis gegenüber Nachhaltigkeit" (Henkel 2017, S. 308). Es mag für Nicht-SoziologInnen hilfreich sein zu erfahren, dass diese soziologische Skepsis schon immer auch der Sozialpolitik galt, die als „Sozialreform", als (katheder-)sozialistisch, jedenfalls – als Wissenschaft – als nicht nur angewandte und darin geringerwertige, sondern auch als normativ geprägte und damit schmutzige kleine Schwester der Soziologie betrachtet wurde, ähnlich wie die Soziale Arbeit. Auch hier hat Max Weber schon vor knapp einem Jahrhundert in seinem Aufsatz über „die ‚Objektivität' sozialwissenschaftlicher und sozialpolitischer Erkenntnis" (Weber 1988a) das Nötige gesagt. Normen und Werte können und müssen selbstverständlich selbst Gegenstand soziologischer Forschung sein und zwar nicht nur, wie in der Einstellungsforschung, als Residuen im subjektiven Bewusstsein der Leute, sondern auch als zentrales Element institutioneller Ordnung, wie es die soziologische Bewegung des „Neoinstitutionalismus" zutreffend markiert (Opielka 2007). Eine soziologische „Skepsis" gegenüber Sozialer Nachhaltigkeit oder Nachhaltigkeit im Allgemeinen ist daher so wenig angebracht wie gegenüber Wirtschaft, Politik, Europa oder Familie. Das sind alles gesellschaftliche Phänomene, die einen mehr strukturell-institutioneller, die anderen mehr handlungsbezogener Art. Sie können selbstverständlich normativ besetzt werden, man kann zum Beispiel Europa hassen oder lieben, das ändert nichts daran, dass es existiert und sei es als Idee. Ein ganzheitlicher und das heißt immer auch: zugleich handlungs- wie systemtheoretischer, empirischer wie theoretischer Blick auf Soziale Nachhaltigkeit steht gerade der Soziologie nicht nur zu, ohne sie, ohne den soziologischen Fokus, ohne die Expertise einer Disziplin, die stets das Ganze der Gesellschaft denken und verstehen will, verkümmert die Diskussion um Nachhaltigkeit.

Eine Soziologie der Nachhaltigkeit stellt leicht fest, dass eine Entgegensetzung von Normativität und Faktizität noch nie relevant war, vielmehr deren Durchdringung typisch. Gerade die Sustainable Development Goals (SDG) demonstrieren dies vorzüglich, sollen sie doch als Ziele, als Normative steuernd wirken (Kani/Biermann 2017), was angesichts der Komplexität der sozialen und ökologischen Zielsetzungen und ihrer Interaktionen (ICSU 2017) äußerst anspruchsvoll ist. Ob die SDGs ein Governance-Potential besitzen und welche Intentionen politische und andere Akteure leiten, die sich Nachhaltigkeit bzw. Soziale Nachhaltigkeit auf die Fahne schrei-

ben, das bleibt ohne Forschung nicht evident. Die Soziologie hat Nachhaltigkeit als Forschungsthema identifiziert, der Klimawandel wird als gesellschaftliches und nicht mehr primär naturwissenschaftliches Problem erkannt (Dunlap/Brulle 2017). Nun steht an, die originären Forschungsfelder der Soziologie, vor allem die Sozialpolitik, damit bekannt zu machen.

2.5   Literatur

Arts, Will/Gelissen, John, 2002: *Three worlds of welfare capitalism or more? A state-of-the-art Report.* In *Journal of European Social Policy*, 12/2, S. 137-158

Bertelsmann Stiftung und SDSN Sustainable Development Solutions Network, 2016: *SDG Index & Dashboards. A Global Report*

http://www.bertelsmannstiftung.de/fileadmin/files/BSt/Publikationen/GrauePublikationen/SDG_Index _Dashboard_full.pdf.

Bettencourt, Luís/Kaur, Jasleen, 2011: *Evolution and Structure of Sustainability Science.* In *PNAS*, 108/49, S. 19540–19545

Bohleber, Werner, 2014: *Auf der Suche nach Repräsentanz – Analytisches Arbeiten an der Schnittstelle von Ungedachtem und symbolisch Repräsentiertem.* In *Psyche*, 48/9-10, S. 777-786

Brasseur, Guy/Daniela Jacob/Susanne Schuck-Zöller (Hrsg.), 2017: *Klimawandel in Deutschland. Entwicklung, Folgen, Risiken und Perspektiven.* Berlin/Heidelberg: Springer

Braungart, Michael/McDonough, William, 2014: *Intelligente Verschwendung. The Upcycle: Auf dem Weg in eine neue Überflussgesellschaft.* München: oekom

Deutscher Bundestag, 1998: *Abschlussbericht der Enquete-Kommission „Schutz des Menschen und der Umwelt - Ziele und Rahmenbedingungen einer nachhaltig zukunftsverträglichen Entwicklung",* BT-Drs 13/11200

Dunlap, Riley E.,/Robert J. Brulle (eds.), 2015: *Climate Change and Society. Sociological Perspectives* (ASA Task Force on Sociology and Global Climate Change), New York, NY: Oxford University Press

Ekardt, Felix, 2016: *Theorie der Nachhaltigkeit. Ethische, rechtliche, politische und transformative Zugänge - am Beispiel von Klimawandel, Ressourcenknappheit und Welthandel.* 2. Aufl. Baden-Baden: Nomos

Ekardt, Felix, 2016: *Suffizienz: Politikinstrumente, Grenzen von Technik und Wachstum und die schwierige Rolle des guten Lebens.* In *Beiträge zur sozial-ökologischen Transformationsforschung,* 2. Jg., Ausgabe 4, Münster

Engels, Anna, 2017: *Soziologie der Nachhaltigkeit.* Erstes Treffen des DFG-Netzwerks SONA. In *Soziologie* 46/3, S. 306-321

Esping-Andersen, Gøsta, 1990: *The Three Worlds of Welfare Capitalism.* Princeton, NJ: Princeton University Press

Gerstengarbe, Friedrich-Wilhelm/Welzer, Harald (Hrsg.), 2013: *Zwei Grad mehr in Deutschland. Wie der Klimawandel unseren Alltag verändern wird. Das Szenario 2040.* 2. Aufl. Frankfurt: Fischer

Gough, Ian, 2016: *Welfare states and environment states: a comparative analysis.* In *Environmental Politics*, 25/1, S. 24-47

Grin, John/Jan Rotmans/Johan Schot, 2010: *Transitions to Sustainable Development. New Directions in the Study of Long Term Transformative Change.* New York/London: Routledge

Grossmann-Clarke, Susanne/Schubert, Sebastian, 2013: *Auswirkungen des Klimawandels auf Deutschlands Städte.* In: *Gerstengarbe und Welzer*, S. 189-206

Grunwald, Armin, 2009: *Wovon ist Zukunftsforschung eine Wissenschaft?* In: Popp, Reinhold/Schüll, Elmar (Hrsg.), *Zukunftsforschung und Zukunftsgestaltung. Beiträge aus Wissenschaft und Praxis* (25-25). Berlin/Heidelberg: Springer

Grunwald, Armin, 2015: *Transformative Wissenschaft – eine neue Ordnung im Wissenschaftsbetrieb?* In *GAIA*, 24/1, S. 17-20

Grunwald, Armin, 2016: *Nachhaltigkeit verstehen. Arbeiten an der Bedeutung nachhaltiger Entwicklung.* München: oekom

Hasenclever, Andreas/Peter Mayer/Volker Rittberger, 2000: *Integrating theories of international regimes.* In *Review of International Studies*, 26/1, S. 3-33

Huber, Joseph, 1995: *Nachhaltige Entwicklung. Strategien für eine ökologische und soziale Erdpolitik*, Berlin: edition sigma

Hulme, Mike, 2014: *Streitfall Klimawandel. Warum es für die größte Herausforderung keine einfache Lösung gibt.* München: oekom

ICSU – International Council for Science, 2017: *A Guide to SDG Interactions: from Science to Implementation.* Paris: International Council for Science

Jahn, Thomas, 2013: *Transdisziplinarität – Forschungsmodus für nachhaltiges Forschen.* In: Hacker, Jörg (Hrsg.), *Nachhaltigkeit in der Wissenschaft (65-75).* Halle: Leopoldina

Jahrbuch Ökologische Ökonomik, 2007: *Soziale Nachhaltigkeit*, Band 5, Marburg: Metropolis

Kani, Norichika/Biermann, Frank (eds.), 2017: *Governing through Goals. Sustainable Development Goals as Governance Innovation.* Cambridge/London: MIT Press

Kates, Robert W. et al., 2001: *Sustainability Science.* In *Science*, 292, S. 641-642

Kaufmann, Franz-Xaver, 2014: *European Foundations of the Welfare State.* New York/Oxford: berghahn

Klauer, Bernd et al., 2013: *Die Kunst langfristig zu denken. Wege zur Nachhaltigkeit.* Baden-Baden: Nomos

Koch, Max/Mont, Oksana (eds.), 2016: *Sustainability and the Political Economy of Welfare.* London/New York: Polity

Lessenich, Stephan, 2015: *Die Externalisierungsgesellschaft.* In *Soziologie*, 44/1, S. 22-32

Lessenich, Stephan, 2016: *Neben uns die Sintflut. Die Externalisierungsgesellschaft und ihr Preis.* München: Hanser Berlin.

Littig, Beate/Grießler, Erich, 2005: Social sustainability: a catchword between political pragmatism and social theory. In *International Journal for Sustainable Development*, 8/1-2, S. 65-79

Opielka, Michael (Hrsg.), 1985: *Die ökosoziale Frage. Entwürfe zum Sozialstaat.* Frankfurt: Fischer

Opielka, Michael, 2006: *Gemeinschaft in Gesellschaft. Soziologie nach Hegel und Parsons.* 2. Aufl., Wiesbaden: Springer VS

Opielka, Michael, 2007: *Kultur versus Religion. Soziologische Analysen zu modernen Wertkonflikten.* Bielefeld: transcript

Opielka, Michael, 2008: *Sozialpolitik. Grundlagen und vergleichende Perspektiven.* 2. Aufl. Reinbek: Rowohlt

Opielka, Michael, 2016: Soziale Nachhaltigkeit aus soziologischer Sicht. In *Soziologie* 45/1, S. 33-46

Opielka, Michael, 2017: *Soziale Nachhaltigkeit. Auf dem Weg zur Internalisierungsgesellschaft.* München: oekom

Piketty, Thomas, 2014: *Das Kapital im 21. Jahrhundert*. München: C.H. Beck

Pankoke, Eckart, 1970: *Sociale Bewegung – sociale Frage – sociale Politik. Grundfragen der deutschen Socialwissenschaft im 19. Jahrhundert*. Stuttgart: Enke

Popp, Reinhold/Zweck, Axel (Hrsg.), 2013: *Zukunftsforschung im Praxistext*, Wiesbaden: Springer VS

Renn, Ortwin, 2017: *Übergreifende Risiken und Unsicherheiten*. In: Brasseur et al., S. 295-303

Schaltegger, Stefan/Roger Burritt/Holger Petersen, 2003: *An Introduction to Corporate Environmental Management. Striving for Sustainability*, Sheffield

Schneidewind, Uwe/Singer-Brodowski, Mandy, 2013: *Transformative Wissenschaft. Klimawandel im deutschen Wissenschafts- und Hochschulsystem*. Marburg: Metropolis

Scoones, Ian/Melissa Leach/Peter Newell (Hrsg.), 2015: *The Politics of Green Transformations*. London/New York: earthscan

Senghaas-Knobloch, Eva, 2009: *„Soziale Nachhaltigkeit" – Konzeptionelle Perspektiven*. In: Popp, Reinhold und Elmar Schüll (Hrsg.), *Zukunftsforschung und Zukunftsgestaltung. Beiträge aus Wissenschaft und Praxis (569-578)*. Berlin/Heidelberg: Springer

Sommer, Bernd/Welzer, Harald, 2014: *Transformationsdesign. Wege in eine zukunftsfähige Moderne*. München: oekom

Strohschneider, Peter, 2014: *Zur Politik der Transformativen Wissenschaft*. In: Brodocz, André (Hrsg.), *Die Verfassung des Politischen (175-192)*. Wiesbaden: Springer VS

United Nations – Economic and Social Council, 2014: *Emerging Issues: The Social Drivers of Sustainable Development. Commission for Social Development, E/CN.5/2014/8*, http://www.un.org/Docs/journal/asp/ws.asp?m=E/CN.5/2014/8

United Nations – Economic and Social Council, 2016: *Report of the Inter-Agency and Expert Group on Sustainable Development Goal Indicators. Statistical Commission 47th session. E/CN.3/2016/2/Rev.1*, 19.2.2016

United Nations – General Assembly, 2015: *70/1. Transforming our World: the 2030 Agenda for Sustainable Development. A/RES/70/1*, 21.10.2015. New York

WBGU – Wissenschaftlicher Beirat Globale Umweltveränderungen, 2016: *Entwicklung und Gerechtigkeit durch Transformation: Die vier großen I. Sondergutachten*. Berlin

Weber, Max, 1988: *Gesammelte Aufsätze zur Soziologie und Sozialpolitik*. 2. Aufl. Tübingen: Mohr

Weber, Max, 1988a/1904: *Die „Objektivität" sozialwissenschaftlicher und sozialpolitischer Erkenntnis*. In ders., *Gesammelte Aufsätze zur Wissenschaftslehre (146-214)*. 7. Aufl. Tübingen: Mohr

Weizsäcker, Ernst Ulrich von/Wijkman, Anders u.a., 2017: *Wir sind dran. Was wir ändern müssen, wenn wir bleiben wollen. Club of Rome: Der große Bericht*. Gütersloh: Gütersloher Verlagshaus

Zimmer, Matthias, 2015: *Nachhaltigkeit! Für eine Politik aus christlicher Grundüberzeugung*. Freiburg: Herder

Zweck, Axel et al., 2015: *Gesellschaftliche Veränderungen 2030. Ergebnisband 1 zur Suchphase von BMBF-Foresight Zyklus II*. Düsseldorf: VDI

3 Das Konzept der „Sozialen Nachhaltigkeit" in der Wohlfahrtsstaatsforschung

Birgit Pfau-Effinger

In den theoretischen Ansätzen von T.H. Marshall (1964) und G. Esping-Andersen (1990) werden Anforderungen an die wohlfahrtsstaatlichen Politiken formuliert, die im Sinne eines Konzepts der sozialen Nachhaltigkeit verstanden werden können (siehe auch Opielka 2017a). Die grundsätzlichen Prinzipien wohlfahrtsstaatlicher Politiken, die im Sinne eines Konzepts der Sozialen Nachhaltigkeit relevant sind, umfassen demnach die Förderung sozialer Gleichheit, umfassender sozialer Inklusion und sozialer Kohäsion. Esping-Andersen zufolge können Wohlfahrtsstaaten, die dem Idealtyp des „Sozialdemokratischen Wohlfahrtsregimes" entsprechen, in diesem Sinne am ehesten sozial nachhaltig wirken. Eine Fülle an empirischen Analysen hat in den 1990er Jahren gezeigt, dass die Nordischen Wohlfahrtsstaaten, die Esping-Andersen (1990) dem „Sozialdemokratischen" Typ des Wohlfahrtsregimes zurechnet, zu Beginn der neunziger Jahre tatsächlich in bemerkenswerte Weise Ziele der umfassenden Integration der Bevölkerung in die Erwerbsarbeit mit Zielen von Solidarität auf der Basis einer vertikalen Umverteilung, Gleichheit, Armutsverhinderung vereinbart haben.

Der Beitrag geht der Frage nach, inwieweit die Nordischen Wohlfahrtsstaaten ihre Orientierung an den genannten Zielsetzungen seit den frühen 1990er Jahren, in denen Esping-Andersen seine Theorie vorgestellt hat, aufrechterhalten haben und inwieweit es ihnen gelungen ist, die genannten Zielsetzungen sozialer Nachhaltigkeit auf der Grundlage neuer Anforderungen durch Globalisierung und internationale Migration aufrecht zu erhalten.

Der erste Teil stellt die Grundlagen der Theorie von Esping-Andersen vor und analysiert, wie er anhand des theoretischen Idealtyps, den er als „Sozialdemokratisches" Wohlfahrtsregime" bezeichnet, sein Konzept der sozialen Nachhaltigkeit entwickelt. Der zweite Teil gehe ich der Frage nach, inwieweit diejenigen Wohlfahrtsstaaten, die für Esping-Andersen 1990 den Idealtyp des „Sozialdemokratischen Wohlfahrtsregimes" annähernd verkörpert haben, ihre auf soziale Nachhaltigkeit ausgerichteten Politiken langfristig realisiert haben. Der dritte Teil befasst sich mit den Ursachen für die Entwicklung, und der vierte Teil enthält ein kurzes Fazit.

3.1 Das Konzept sozialer Nachhaltigkeit in den Theorien der Wohlfahrtsstaats-Forschung

In seinem theoretischen Ansatz von „Citizenship" (im Sinne von „Staatsbürgerschaft") unterscheidet T.H. Marshall (1964) zwischen ziviler, politischer und sozialer Staatsbürgerschaft, die in den sich herausbildenden modernen Gesellschaften seiner Theorie zufolge historisch nacheinander eingeführt wurden, in der Reihenfolge zivile, politische und soziale Rechte. In dem Ansatz wird die Verleihung dieser Art von Rechten durch den Staat an die Staatsbürger/innen als eine wesentliche Grundlage der sozialen Inklusion betrachtet. Zivile Rechte umfassen nach Marshall die negativen Freiheiten wie das Recht auf Leben und auf körperliche Unversehrtheit sowie das Recht auf freie Mobilität. Diese bilden aber zunächst nur die Grundlage für die „Freiheit" der Bürger, aber noch keine Grundlage der sozialen Inklusion. Bei den sozialen Rechten geht um Rechte in Bezug auf soziale Sicherung und öffentliche Dienstleistungen. Als politisches Element der Staatsbürgerschaft bezeichnet T.H. Marshall „das Recht auf die Teilnahme am Gebrauch politischer Macht, entweder als Mitglied einer mit politischer Autorität ausgestatteten Körperschaft, oder als Wähler der Mitglieder einer derartigen Körperschaft" (Marshall 1964, S. 40).

Esping-Andersen (1990) verwendet in seiner Theorie der „Wohlfahrtsregime" den Ansatz von Marshall als Ausgangspunkt. Er geht davon aus, dass insbesondere die sozialen Rechte von maßgeblicher Bedeutung für die soziale Integration sind, da extensiv angelegte soziale Rechte die Grundlage für eine gleiche und gerechte Teilhabe der Bürger/innen am gesellschaftlichen Wohlstand und damit eine wesentliche Voraussetzung für die gesellschaftliche Inklusion bilden. Die Gewährleistung extensiver sozialer Rechte bildet seinem Verständnis zufolge auch eine wesentliche Grundlage dafür, dass die Bürger/innen ihre politischen Rechte wahrnehmen können. Denn mit der Gewährung extensiver sozialer Rechte „befreit" der Staat die Bürger/innen von dem Zwang, ständig und umfassend ihre Arbeitskraft auf dem kapitalistisch verfassten Markt anbieten zu müssen, so dass sie freie Zeiten für die Wahrnehmung ihrer Interessen auf der Grundlage von gewerkschaftlicher Interessenvertretung und politischer Partizipation erhalten.

Als Maßstab für die Generosität der sozialen Rechte hat Esping-Andersen das Konzept der „De-Kommodifizierung" eingeführt. Es geht dabei um den Grad, zu dem die ArbeitnehmerInnen

mit Rechten ausgestattet sind, die es ihnen ermöglichen, einen angemessenen Lebensstandard auch in Zeiten der Nicht-Erwerbstätigkeit aufrechtzuerhalten. Der Grad der „De-Kommodifizierung" gilt als eine entscheidende Grundlage für die Erreichung der Zielsetzungen von sozialer Gleichheit, Solidarität und umfassender sozialer Inklusion (Esping-Andersen 1990).

Esping-Andersen (1990) misst den Erfolg der wohlfahrtsstaatlichen Politiken daran, inwieweit er imstande ist, die folgenden Zielsetzungen zu realisieren: Förderung sozialer Gleichheit, von Solidarität und sozialer Inklusion. Das Verständnis von „social citizenship", so wie es Esping-Andersen als charakteristisch für den Nordischen Wohlfahrtsstaat Anfang der neunziger Jahre beschrieben hat, beruhte im Wesentlichen auf der Idee der „De-Kommodifizierung". Gemeint ist, dass die Arbeitnehmer/innen vom Wohlfahrtsstaat mit Rechten auf Sozialleistungen ausgestattet werden, die es ihnen ermöglichen, einen angemessenen Lebensstandard auch in Zeiten der Nicht-Erwerbstätigkeit aufrechtzuerhalten (Esping-Andersen 1990). Es geht also darum, die ökonomisch „inaktiven" Teile der Bevölkerung sozial abzusichern.

Bei den Zeiten der Nicht-Erwerbstätigkeit, die hier angesprochen werden, handelt es sich um Lebensphasen, in denen die BürgerInnen unfreiwillig dem Arbeitsleben fern bleiben (Arbeitslosigkeit) oder die gesellschaftlich als Lebensphasen konstruiert sind, in denen man nicht erwerbstätig ist (z.B. Alters-Ruhestand, Ausbildung/Studium). Die Genderforschung hat den Theorie-Ansatz mit dem Argument kritisiert, dass nicht berücksichtigt werde, dass Teile der Bevölkerung, insbesondere Frauen, der Erwerbstätigkeit fernbleiben, weil sie unbezahlte Care-Arbeit im familialen Privathaushalt ausüben. Um Ziele der Geschlechter-Gleichstellung zu realisieren, müssten die Wohlfahrtsstaaten die familiale Care-Arbeit „kommodifizieren" und den Frauen damit die Beteiligung am Erwerbsleben ermöglichen; dies sei eine wesentliche Voraussetzung dafür, dass Frauen die Möglichkeiten der „Dekommodifizierung" in Anspruch nehmen können (Lewis 2006, Sainsbury 1996, Knijn/Ostner 2008).

Esping-Andersen (1990) stellt im Rahmen seiner Arbeit auch eine theoretische Klassifikation von Wohlfahrtsstaaten vor, der drei Idealtypen von Wohlfahrtsregimen unterscheidet. Der Klassifikation bezieht sich auf bestimmte Regelungsprinzipien, die den wohlfahrtsstaatlichen Institutionen und Politiken zugrunde gelegt werden. Diese betreffen die Qualität der sozialen Rechte, die sich insbesondere auch im Grad der „Dekommodifizierung" ausdrückt; die Art der Stratifizierung, die in der wohlfahrtsstaatlichen Politik angelegt ist, und das Verhältnis von

Staat, Markt und Familie in der politischen Rahmung der Organisation sozialer Dienstleistungen. Auf der Grundlage unterscheiden sich, Esping-Andersen zufolge, verschiedene Typen von Wohlfahrtsregimen grundsätzlich in ihren sozialen Wirkungen, die die Strukturen der sozialen Ungleichheit, das Ausmaß der Armut, den Grad der sozialen Inklusion und den Grad der sozialen Kohäsion betreffen. Dabei stellt der Typ des „Sozialdemokratischen Wohlfahrtsregimes" in der Theorie von Esping-Andersen den Typ des Wohlfahrtsstaates dar, der am ehesten gewährleistet, dass die Zielsetzungen der Armutsvermeidung, sozialen Gleichheit, umfassenden sozialen Integration und sozialen Kohäsion dauerhaft erreicht werden. Dieser Typ des Wohlfahrtsstaates wird seiner Argumentation zufolge am ehesten in den Nordischen Wohlfahrtsstaaten realisiert, zu denen Dänemark, Finnland, Island, Norwegen und Schweden zählen.

3.2   Grundprinzipien des skandinavischen Modells des "Volksheims"

Grundlage der „Nordischen Modells" des Wohlfahrtsstaates ist die „Wohlfahrtsgesellschaft". Sie beruht auf der Idee des „Volksheims", die in den zwanziger Jahren von der schwedischen Sozialdemokratie entwickelt wurde. Dem Wohlfahrtsstaat wird darin eine umfassende, fürsorgliche Rolle zugeschrieben, die nicht auf einige soziale „Problemgruppen" beschränkt ist, sondern sich auf die ganze Bevölkerung erstreckt. Leitlinie der Politik sind kulturelle Werte von Solidarität, Egalität und universeller sozialer Integration. Skandinavische Sozialpolitikforscher wie Gösta Esping-Andersen (1990) und Walter Korpi (Andersen/Korpi 1987) haben herausgearbeitet, welches die spezifischen Grundzüge des Wohlfahrtsmodells der Nordischen Wohlfahrtsstaaten sind, wie es sich bis zum Beginn der neunziger Jahre herausgebildet hatte. Sie lassen sich idealtypisch folgendermaßen charakterisieren (vgl. auch Kvist 1999, S. 232):

Starke Stellung des Wohlfahrtsstaates gegenüber Markt und Familie

- Dem Wohlfahrtsstaat wird eine umfassende Zuständigkeit gegenüber dem Markt und der Familie zugeschrieben.

Förderung von sozialer Gleichheit

- *Egalität:* Die Politik zielt auf eine Egalisierung sozialer Differenzen ab, etwa in Bezug auf die soziale Schicht, das Geschlecht, die Regionen, das Alter, die Familiensituation und die ethnische Zugehörigkeit.

- *Universalität:* Die sozialen Rechte und sozialen Dienstleistungen sind tendenziell universell angelegt, d.h. dass Ansprüche an Sicherungen und Leistungen nicht auf bestimmte Gruppen wie etwa Erwerbstätige beschränkt sind.

- *Generosität:* Die Sozialleistungen weisen ein hohes Niveau auf. Dadurch ist es auch geringverdienenden sozialen Gruppen möglich, einen akzeptablen Lebensstandard aufrechtzuerhalten.

Zielsetzungen der sozialen Integration

- *Hoher Grad der Arbeitsmarktintegration*: Die Politik ist auf eine weitreichende Integration der Wohnbevölkerung in die Erwerbsarbeit ausgerichtet. Diese wird vor allem auch dadurch erreicht, dass der öffentliche Sektor in einem erheblichen Umfang Arbeitsplätze bereitstellt. Dabei erfolgt die Förderung der Arbeitsmarktintegration auf der Grundlage einer starken Förderung der Professionalisierung und universitären Bildung der Arbeitskräfte und der Förderung qualifizierter und hoch bezahlter Arbeitsplätze.

- *Umfassende und qualitativ hochwertige soziale Dienstleistungen:* Die Familie erfährt eine hochgradige Unterstützung, insbesondere auf der Basis öffentlicher Angebote zur Kinder- und Altenbetreuung. Diese sozialen Dienstleistungen werden umfassend und auf qualitativ und professionell hohem Niveau angeboten. Der öffentliche Sektor der sozialen Dienstleistungen kann als ein „Herzstück" des Nordischen Modells des Wohlfahrtsstaats angesehen werden. Er dient zum einen dazu, die Familien von Betreuungs- und Pflegearbeiten zu entlasten und damit ein hohes Maß der Erwerbsintegration von Frauen zu gewährleisten. Darüber hinaus stellt er einen wichtigen Beschäftigungsbereich qualifizierter Arbeit, insbesondere für Frauen, dar und sichert auch dadurch die Möglichkeit der umfassenden Integration von Frauen in das Erwerbsleben (Sipilä 1997).

Diese Besonderheiten erklären sich teilweise aus den vorindustriellen sozialen Strukturen: Diese waren relativ homogenen und egalitär angelegt, auf der Grundlage der Dominanz einer Schicht des kleinen freien Bauerntums. Die Bauern waren hier, wie es etwa der skandinavische Politikwissenschaftler Stein Kuhnle (2000, S. 209) herausgearbeitet hat, stärker als anderswo „Träger von Freiheit und Gleichheit". Esping-Andersen (1990) begründet den besonderen Charakter der Nordischen Wohlfahrtsstaaten darüber hinaus damit, dass dem Ausbau der Wohlfahrtsstaaten in den Jahrzehnten nach dem Zweiten Weltkrieg ein Klassenbündnisses zwischen den städtischen, sozialdemokratisch ausgerichteten Arbeiterklassen und der Bauernschaft zugrunde lag.

3.3 Die Frage nach der Nachhaltigkeit des „Sozialdemokratischen Wohlfahrtsregimes"

In den letzten Jahren hat sich eine breite wissenschaftliche Diskussion mit der Frage befasst, inwieweit der soziale und ökonomische Wandel zu Veränderungen in den Grundzügen der westlichen Wohlfahrtsstaaten geführt haben. Einer gängigen Annahme zufolge war der Wandel durch Einschnitte in die sozialen Sicherungssysteme charakterisiert (vgl. z.B. Pierson 2001). Umstritten blieb dabei die Frage, inwieweit es zu einer grundsätzlichen Abkehr vom Prinzip des solidarischen Wohlfahrtsstaates gekommen ist und die Wohlfahrtsstaaten sich stattdessen an Kriterien von Effizienz und der Dominanz des Marktes orientieren, die tendenziell zu einer Schwächung der Prinzipien von Solidarität und sozialer Gleichheit führen.

In diesem Zusammenhang stellt sich in besonderer Weise die Frage nach dem Schicksal der Nordischen Wohlfahrtsstaaten. In den 1970er und 1980er Jahren galten die Nordischen Wohlfahrtsstaaten, die sich Esping-Andersen (1990) zufolge dem „sozialdemokratischen" Typ des Wohlfahrtsregimes zuordnen lassen, als vorbildlich im Sinne sozialer Nachhaltigkeit, da sie in unvergleichlicher Weise Vollbeschäftigung, eine umfassende soziale Sicherung und ein geringe Maß sozialer Ungleichheit miteinander vereinten. Insbesondere dem „schwedischen Modell", mit seinem Konzept des „Volksheims" kam eine Leitbildfunktion für die Sozialpolitik des kontinentalen Europa zu, und seine Grundprinzipien fanden teilweise Eingang in die Programme sozialdemokratischer Parteien (Henningsen 1986).

Im Verlauf der 1990er Jahre sind aber auch die Nordischen Länder in eine ökonomische Krise geraten und haben ein vorläufiges „Ende der Vollbeschäftigung" erlebt. Hat das „skandinavische Modell" diese Krise überlebt? Oder hat es eine Abkehr von dem Modell gegeben, so dass sich die nordischen Wohlfahrtsstaaten heute nicht mehr wesentlich von den kontinentalen europäischen Wohlfahrtsstaaten unterscheiden? Diesen Fragen gehe ich für die größten Nordi-

schen Länder Dänemark, Finnland, Norwegen und Schweden nach. In diesem Teil wird untersucht, inwieweit die Wohlfahrtsstaaten der Nordischen Länder ihren Charakter als „Sozialdemokratischer" Typ des Wohlfahrtsregimes und damit ihre Politik der „sozialen Nachhaltigkeit" im Zeitraum von 1990 bis 2015 aufrechterhalten haben. Dazu wird die Entwicklung in Bezug auf die verschiedenen Grundprinzipien des „Nordischen Volksheimes" analysiert.

Starke Stellung des Wohlfahrtsstaates gegenüber Markt und Familie:

Der Wohlfahrtsstaat hat seine vorrangige Rolle für die soziale Sicherung aufrechterhalten. Eine stärkere Verlagerung von Aufgaben auf andere Institutionen des „Wohlfahrts-Mix" (Zivilgesellschaft, Familie, Markt) fand allenfalls in sehr begrenztem Umfang statt (Szebehely/Alber 2002, Anttonen/Sipilä 2003).

Förderung von sozialer Gleichheit

- *Egalität*

Die Nordischen Wohlfahrtsstaaten haben ihre Zielsetzungen von Gleichheit und Gerechtigkeit weitgehend beibehalten. Was die Einkommensverteilung in der Bevölkerung betrifft handelt es sich bis heute um besonders egalitäre Gesellschaften (Nordic Social-Statistical Committee 2000). Anhand eines Vergleichs von Kinderarmut in Schweden, Deutschland und Großbritannien lässt sich zeigen, wie sehr der schwedische Wohlfahrtsstaat durch seine Umverteilungspolitik die Entstehung von Kinderarmut auch in Zeiten hoher Arbeitslosigkeit verhindert hat, was für Deutschland in geringerem Maß und für Großbritannien noch weniger zutraf. Allerdings wurden in den letzten Jahren in einigen Ländern Tendenzen der gesellschaftlichen Schließung gegenüber Einwanderern deutlich. So gelang es etwa in Dänemark einer rechten Partei, auf der Grundlage von fremdenfeindlichen Parolen in die Regierungsverantwortung zu gelangen.

- *Universalität:*

Zu Beginn der neunziger Jahre war die Bevölkerung der nordischen Länder umfassend in die Rentenversicherung, die Krankenversicherung und die Invaliditätsversicherung einbezogen. Bezüglich der Arbeitslosenversicherung gilt das nur für Norwegen, während die Mitgliedschaft in den anderen Ländern auf Gewerkschaftsangehörige (zu denen allerdings die große Mehrheit der Erwerbstätigen zählen) begrenzt war – andere Arbeitslose erhalten Arbeitslosenhilfe.

Diese Sicherungsstruktur blieb bis Ende der 1980er Jahre im Großen und Ganzen unverändert (Kvist 1999, Kuhnle 2000).[34]

- *Generosität*

in den Nordischen Ländern erreichten die Sozialausgabenquoten, d.h. die Anteile der Sozialausgaben am Staatshaushalt, zwischen 1992 und 1994 einen Höhepunkt und fielen dann wieder auf den Stand zurück, den sie Ende der achtziger Jahre erreicht hatten (Alber 2001, S. 1). Die Sozialausgabenquoten werden oftmals als Indikator für die Generosität von Wohlfahrtsstaaten herangezogen. Dies ist aber unter Umständen irreführend. Denn deren Wert steigt auch an, wenn in ansonsten relativ wenig generösen Wohlfahrtsstaaten aufgrund von Massenarbeitslosigkeit in hohem Umfang Transferzahlungen für Arbeitslose anfallen. Insgesamt wurde das Niveau der Leistungen aus der sozialen Sicherung in der Krise teilweise gesenkt. Das betrifft etwa das Arbeitslosengeld, das in Schweden und Dänemark reduziert wurde; teilweise wurden auch Karenztage eingeführt. Allerdings ist das Niveau der Arbeitslosenunterstützung mit 80% in beiden Ländern nach wie vor hoch. In Dänemark wurden auch die Wartezeiten für den Bezug von Arbeitslosengeld verlängert, in Dänemark von 26 auf 52 Wochen, in Finnland von 26 auf 43 Monate (Kvist 1999, S. 244) und die Bezugszeiten von neun auf immer noch sehr generöse fünf Jahre verkürzt. Auch die Altersrenten wurden zum Teil in einem begrenzten Umfang gesenkt. Finnland, das stärker und nachhaltiger als die anderen nordischen Länder von der Krise betroffen war, musste deutliche höhere Kürzungen in Kauf nehmen.

Zugleich wurden in der dänischen, schwedischen und finnischen Alterssicherung Elemente der Bedarfssicherung eingeführt und die Leistungen stärker an die Beiträge geknüpft. Gleichwohl hat nach wie vor jede/jeder Staatsbürger/in einen Anspruch auf eine Altersrente (Kuhnle 2000, S. 214). In Norwegen kam es sogar zu einer Erhöhung der allgemeinen Grundrente (Kuhnle 2002, S. 214f.). Kvist et al. (2012) kommen zu dem Ergebnis, dass das Niveau und die Bezugsdauer der Leistungen aus der sozialen Sicherung noch immer deutlich über dem europäischen Durchschnitt liegen.

Förderung der sozialen Integration

- *Hoher Grad der Arbeitsmarktintegration:*

---

[34] Die Frage universeller sozialer Rechte wird neuerdings auch in Deutschland (wieder) thematisiert. So sieht Opielka (2015) ein Grundeinkommen als grundlegende Basis einer ‚guten' Sozialpolitik.

Die Vollbeschäftigung unter Einbezug der Frauen ist nach wie vor ein primäres Ziel der staatlichen Politik, das in hohem Maß mit aktiven Mitteln der Arbeitsmarktpolitik verfolgt wird. Zu diesen rechnen etwa Modelle zur Verkürzung und Umverteilung der Arbeitszeiten, Aktivierungspolitiken und Modelle der Job-Rotation (Kvist et al. 2012). Im Zuge der Entwicklung hat der öffentliche Sektor seine ohnehin große Bedeutung als Arbeitgeber sogar noch erhöht: der Anteil der öffentlichen Beschäftigung stieg von einem durchschnittlichen Anteil von 26,9% im Jahr 1990 auf 29,4% im Jahr 2015 (OECD 2016). Das war eine entscheidende Grundlage dafür, dass es Dänemark, Norwegen und Schweden gelungen ist, Spitzenreiter in Bezug auf die Erwerbstätigkeitenquoten und die Integration von Frauen in das Erwerbssystem im OECD-Vergleich zu bleiben (siehe oben).

Umfassende und qualitativ hochwertige soziale Dienstleistungen

In allen Ländern stieg der Anteil der Kinder, die in öffentlichen Einrichtungen oder auf der Basis öffentlicher Gelder außerhalb der Familie betreut werden (vgl. Tabelle 1). Überall wurde auch die Zahl der Plätze im Rahmen der öffentlichen Altenbetreuung erhöht (Nordic Statistical Committee Copenhagen 2016). Im Allgemeinen wurden zudem die sozialen Rechte ausgeweitet, die an die Kinder- und Altenbetreuung geknüpft sind. Sie haben inzwischen in Dänemark, Finnland und Norwegen Kinder vom Kleinstkindalter an bis zur Einschulung, teilweise auch darüber hinaus, das individuelle Recht auf öffentliche oder öffentlich finanzierte Betreuung (ebd.).

Trotz gewisser Einschnitte hat der skandinavische Wohlfahrtsstaat demnach seinen spezifischen Charakter erhalten und erwies sich als überraschend strapazier- und überlebensfähig (vgl. auch Kvist et al. 2012).

3.4 Ansätze zur „aktiven" Wohlfahrtsgesellschaft

Also – alles beim Alten? Jenseits der beschriebenen Beharrungstendenzen zeichnet sich jedoch ein gewisser Wandel in den kulturellen Grundlagen von „citizenship" ab, die ich hier kurz andeuten möchte. Der Begriff „citizenship", der mit „Staatsbürgerschaft" nur relativ unzulänglich übersetzt werden kann, bezeichnet die Rechte und Pflichten, die die Einzelnen gegenüber dem Wohlfahrtsstaat haben (Lister 2002). Die Rechte und Pflichten werden heute, so mein Argument, in einem gegenüber früher deutlich erweiterten Sinn definiert.

Das Verständnis von „citizenship", so wie es Esping-Andersen als charakteristisch für den Nordischen Wohlfahrtsstaat Anfang der 1990er Jahre beschrieben hat, beruhte im Wesentlichen auf der Idee der „De-Kommodifizierung", d.h. die Arbeitnehmer waren mit Rechten ausgestattet, die es ihnen ermöglichen sollten, einen angemessenen Lebensstandard auch in Zeiten der Nicht-Erwerbstätigkeit aufrechtzuerhalten (Esping-Andersen 1990). Damit waren Lebensphasen gemeint, in denen sie mehr oder weniger unfreiwillig und „untätig" dem Arbeitsleben fern bleiben. Es galt auf der Grundlage, die „inaktiven" Staatsbürger bzw. Teile der Bevölkerung sozial abzusichern.

Die Politik setzt heute stärker auf die Eigeninitiative der „aktivierten" Staatsbürger. Das betrifft die Erwerbstätigkeit wie auch Tätigkeiten außerhalb der Erwerbsarbeit. So wird in Anlehnung an neo-liberale Ideen vermehrt von den Arbeitslosen erwartet, dass sie sich aktiv um einen Arbeitsplatz bemühen. Sogenannte „Aktivierungspolitiken" dienen dem Ziel, auch die Arbeitslosen möglichst schnell und umfassend wieder in das Erwerbsleben einzugliedern. Dies ist keineswegs unproblematisch, da diese Art der Politik die Suche nach Defiziten eher auf die persönlichen Kompetenzen und Qualifikationen der Arbeitslosen verlegt, statt am strukturellen Mangel an Arbeitsplätzen anzusehen. Den Analysen einiger skandinavischer Forscher zufolge hatte diese Politik geringe Eingliederungseffekte; ihre Wirkung bestand teilweise eher darin, soziale Randgruppen zu stigmatisieren (Larsen 2003; Jensen 2001). Bestandteil der Aktivierungspolitiken sind andererseits aber auch Bemühungen, Anreize für ältere und kranke bzw. behinderte Arbeitnehmerinnen und Arbeitnehmer zu schaffen, nicht frühzeitig aus dem Erwerbsleben auszusteigen. Die Politik setzt dafür, wie etwa in Norwegen und Finnland, an der Gestaltung der Arbeitsplätze an, die stärker den Bedürfnissen älterer und kranker Beschäftigter angepasst werden sollen (Nordic Social-Statistical Committee 2015).

Der Wandel zur „aktiven" Staatsbürgerschaft bezieht aber auch Tätigkeiten außerhalb der Erwerbsarbeit mit ein. Die nordischen Wohlfahrtsstaaten tragen zunehmend der Tatsache Rechnung, dass diejenigen, die nicht − oder nur in Teilzeit - erwerbstätig sind, oft dennoch für die Gesellschaft nützliche Tätigkeiten ausüben. Der Begriff der „Aktivität" wurde dementsprechend umfassender definiert. Er bezieht sich nun tendenziell auch auf biographische Phasen wie die der teilzeitigen oder vollzeitigen Kindererziehung durch Mütter bzw. Väter im eigenen Haushalt; der Betreuung älterer Verwandter oder Bekannter im eigenen Haushalt und Phasen

der Ausbildung und der Weiterbildung im Sinne des „lebenslangen Lernens" Für solche Lebensphasen wurden teilweise neue Freistellungsmöglichkeiten und zum Teil auch Ansprüche auf existenzsichernde Sozialleistungen und auf Einbezug in die soziale Sicherung geschaffen (Jensen/Pfau-Effinger 2005). So wurden die Elternurlaubsprogramme in den neunziger Jahren ausgebaut. In Norwegen wurde der Anspruch auf Elternurlaub von 28 auf 42 Wochen verlängert und der Einkommensersatz von 80% auf 100% erhöht. Schweden garantiert nach wie vor 64 Wochen Elternurlaub mit einer relativ hohen Einkommenskompensation, die allerdings in den 1990er Jahren etwas gekürzt wurde. Alle Länder haben einen speziellen Elternurlaub für Väter neu eingeführt. Zudem wurden etwa im dänischen Sabbatical-Modell Möglichkeiten der Freistellung für die Weiterbildung geschaffen, für die ein ca. 80prozentiger Einkommensersatz gezahlt wird (Jensen/Pfau-Effinger 2005). Damit wurde das „skandinavische" Modell dahingehend modernisiert, dass es der Pluralität der Interessen und Orientierungen der Menschen in der postindustriellen Gesellschaft Rechnung trägt.

Es gibt damit Anhaltspunkte dafür, dass die Nordischen Wohlfahrtsstaaten ihren Charakter als Förderer von sozialer Nachhaltigkeit in den letzten Dekaden tendenziell aufrechterhalten haben. Es lässt sich konstatieren, dass es sich unter etwas veränderten Vorzeichen noch immer um einen Typ von Wohlfahrtsstaaten handelt, dem es wie keinem anderen gelingt, Prinzipien von Egalität mit einer umfassender sozialen Sicherung und einem hohen Grad der Erwerbstätigkeit zu verbinden. In mancherlei Hinsicht wurde die Fähigkeit der Nordischen Wohlfahrtsstaaten, soziale Nachhaltigkeit zu fördern, deshalb sogar gestärkt – so argumentiert auch Stein Kuhnle: „Despite some significant economic problems (…) Scandinavian countries have fundamentally maintained, and even to some extent also strengthened, their welfare states during the last decades." (Kuhnle 2012, S. 211). Dabei entspricht das hier diskutierte Konzept der sozialen Nachhaltigkeit dem, was Michael Opielka (2017) als „enges" Konzept der Sozialen Nachhaltigkeit bezeichnet hat.

3.5 Grundlagen der Sozialen Nachhaltigkeit und die kapitalistische Wettbewerbsgesellschaft

Wie lässt sich die Überlebensfähigkeit des „Sozialdemokratischen" Typs des Wohlfahrtsregimes in den Nordischen Ländern erklären? Eine wichtige Grundlage besteht darin, dass dieses

auf kulturellen Werten von Solidarität, Gerechtigkeit und umfassender sozialer Sicherung beruht, die tief in der Bevölkerung verankert sind (Andersen 2000). Das Modell beruht dabei auf
einem bleibenden Konsens zwischen den politischen Eliten und Bevölkerungen der nordischen
Länder und erfährt ein hohes Maß an Akzeptanz in der jeweiligen Bevölkerung (Kuhnle 2000,
Andersen 2000). Der skandinavische Typ des Wohlfahrtsstaates kann insbesondere auch auf
die Zustimmung der Frauen setzen. Profitieren doch gerade Frauen in besonders hohem Maß
von diesem Modell – als größte Beschäftigtengruppe des öffentlichen Sektors und als Mütter,
die in der Familie nach wie vor die Haupt-Verantwortung für die Kinder tragen. Frauen sind es
auch, die vorwiegend die Nutznießerinnen der sozialen Rechte und relativ generösen Einkom-
mensersatzleistungen sind, die in jüngerer Zeit zunehmend an die Elternurlaubsregelungen geknüpft wurden (Siim 2000). Die „Frauenfreundlichkeit" (Hernes 1987) des Nordischen Modells
führt umgekehrt dazu, dass die Geburtenraten in den Nordischen Ländern nach wie vor zu den
höchsten in Europa gehören (vgl. Eurostat 2016) und sich damit die demographischen Probleme nicht in der gleichen Härte stellen wie etwa in Deutschland, wo im Verhältnis dazu deutlich weniger Kinder geboren werden.

Dabei bildet das hohe Maß von Vertrauen der Bevölkerung in die sozialen Beziehungen und in
den Staat und die politischen Institutionen eine wichtige Grundlage für das gute Funktionieren
der universalistischen Nordischen Wohlfahrtsstaaten. Damit im Zusammenhang steht auch
die hohe Arbeitsethik der Bevölkerung, die eine weitere wichtige Grundlage des Wohlfahrtsstaats bildet: „Another precondition is that citizens have a very strong work orientation – as in
Denmark. A strong work orientation and strong work ethic dampen the incentive to make use
of welfare benefits unless they are truly needed" (Jensen/Rathlev 2011).

Die Institutionen des Wohlfahrtsstaates und des Arbeitsmarktes sowie die soziale Organisation der Familie und der Zivilgesellschaft beruhen dabei auf der umfassenden kulturellen Idee,
dass die Integration in die Erwerbstätigkeit den goldenen Weg zur Emanzipation und zur individuellen Selbsterfüllung darstellt. Der Wohlfahrtsstaat sorgt auf vielen Wegen dafür, dass alle
Segmente der Bevölkerung für die Erwerbstätigkeit mobilisiert werden, wobei gleichzeitig die
große Mehrheit der Bevölkerung in höheren und universitären Bildungsgängen integriert ist und
der Staat das lebenslange Lernen umfassend fördert.

Dabei stellt sich die Frage, inwieweit die Förderung sozial nachhaltiger Ziele in den Wohlfahrtsstaaten des „Sozialdemokratischen" Typs auf die Wachstumsdynamiken der Industrien dieser

Länder angewiesen ist, die ein Merkmal kapitalistischer Gesellschaften ist und die von Kriti-kern als eine wesentliche Grundlage des gesellschaftlich bedingten Klimawandels und der Umweltprobleme angesehen wird, die die entwickelten Industriegesellschaften begleiten (O-pielka 2017a). Diese Frage lässt sich im Rahmen dieses Beitrags nicht zufrieden stellend be-antworten, es sollen dazu aber einige Überlegungen formuliert werden.

Einschränkung der Wachstumsdynamik durch die starke Begrenzung der Marktlogik

Die Nordischen Länder sind möglicherweise weniger als andere Länder auf die kapitalistische Wachstumsdynamik angewiesen, da ihre Ökonomien darauf beruhen, dass die Bedeutung von Marktprinzipien deutlich eingeschränkt ist. Es handelt sich bei den Nordischen Ländern um Gesellschaften, in denen ein vergleichsweise hoher Anteil der Erwerbstätigen in öffentlichen und gemeinnützigen Tätigkeiten statt in der Privatwirtschaft beschäftigt ist. Die Auslagerung von „Care"-Aufgaben aus der Familie wird massiv gefördert, und die Politik fördert ein hohes Niveau der Qualität der sozialen Dienstleistungen, auf der Grundlage der Verfolgung von Ziel-setzungen wie die der Geschlechter-Gleichstellung, Solidarität und Menschenwürde.

Wesentliche Teile der Ökonomie sind damit Gegenstand staatlicher Gestaltung und nicht un-mittelbar in den kapitalistischen Wettbewerb einbezogen. Die wohlfahrtsstaatlichen Institutio-nen wirken steuernd, indem sie den Marktkapitalismus stark begrenzen (Jensen/Rathlev 2011; Frericks/Jensen/Pfau-Effinger 2014). Das betrifft etwa die sozialen Dienstleistungen und we-sentliche Infrastrukturleistungen. Auch wenn es im Zuge der wohlfahrtsstaatlichen Reformen zu einer Auslagerung wohlfahrtsstaatlicher Aufgaben auf Dienstleistungsmärkte gekommen ist, etwa im Bereich der sozialen Dienstleistungen, so ist doch der Anteil der staatlichen Auf-gaben, die Gegenstand von Outsourcing und Kommerzialisierung waren, noch immer deutlich geringer als in anderen Typen von Wohlfahrtsstaaten.

Große Bedeutung des Sektors der sozialen Dienstleistungen

Einen wesentlichen Teil dieser Ökonomien bilden die sozialen Dienstleistungen, da diese Dienstleistungen deutlich stärker als in anderen Ländern öffentlich finanziert und mit Personal ausgestattet sind. Es handelt sich dabei um einen Bereich der Produktion von Dienstleistun-gen, der auf der Grundlage der Bedingungen der Produktion dieser Dienstleistungen vermutlich in eher geringem Maß zum menschengemachten Klimawandel beitragen.

Insofern könnte der „Sozialdemokratische" Typ des Wohlfahrtsregimes eine geeignete Grundlage für die Verbindung von Zielen der sozialen und ökologischen Nachhaltigkeit bieten. Dabei bleibt in den Theorien der vergleichenden Wohlfahrtsstaatsforschung aber bisher unklar, wie die Beziehungen zwischen der wohlfahrtsstaatlichen Sozialpolitik zur sozialen Ungleichheit und der staatlichen Umweltpolitik beschaffen sind. Dazu mangelte es bisher an theoretischen Ansätzen. Der Text von Opielka (2017a) liefert dazu einen interessanten und relevanten Beitrag.

3.6   Literatur

Alber, J., 2002: *Allmählicher Umbau bei nach wie vor deutlichen nationalen Unterschieden. Analysen zu jüngsten Wandlungstendenzen in westlichen Wohlfahrtsstaaten.*, in: *Informationsdienst Soziale Indikatoren*, ZUMA, H. 28

Andersen, J. G., 2000: *The Legitimacy of the Nordic Welfare States: Trends, Variations and Causes*, In: Kautto u.a. (Hrsg.): *Nordic Social Policy. Changing Welfare States*. London: Routledge

Bode, I./Champetier, B./Chartrand, S., 2013: *Embedded Marketization as transnational path departure. Assessing Recent Change in Home Care Systems Comparatively*, in: *Comparative Sociology*, 12, 6, S. 821-850

Bode, I., 2008: *The Culture of Welfare Markets. The International Recasting of Pension and Care Systems*, New York/London: Routledge

Brennan, D./Cass, B./Himmelweit, S./Szebehely, M., 2012: *Marketisation of Care – Rationales and Consequences in Nordic and Liberal Care Regimes*, in: *Journal of European Social Policy*, 22, 4, S. 377-391

Clarke, J., 2007: *Unsettled Connections: Citizen, Consumers and the Reform of Public Services*, in: *Journal of Consumer Culture*, 7, 2, S. 159-180

Esping-Andersen, G., 1990: *The Three Worlds of Welfare Capitalism*, Cambridge: Cambridge University Press

European Commission, 2001: *Living conditions in Europe*, Theme 3, France: Eurostat

Frericks, P./Jensen, P. H./Pfau-Effinger, B., 2014: *Social rights and employment rights related to family care: Family care regimes in Europe*, in: *Journal of Aging Studies*, 29, S. 66–77

Gilbert, N., 2015: *Restructuring the Mixed Economy of Welfare: Three Modes of Privatization*, in *European Policy Analysis*, 1, 1, Special Issue: "The Governance of Welfare Markets", S. 41-55

Henningsen, B., 1986: *Der Wohlfahrtsstaat Schweden.* Baden-Baden: Nomos

Henze, V., 2003: *Der schwedische Wohlfahrtsstaat. Zur Struktur und Funktion eines politischen Wohlfahrtsmodells.* Humboldt-Universität Berlin, Arbeitspapiere „Gemeinschaften", Bd. 19

Gingrich, J. R., 2011: *Making Markets in the Welfare State. The Politics of Varying Market Reforms*, Cambridge: Cambridge University Press

Hernes, H. M., 1987: *Welfare State and Women Power.* Oslo: Norwegian University Press

Jensen, P., 2002: *Die dänischen Freistellungsmodelle und ihre Gleichstellungsdimensionen*, in: Gottschall, K. und B. Pfau-Effinger (Hrsg.): *Zukunft der Arbeit und Geschlecht*. Opladen: Leske + Budrich

Julkunen, R./J. Nätti, 2002: *Reforming Working Times in Finland During the 1990s*, in: Koistinen, P./W. Sengenberger (eds.), 2002: *Labour Flexibility – a Factor of the Economic and Social Performance of Finland in the 1990s*, Tampere: Tampere University Press, S. 123-152

Kommission für Zukunftsfragen der Freistaaten Bayern und Sachsen, 1997: *Erwerbstätigkeit und Arbeitslosigkeit in Deutschland – Entwicklungen, Ursachen und Maßnahmen*, Teil III: Maßnahmen zur Verbesserung der Beschäftigungslage. Bonn

Kuhnle, S., 2000: *The Scandinavian Welfare State in the 1990s: Challenged but Viable*. In: Ferrera, M./M. Rhodes (Hrsg.): *Recasting European Welfare States*. London, Portland: Frank Cass, S. 209-227

Kuhnle, S./M. Alestalo, 2000: *Introduction: Growth, Adjustments and Survival of European Welfare States*. In: Kuhnle, S. (Hrsg.): *Survival of the European Welfare State*, London: Routledge

Kvist, J./Fritzell, J./ Hvinden, B./Kangas, O., 2012: *Changing Social Inequality and the Nordic Welfare Model*, in: ibid. (eds.) *Changing Social Equality: The Nordic Welfare Model in the 21rst Century*, Policy Press

Kvist, J., 1999: *Welfare Reform in the Nordic Countries in the 1990s: Using Fuzzy-Set Theory to Assess Conformity to Ideal Types*. In: *Journal of European Social Policy*, Bd. 9, H. 4, S. 231-252

Lewis, J., 2006: *Children, changing families and welfare states*. Cheltenham: Edward Elgar

Lister, R., 2002: *Welfare State and Changing Citizenship*. In: Andersen, J.G./P. H. Jensen (Hrsg.): *Changing Labour Markets, Welfare Policies and Citizenship*. Bristol: Policy Press

Lundsgaard, J., 2006: *Choice and Long-term Care in OECD Countries - Care Outcomes, Employment and Fiscal Sustainability*, in: *European Societies*, 8, 3, S. 361- 383

Nordic Social-Statistical Committee (NOSOSCO)(2002): *Social Protection in the Nordic Countries 2000. Scope, expenditure and financing*. Copenhagen: NOSOSCO

Noirdlund, A., 2003: *Persistance and change – Nordic social policy in the 1980s and 1990s*. In: *European Societies*, Bd. 5, H. 1, S. 69-90

OECD, 2001: *OECD Beschäftigungsausblick 2000*. Paris: OECD

OECD, 2003: *OECD Employment Outlook 2002*. Paris: OECD

Opielka, M., 2015: *Strukturprobleme der Finanzierung der sozialen Sicherheit aus sozialwissenschaftlicher Sicht: Das Grundeinkommen als zentrale sozialpolitische Innovation*, in: Masuch, P. et al. (Hrsg.): *Grundlagen und Herausforderungen des Sozialstaats*. Denkschrift 60 Jahre Bundessozialgericht. Band 2, Berlin, S. 735-754

Opielka, M., 2017a: *Soziale Nachhaltigkeit. Auf dem Weg zur Internalisierungsgesellschaft*. München: oekom.

Opielka, M., 2017b: *Soziologie Sozialer Nachhaltigkeit – Zur Idee der Internalisierungsgesellschaft*, in: *Culture, Practice & Europeanization*, 2017, 2, 2, S. 4–19

Pfau-Effinger, B., 2005b: *Culture and Welfare State Policies - Reflections on a Complex Interrelation*, in: *Journal of Social Policy*, 34, 1, S. 1–23

Pierson, P., 1994: *Dismantling the Welfare State*. Cambridge: Cambridge University Press

Siim, B., 2000: *Gender and Citizenship*. Cambridge: Cambridge University Press

Theobald, H. 2011: *Multi-level Governance and Universalism: Austria and Germany Compared*, in: *International Journal of Sociology and Social Policy*, 31, 3, S. 209–221

Vabø, M., 2006: *Caring for People or Caring for Proxy Consumers?* In: *European Societies*, 8, 3, S. 403-422

Yeandle, S./Kröger, T./Cass, B., 2012: *Voice and Choice for Users and Carers? Developments in Patterns of Care for Older People in Australia, England and Finland*, in: *Journal of European Social Policy*, 22, 4,S. 432-445

4 Zur Messbarkeit Sozialer Nachhaltigkeit am Beispiel der Klimaforschung

Anita Engels

In diesem Beitrag geht es um die Verschränkung von zwei Themenbereichen, die in diesem Symposium und in der Studie zur Sozialen Nachhaltigkeit (Opielka 2017) eine Rolle spielen: Erstens geht es um die Frage der Bedeutung des Klimawandels im Rahmen des breiten Verständnisses von sozialer Nachhaltigkeit, und zweitens um die Frage nach der Messbarkeit: Wie lassen sich Aspekte der Sozialen Nachhaltigkeit empirisch messen? Welche Indikatoren sind hier angemessen und wie lassen sich die Ergebnisse interpretieren? Der Beitrag ist in zwei Abschnitte gegliedert: Zunächst geht es um die Messbarkeit von Zielen im Klimaschutz, dann um die Frage nach der Bedeutung von Klimaschutzzielen im Kontext der weiten sozialen Nachhaltigkeit.

4.1 Messbarkeit von Klimaschutz zwischen Externalisierung und Internalisierung

Wenn man vom Problem des anthropogenen Klimawandels ausgeht, ist das im Kosmos sozialer Nachhaltigkeit zunächst eine drastische Vereinfachung: Es geht „nur" um die Anreicherung der Atmosphäre mit CO_2 und anderen Treibhausgasen. Weil sich die anderen Treibhausgase in ihrer Klimaschädlichkeit im Prinzip in einem berechenbaren Verhältnis zur Klimaschädlichkeit von CO_2 beschreiben lassen, hat sich für viele Diskussionen auch die Begrenzung auf die Thematisierung von CO_2-Äquivalenten begrenzt. Erfolgreicher Klimaschutz im engeren Sinne ist daher im Prinzip ganz einfach „messbar": es geht um die Emissionen, die aus menschlichen Quellen der Atmosphäre hinzugefügt oder durch menschliche Aktivitäten der Atmosphäre entnommen werden – Klimaschutz bemisst sich an dem Grad der CO_2-Minderung, der sich so feststellen lässt. Wieviel emittiert wird, lässt sich auf verschiedenen Ebenen annäherungsweise feststellen und akkumulieren. So gibt es zahlreiche Rechentools für den individuellen CO_2-Fußabdruck, in die Angaben über den Energieverbrauch, Ernährungsgewohnheiten und vor allem Mobilitätsgewohnheiten eingehen. In einem rechtlich verbindlichen Sinne sind

jedoch nur die Messungen der Emissionen von Nationalstaaten interessant, die ja Vertragspartner der internationalen Klimaschutzabkommen waren und sind. Trotz der Vereinfachung durch den Bezug auf die alleinige CO_2-Messgröße sind diese Messungen nicht unproblematisch. Das ist z.B. darauf zurückzuführen, dass vielfach auf Durchschnittswerte zurückgegriffen wird (obwohl z.B. strenggenommen der CO_2-Ausstoß bei der Verbrennung von Kohle zwischen den verschiedenen Fördergebieten stark variieren kann), dass die Messungen auf die Angaben von Emissionsdaten durch die Emittenten angewiesen sind und dass die etablierten Konventionen des Gegenrechnens von Quellen und Senken, wie sie z.B. in den nationalen Treibhausgas-Inventaren zum Ausdruck kommen, Gegenstand komplizierter politischer Aushandlungsprozesse sind.

In diesem Beitrag will ich jedoch auf eine andere Thematik hinaus, nämlich das Verhältnis von Externalisierung und Internationalisierung, das in den verschiedenen CO_2-Mess-Konventionen zum Ausdruck kommt. Viele Messungen beruhen zwangsläufig auf Maßen, die eine Externalisierung implizit mitführen. Das hängt damit zusammen, dass aus der Sicht von Emittenten Grenzen definiert werden müssen, um überhaupt Aussagen über zurechenbare Emissionen treffen zu können. Im Kontext von globalen Wertschöpfungsketten sind diese Grenzziehungen immer willkürlich, oft begründet durch Machbarkeits- bzw. Praktikabilitätsargumente. Bei manchen Maßen wird die Externalisierung besonders deutlich. So werden die nationalen CO_2-Emissionen Deutschlands ohne die Emissionen ermittelt, die dem Import von Konsumprodukten „made in China" zuzurechnen wären – der Konsum dieser Produkte in Deutschland schlägt im Herstellerland China zu Buche, während Deutschland eine Emissionsminderung von 27% seit 1990 für sich geltend machen kann. Das gleiche Prinzip gilt für alle nationalen Treibhausgasinventare, Deutschland steht damit also nicht allein (UNEP 2016; Umweltbundesamt 2017).

Viele weitere Fälle für Externalisierungslogik ließen sich benennen, allerdings gibt es auch Ansätze für eine Internalisierungslogik. In der Debatte um den Klimawandel hat sich inzwischen durchgesetzt, von einem globalen CO_2-Budget auszugehen (Global Carbon Project 2016) – das Gesamtvolumen, das der Atmosphäre noch hinzugefügt werden darf, um die Erderwärmung (wahrscheinlich) unterhalb der zwei-Grad-Grenze halten zu können. Das globale Budget erlaubt keine weitere Externalisierung – wir sind in diesem Sinne die Erdgebundenen, wie Bruno Latour das in seinen Arbeiten zum Anthropozän genannt hat. Die Verteilungsfrage kann nur noch als Erd-innenpolitische Frage gestellt werden – und hier kommt sie mit voller

politischer Wucht zum Tragen. Sogar die Notwendigkeit von sogenannten „negativen Emissionen" bis zum Ende dieses Jahrhunderts wird zunehmend diskutiert, für den nicht unwahrscheinlichen Fall, dass die Atmosphäre eben doch mit einem größeren Volumen zusätzlich belastet werden wird. Diese Logik beginnt auf interessante Weise Fuß zu fassen – die 2015 in Paris vereinbarten Klimaziele leiten sich aus den wissenschaftlichen Arbeiten zum globalen CO_2-Budget ab. Die Form, die man dort für die Umsetzung der Ziele gefunden hat, setzt die Logik jedoch noch nicht um. Im Augenblick stehen eher die dezentralen Bottom-up Initiativen im Zentrum, die die Externalisierungslogik notwendiger Weise mit sich führen. Zum einen versuchen Städte und Kommunen zunehmend, sich selbst als Klimaschutzakteure zu etablieren und innerhalb der Bereiche CO_2 zu reduzieren, über die sie Verfügungsgewalt haben. Zum anderen hat man im Paris-Abkommen darauf verzichtet, eine global abgeleitete Verteilungsformel für Emissionsminderungen zu finden und setzte stattdessen auf individuelle und an den eigenen nationalen Prioritäten ausgerichtete Nationally Determined Contributions (NDCs) der Vertragsstaaten. Das hat eine ganze Reihe positiver Implikationen – einer Internalisierungslogik entspricht diese Vertragsarchitektur jedoch nicht.

Im Grunde stehen sich hier also zwei sehr verschiedene „Messlogiken" gegenüber, und eine zentrale Frage in den kommenden Jahren wird sein, inwiefern die Praxis des Klimaschutzes auf die Logik des Globalbudgets umsteigen wird. Im Rahmen der fortlaufenden Klimaverhandlungen wird in Zukunft regelmäßig im sogenannten Stocktaking-Prozess überprüft, inwiefern die NDCs, die bottom-up zustande kommen, ausreichend sind, um die Paris-Ziele umzusetzen. In den darauf folgenden Verhandlungen wird sich jeweils zeigen, ob sich die Internalisierungslogik langfristig in die nationalen Politiken umsetzen lässt.

4.2   Klimaschutz und Klimaanpassung in der sozialen Nachhaltigkeit

Die Auseinandersetzung mit den Sustainable Development Goals (SDGs) der Vereinten Nationen zeigt, dass sich zahlreiche Zielkonflikte ausmachen lassen, wenn man die 17 Ziele gleichzeitig betrachtet. Opielka weist in seiner Studie darauf hin, dass sich dies auch in der Frage nach Indikatoren für die Zielerreichen niederschlägt. Die Versuche, einen zusammengeführten Nachhaltigkeitsindex einzuführen, in dem alle Indikatoren auf einen einzigen Wert abgebildet werden, um ein Umsetzungsranking zu erstellen, sind zum Scheitern verurteilt, weil die in einer

solchen Maßzahl gebündelten Informationen nicht mehr sinnvoll interpretiert werden können. Welche Sicht ergibt sich auf diese Problematik, wenn vom Klimaproblem her gedacht wird? Zunächst ergibt sich hier eine interessante Verschiebung in der Wahrnehmung: In der Klimaforschung wie auch unter Klimaaktivisten herrschte lange Zeit die Überzeugung vor, zumindest implizit, dass der anthropogene Klimawandel das große übergeordnete Menschheitsproblem schlechthin darstellt, angesichts dessen letztlich alle anderen Probleme als nachrangig erscheinen müssen. Der Klimawandel wurde als Überlebensfrage der Gattung Mensch behandelt. Im Rahmen der SDGs erfährt diese Deutung eine harsche Zurückweisung. Das Klimaproblem ist sozusagen vom Menschheitsproblem Nummer 1 zum Nachhaltigkeitsziel Nummer 13 geworden.

In der (sozial- und wirtschaftswissenschaftlichen) Klimaforschung selbst sind jedoch in den letzten Jahren auch zahlreiche Diskussionen über den Zusammenhang von Klimaschutz und breiter Nachhaltigkeit geführt worden, auch wenn das nicht immer unter dieser Bezeichnung stattgefunden hat. Die wirtschaftswissenschaftliche Diskussion über Kosten des Klimawandels und Kosten des Klimaschutzes hat frühzeitig den Raum eröffnet für Abwägungsfragen und Prioritätensetzungen. Die Übersetzung von potentiellen Klimaschäden in eine einheitliche monetäre Metrik hat jedoch vor allem die Konfliktlinien deutlich werden lassen. Im Wesentlichen geht es um die Bewertung unterschiedlicher Betroffenheiten: wie ist der Verlust einer kulturell geprägten Lebensform (z.B. der Inuit, oder der Bewohner von kleinen Inselstaaten) abzuwägen gegen den materiellen Verlust, der für die fossile Industrie im Falle einer konsequenten Klimaschutzpolitik entstehen würde? Oder auch: wie sollen die Kosten der Transformation zu einer nicht-fossilen Wirtschafts- und Gesellschaftsform verteilt werden? Wie können die verschiedenen Betroffenheiten, aber auch die neuen Entwicklungsmöglichkeiten, die sich hinter dieser Frage verbergen, gemessen und bewertet werden? In der Klimaforschung finden sich viele dieser Diskussionen unter dem Begriff der Klimagerechtigkeit wieder; in der politischen Auseinandersetzung spiegelt sich das in der Frage nach Kompensationsleistungen wieder – sei es im kleinen Maßstab im Sinne einer Kompensation für Beschäftigungsverluste, die durch einen Ausstieg aus dem Braunkohleabbau entstehen, sei es im großen Maßstab im Sinne von Kompensationen für erdölexportierende Länder, die sich selbst komplett neu erfinden müssten, um in einer klimafreundlichen Welt fortbestehen zu können. Für den Kontext dieses Symposiums werden die folgenden Impulsbeiträge einige dieser Aspekte aufgreifen:

Soziale Nachhaltigkeitsindikatoren in der Energieforschung, im Bereich der Landwirtschaft, und in der Energieversorgung.

Ich möchte die Frage nach dem Zusammenhang von Klimawandel und breiter sozialer Nachhaltigkeit aber noch grundlegender stellen. Ich habe eingangs von der massiven Vereinfachung gesprochen, wenn man von sozialer Nachhaltigkeit zum Klimaschutz kommt: es geht letztlich um die Vermeidung von CO_2-Emissionen. Die eigentlich spannende Frage dahinter lautet jedoch, welche Gesellschaftsform am ehesten in der Lage sein wird, diese scheinbar technische Aufgabe der CO_2-Vermeidung umfangreich zu lösen. Wie viel soziale Nachhaltigkeit ist unbedingt erforderlich, um das Einschwenken in eine CO_2-neutrale Zukunft wahrscheinlich zu machen? Oder zugespitzt: können autoritäre Regime eine solche Aufgabe besser bewältigen als demokratische? Und in welchem Maße befördern umgekehrt Systeme, die nach allen etablierten Kriterien sozialer Nachhaltigkeit führend sind, eine klimaneutrale Zukunft? Ich kann diese Fragen hier nicht beantworten, sondern nur anreißen und zu weiteren Forschungen anregen.

Der offensichtliche Testfall für autoritäre Regime ist derzeit die Volksrepublik China. China nimmt durch seinen hohen CO_2-Ausstoß eine globale Schlüsselposition ein. Wenn es in China nicht gelingt, die Emissionen massiv zu reduzieren, werden alle anderen Bemühungen vermutlich vergebens sein. Mir begegnet immer wieder das Argument, dass China letztlich viel besser und schneller in der Lage sein wird, eine Dekarbonisierung zu erreichen als westliche Demokratien, die durch die Widerspenstigkeit pluralistisch geprägter Gesellschaften an einer schnellen Umsetzung gehindert werden. Ich habe große Zweifel an dieser Sichtweise – aber wie kann man Indikatoren bilden, die es erlauben, diese Zusammenhänge wirklich gut abzubilden?

Der umgedrehte Testfall wäre Norwegen, das seit Jahren den ersten Rang im Ranking des Human Development Index (HDI) einnimmt, dessen Wohlstand (der die Möglichkeit zur sozialen Nachhaltigkeit erst eröffnet) aber auf der Förderung fossiler Energieträger beruht. Natürlich ist der HDI nicht gleichbedeutend mit dem hier vertretenen weiten Konzept sozialer Nachhaltigkeit, aber dennoch sind einige der Indikatoren, die im HDI gebündelt werden, zumindest sehr kompatibel damit. Welche Möglichkeiten hat Norwegen, die Quelle seines Wohlstands aufzugeben und auf eine nicht-fossile Zukunft umzuschwenken, also die eigene soziale Nachhaltigkeit auf nicht-fossile Weise abzusichern? Dass diese Diskussion bereits angelaufen ist, zeigt sich unter anderem daran, dass sich der norwegische Staatsfonds, der die Einnahmen aus der

Förderung der fossilen Energieträger zur langfristigen finanziellen Absicherung der Bevölkerung gewinnbringend verwalten muss, der sogenannten Divestment-Bewegung angeschlossen hat – der Staatsfonds als Investor zieht sich aus den Anlagemöglichkeiten der fossilen Industrie zurück.

Diese Fragen gehen natürlich weit über das Thema des Messens hinaus, verweisen aber darauf, dass die Auswahl von Indikatoren und deren Interpretation tatsächlich eine nicht-triviale Angelegenheit ist. Wir stehen noch ganz am Anfang des Versuchs, aussagekräftige Indikatoren auf hilfreiche Weise miteinander zu kombinieren, um zumindest aufschlussreiche Hinweise zur Beantwortung der hier zum Schluss aufgeworfenen Fragen zu erhalten.

4.3 Literatur

Global Carbon Project, 2016: *Carbon budget and trends 2016.* www.globalcarbonproject.org/carbonbudget

Latour, Bruno, 2017: *Kampf um Gaïa. Acht Vorträge über das neue Klimaregime*, Frankfurt a.M.: Suhrkamp

Opielka, Michael, 2017: *Soziale Nachhaltigkeit. Auf dem Weg zur Internalisierungsgesellschaft*, München: oekom

Umweltbundesamt, 2017: *Nationale Treibhausgas-Inventare 1990 bis 2015* (Stand 02/2017) und Schätzung für 2016 (Stand 03/2017)

UNEP, 2016: *The Emissions Gap Report 2016.* United Nations Environment Programme (UNEP), Nairobi

5 Soziale Indikatoren in der Energieforschung

Beate Littig, Irina Zielinska

Klimapolitisch wurden im Jahr 2015 zwei international bedeutsame Meilensteine gesetzt: zum einen wurden von den Vereinten Nationen die Sustainable Development Goals (SDGs) verabschiedet und zum anderen wurde das internationale Pariser Klimaabkommen abgeschlossen, das ambitionierte Ziele für den Klimaschutz proklamiert. Die Ziele, die entsprechend dieser Übereinkünfte erreicht werden sollen, sind letztlich nur mit grundlegenden sozio-ökonomischen Veränderungen erreichbar, und sie bedürfen eines sorgfältigen Monitorings, um potenzielle Fortschritte messen zu können. Dazu sind komplexe Mehrebenen-Indikatorensysteme nötig, die Regionen-spezifisch zugleich die globalen Ziele des Pariser Klima-Abkommens und der SDGs berücksichtigen, insbesondere im Hinblick auf die Ziele "Affordable and Clean Energy" (Ziel Nr. 7) und "Climate Action" (Nr. 13). Um die avisierte Reduktion der Treibhausgasemissionen zu erreichen, die die Klimaerwärmung auf unter 2 °C oder gar 1, 5 °C des vorindustriellen Niveaus begrenzen soll, erachtet das Pariser Abkommen eine weltweite Dekarbonisierung für unumgänglich. Im Zentrum steht dabei die fundamentale Umgestaltung des Energiesystems, das maßgeblich für die Treibhausgasemissionen verantwortlich ist; die energiebezogenen Treibhausgasemissionen machen beispielsweise 67% in Österreich, in der EU 78% aus.

Im Folgenden wird es darum gehen, anhand eines laufenden österreichischen Forschungsprojekts[35] Fragen und Probleme der Messung des Status Quo bzw. der Fortschritte bei der Umsetzung der avisierten Ziele, konkret der Indikatorenbildung für Nachhaltigkeit im Bereich der Energiedienstleitungen und dabei insbesondere die der sozialen Nachhaltigkeit zu diskutieren. Dabei wird zunächst das Forschungsprojekt skizziert, bevor die Besonderheiten der Konzeptualisierung der sozialen Nachhaltigkeit umrissen werden. Anschließend werden konzeptionelle Vorschläge der Indikatoren sozialer Nachhaltigkeit im Bereich der Energiedienstleitungen präsentiert.

---

[35] "Climate and Energy Policy Indicators in the Context of SDGs" im Rahmen des Austrian Climate Change Research Programme (ACRP), Laufzeit 5/2017-11/2018; Österreichisches Wirtschaftsforschungsinstitut (WIFO) in Kooperation mit dem Institut für Höhere Studien (IHS), Wien.

5.1 Das Forschungsprojekt "Climate and Energy Policy Indicators in the Context of SDGs" (CIEP) im Überblick

Das österreichische Forschungsprojekt "Climate and Energy Policy Indicators in the Context of SDGs" (CIEP) will zu einer Verbesserung von Messansätzen im Rahmen der Vorgaben, die sich aus dem Pariser Klimaabkommen und den UN Sustainable Development Goals ergeben, beitragen. Das Projekt fokussiert auf die Entwicklung von kohärenten Indikatoren für Energie- und Klimapolitik, die die gesamte Energiekette von den Energiedienstleistungen bis hin zur Energieversorgung sowie die drei Dimensionen nachhaltiger Entwicklung (ökologisch, sozial, ökonomisch) abdecken. Die Indikatoren sind somit sowohl für das Pariser Klimaabkommen als auch für die UN SDGs, insbesondere für die Ziele "Erschwingliche und saubere Energie" (7) und "Klimaschutz" (13), relevant.

CIEP integriert eine Forschungsperspektive, die Energiedienstleistungen in den Mittelpunkt stellt sowie Messansätze für eine nachhaltige Entwicklung der Energieversorgung und -nutzung mit dem Ziel, Energiedienstleistungs-basierte Indikatoren zu entwickeln und sie für Österreich und ausgewählte EU-Mitgliedstaaten anzuwenden. Indikatoren werden für drei Energiedienstleistungsbereiche entwickelt, auf die der Hauptteil des Energiebedarfs entfällt: Verkehr, Gebäude und Produktion. Die nachfrageseitigen Indikatoren werden durch Indikatoren für eine nachhaltige Energieversorgung ergänzt.

Insbesondere für die Indikatoren aus den Bereichen Ökonomie und Ökologie konnte auf Vorstudien zurückgegriffen werden, bei denen soziale Nachhaltigkeit allerdings eher randständig berücksichtigt wurde (Kettner et al. 2015). Vor allem soziale Indikatoren (z.B. Lebensqualität, Gendergerechtigkeit und soziale Inklusion) bedürfen deshalb einer Weiterentwicklung und einer systematischen Integration in das Indikatorensystem, um anschließend Synergien und Trade-offs zwischen den verschiedenen von den Indikatoren beschriebenen Zielen diskutieren zu können. Ergänzend wird in der Schlussphase des Projekts ein Composite Index für nachhaltige Energie- und Klimapolitik entwickelt, der ein Gesamtbild der Entwicklung eines Landes liefert, das insbesondere auch mit Blick auf politische Entscheidungsträger leichter zu kommunizieren ist als die detaillierten Ergebnisse für die Einzelindikatoren. Das Indikatorenset wird für Österreich und ausgewählte EU-Mitgliedstaaten für den Zeitraum 1990 bis 2014 unter Berücksichtigung der Datenverfügbarkeit erstellt. Ausgehend von einer Analyse der historischen Entwicklung sowie einer Literaturrecherche werden politische Empfehlungen abgeleitet.

5.2   Soziale Nachhaltigkeit – die vernachlässigte Dimension

In der Nachhaltigkeitsdebatte dominiert seit längerem das sogenannte Drei-Säulen-Modell, dem zufolge nachhaltige gesellschaftliche Entwicklung gleichberechtigt ökologische, wirtschaftliche und soziale Zielsetzungen verwirklichen soll (Littig/Grießler 2004; Greisberger/Hasenhüttel 2005; Opielka 2017). Die Gleichrangigkeit der Säulen wird zum einen damit begründet, dass die Befriedigung menschlicher Bedürfnisse nicht nur auf eine ökologisch stabile und gesundheitsverträgliche Umwelt reduziert werden darf, sondern dass es daneben berechtigte soziale und kulturelle menschliche Bedürfnisse gibt, für deren Erfüllung in einer nachhaltigen Gesellschaft Sorge getragen werden muss. Es werden also auch ökonomische, soziale und kulturelle Bedingungen, Leistungen und Werte als Ressourcen angesehen, die gemäß dem Nachhaltigkeitspostulat zukünftigen Generationen erhalten werden müssen. Eine zweite Argumentationslinie geht von der systemischen Vorstellung aus, dass Ökologie, Ökonomie und Soziales drei eigenständige aber miteinander verbundene Teilsysteme darstellen, die langfristig stabil gehalten werden müssen, damit nicht zivilisatorische Errungenschaften zunichte gemacht werden. Trotz der postulierten Gleichrangigkeit der ökologischen, ökonomischen und sozialen Dimension, lässt sich in der Nachhaltigkeitsdebatte immer noch eine starke Betonung des ökologischen Aspekts von Nachhaltigkeit feststellen. Dies steht im Zusammenhang mit der Entstehungsgeschichte der Idee von nachhaltiger Entwicklung. Mit anderen Worten sie ist im Kontext der Geschichte der Umweltbewegungen und -politiken der Nachkriegszeit (environmentalism) zu sehen. Im Zuge der zunehmenden Globalisierung wurden dabei spätestens in den 1980er Jahren umweltpolitische Themen mit entwicklungspolitischen Problemen, d.h. vor allem der sozio-ökomischen Entwicklung der Länder des sogenannten globalen Südens, verknüpft.

Trotz der Dominanz der ökologischen Dimension von Nachhaltigkeit, die allenfalls im Verbund mit ökonomischer Nachhaltigkeit eine win-win Situation herzustellen vermag, gibt es (im deutschsprachigen Raum) zumindest seit der Jahrtausendwende Ansätze, um soziale Nachhaltigkeit systematisch zu begründen und zu konzeptualisieren und somit gegenüber den anderen beiden Säulen zu stärken (HBS 2000; Brandl 2002, Brandl/Hildebrandt 2002).

Ohne die Debatte über die Konzeptualisierung von Nachhaltigkeit hier im Einzelnen nachzeichnen zu können, soll aber festgehalten werden, dass sie vor allem auch im Hinblick auf soziale Nachhaltigkeit von Beginn an von zum Teil heftig ausgetragenen Kontroversen geprägt ist

(ausführlich Littig/Grießler 2004; Littig/Spitzer 2011; Grunwald 2016; Opielka 2017). Es bestehen gravierende Auffassungsunterschiede hinsichtlich folgender Punkte:

- Die Frage nach dem moralischen und ontologischen Verhältnis von Mensch und Natur wird unterschiedlich beantwortet, woraus sich zudem die Frage ableitet, welche Qualität von Eingriffen in die Umwelt gerechtfertigt ist.
- Vor dem Hintergrund eines dynamischem versus statischem Naturverständnisses bzw. nach der ökologischen Verträglichkeit von Wirtschaftswachstum stellt sich die Frage nach der zulässigen Quantität der Eingriffe in die natürliche Umwelt.
- Die sozio-ökonomischen Differenzen insbesondere zwischen dem vergleichsweise armen globalen Süden und dem reichen Norden werfen grundlegende Fragen nach der Generalisierung von Operationalisierungsansätzen auf.
- Große Differenzen gibt es auch hinsichtlich der Frage nach den zentralen Akteuren und deren Verantwortung für die Umsetzung nachhaltiger Entwicklung.

In allen diesen Debatten wird auch um den Stellenwert und den Primat einer der Säulen der Nachhaltigkeit – Ökonomie, Ökologie, Soziales – gerungen.

Einen neuen Aufschwung haben diese Kontroversen durch die Verabschiedung der Sustainable Development Goals durch die Vereinten Nationen (2015) genommen. Seither drehen sie sich in erster Linie um die Operationalisierung und Systematisierung der Bezüge zwischen den siebzehn Zielen (z.B. Wackernagel et al. 2017).

5.3 Zur Indikatoren-Bildung und Messung sozialer Nachhaltigkeit

Die Messung von sozialtheoretischen Konstrukten wie Demokratie, Gerechtigkeit oder soziale (Un-)Gleichheit ist per se schwierig, gibt es doch kaum eindeutige Definitionen dieser Begriffe (Gächter/Littig 2016). Entsprechend schwierig ist es auch, Indikatoren, also messbare Operationalisierungen als „Anzeiger" dieser Begriffe zu bestimmen (Kelle 2017). Diese werden immer kontextabhängig sein und letztlich das Produkt der im besten Fall wissenschaftlichen Begründung und politischen Aushandlung von Indikatoren und ihrer wünschenswerten Zielrichtung (Meyer 2017, S. 18ff). Sie müssen prinzipiell klarlegen mit welchem Indikator a) was gemessen werden soll und b) was abgebildet werden soll; z.B. könnten mit (a) Antworten einer

Repräsentativbefragung zur Anzahl der Wohnungen mit Balkon, Badezimmer etc. und (b) die Wohnqualität der Wohnung bestimmter Personengruppen abgebildet werden.

Soziale Indikatoren sollen die sozialen Lebensbedingungen in einem makro-sozialen Zusammenhang repräsentieren. Ursprünglich in den 1960er Jahren in den USA entwickelt, sollten sie die vorherrschenden ökonomischen Indikatoren ergänzen, die als eindimensional kritisiert wurden (Empacher/Wehlig 1999). Inzwischen ist das Konzept der Lebensqualität, das sowohl subjektive wie objektive Indikatoren umfasst, ins Zentrum der Sozialindikatorenforschung gerückt.[36]

Indikatorensysteme sind sowohl wissenschaftlich relevant zur Feststellung möglicher sozial-struktureller Veränderungen als auch als politische Planungshilfen (Wroblewski et al 2017). Zugleich können sie ein demokratie-politisches Instrument zur Aushandlung wünschenswerter gesellschaftlicher Entwicklungen sein (Stiglitz et al. 2009). Als Qualitätskriterien sind die Abbildungsqualität (Bildet der Indikator tatsächlich ab, was er abbilden soll?), die Messqualität (methodische Dimension), die Akzeptanz (politische Dimension) und die Praktikabilität zu beachten (Meyer 2017, S. 31f.). Meyer (2017) beschreibt ein 10-schrittiges Verfahren, mit dem die verlangten (wissenschaftlichen) Gütekriterien erfüllt werden können. Ausgangspunkt ist dabei, dass idealerweise (soziale) Indikatoren theoretisch begründet sind und auf sozialwissenschaftlichen Konzepten basieren.[37] Für die Messung wird großer Wert auf sorgfältige konzipierte und geprüfte Messverfahren (inklusive Pretest) gelegt. Dabei sind allerdings auch pragmatische Überlegungen wie die Verfügbarkeit von entsprechenden (statistischen) Daten zu berücksichtigen, wobei fehlende Daten gegebenenfalls durch approximative Datenkonstrukte ausgeglichen werden können oder eben als Datenlücke zu qualifizieren sind.

In der politischen Praxis erfolgt die Bildung von Indikatoren oftmals deutlich pragmatischer, gerade auch im Bereich der (sozialen) Nachhaltigkeit. So haben Littig und Grießler bereits 2004 bei der Untersuchung sozialer Nachhaltigkeitskonzepte darauf hingewiesen, dass „die Auswahl der verwendeten Indikatoren häufig nicht theoretisch begründet wird, sondern oftmals auf einer auf Alltagsverständnis beruhenden Plausibilität zu basieren scheint. Dies ist auch

---

[36] Vgl. z.B. das sozial-ökonomische Panel für Deutschland: https://www.diw.de/de/diw_02.c.222508.de/uebersicht_ueber_das_soep.html, Download 18.10.2017. Für Österreich: "Wie geht's Österreich? (StatisticsAustria 2013).

[37] Also etwa der Indikator (weibliche) Studienanfängerinnen im tertiären Bildungsbereich, der dem Zielbereich „Chancengleichheit zwischen den Geschlechtern" zugeordnet werden kann, liegt das Konzept der Bildungschancen zugrunde.

darauf zurückzuführen, dass derzeit ein klares theoretisches Konzept von sozialer Nachhaltigkeit fehlt. Viele Konzepte sozialer Nachhaltigkeit verbergen sich hinter einer willkürlich erscheinenden Wahl von Indikatoren und bleiben damit implizit. Die Konzepte verstehen auch Unterschiedliches unter sozialer Nachhaltigkeit (soziale Standards, institutionelle Nachhaltigkeit, demokratische Rechte)." (Littig/ Grießler 2004, S.73).

5.4 Zur Konzeption sozialer Nachhaltigkeit

Die Frage, ob soziale Nachhaltigkeit ein analytisches oder ein normatives Konzept ist, kann nicht mit einem "entweder - oder", sondern nur mit einen "sowohl als auch" beantwortet werden. Von Nachhaltigkeitsstrategien und -indikatoren sollte man beides verlangen: analytische Tiefe und Schärfe sowie klar ausgewiesene Vorstellungen darüber, welche gesellschaftlich anerkannten Werte nachhaltige Entwicklung verwirklichen soll.

In verschiedenen Arbeiten zur Konzeptualisierung sozialer Nachhaltigkeit wurde Arbeit als maßgebliche vermittelnde Kategorie der gesellschaftlichen Naturverhältnisse ins Zentrum gestellt (Brandl 2002; Littig 2016a). Dabei lassen sich zwei Zugänge unterscheiden: Der erste verlangt, ausgehend von einer Art ökologischem Imperativ – der Begrenztheit der natürlichen Ressourcen und der Grenzen der Absorptionsfähigkeit von Giften und Schadstoffen durch die Ökosysteme – eine Anpassung des Sozialen an das „ökologisch Gebotene" (vgl. Senghaas-Knobloch 2008, S. 29). Das Soziale wird im Rahmen der ökologischen Möglichkeiten und Grenzen betrachtet. Damit wird der ökologischen Dimension eine Vorrangstellung zugesprochen. Der zweite Zugang betont, dass „das Soziale in seiner Eigenwertigkeit und Eigengesetzlichkeit" wahrgenommen wird (Senghaas-Knobloch, 2008, S. 29; kursiv im Original). „Soziale Nachhaltigkeit bedeutet hier, die Zukunftsfähigkeit sozialer Einheiten (Entitäten) vorrangig mit Blick auf die soziale Kohäsion in den Blick zu nehmen. Aus dieser Forschungsperspektive auf die soziale Welt wird nicht ein Modell der überwölbenden oder übergestülpten Systembetrachtung nahe gelegt, sondern ein Modell der Konfliktbearbeitung angesichts verschiedener Zielrichtungen" (ebd.). Soziale Nachhaltigkeit kann in Konflikt stehen mit ökonomischer oder ökologischer Nachhaltigkeit. Im Verständnis von Senghaas-Knobloch bezieht sich soziale Nachhaltigkeit sowohl auf den schonenden Umgang mit der menschlichen Arbeitskraft als Ressource wie auch auf soziale Kohäsion in sozialen Systemen. Referenzpunkte sind dabei die Systemgrenzen. Unter den Bedingungen zunehmender Flexibilisierung sieht die Autorin Gesundheit

und Sozialintegration als zentrale Probleme einer sozial nachhaltigen Gestaltung menschlicher Arbeit: „Nachhaltigkeit – so wurde argumentiert – ist ein Konzept für Dauerhaftigkeit im Wandel. ... Gegenwärtig zeichnet sich eine Situation ab, in der normative Ansprüche auf Teilhabe und Miteinbeziehung auf neue Anforderungen aus der globalen Marktsphäre treffen. Entstandardisierungen als Deregulierungen im Bereich der Finanzökonomie haben zu Deregulierungen Anlass gegeben, die nicht nur neue Öffnungen für neue Gestaltungen schaffen, sondern negative Auswirkungen für den gesellschaftlichen Umgang mit der Arbeitskraft von Menschen, also in einer instrumentellen Sicht auch für notwendige personale und soziale Ressourcen haben. Es kommt darauf an, die ungeplanten und nicht bedachten Folgen solcher neuen Umgangsformen sowie ihre Kosten genau zu analysieren und Gestaltungsmöglichkeiten ... aus der Perspektive sozialer Nachhaltigkeit auszuloten." (ebd., S. 39)

Die beiden Perspektiven müssen sich allerdings nicht ausschließen. Vielmehr lässt sich mit Blick auf die gesellschaftlichen Naturverhältnisse Arbeit sowohl als vermittelnde Kategorie des gesellschaftlichen Stoffwechsels mit der äußeren Natur bestimmen, die in einer sozial-ökologischen Nachhaltigkeitsperspektive nachhaltig, also sozial- und umweltverträglich zu gestalten ist. Zugleich gilt es, die Arbeitskraft und -fähigkeit der Menschen nachhaltig zu gestalten, so dass das menschliche Entwicklungspotenzial nicht gefährdet wird (UNDP 2015). Zugrunde zu legen ist dabei ein erweiterter Arbeitsbegriff, der Arbeit nicht auf Erwerbsarbeit beschränkt, sondern gerade auch aus geschlechterpolitischer Sicht, re-produktive Arbeiten und Care, die in erster Linie von Frauen in privaten Haushalten geleistet wird, miteinbezieht (ausführlich Littig 2016a). Aus der Perspektive eines erweiterten Arbeitsbegriffs wird Arbeit und die damit verbundene Generierung von Einkommen bzw. Versorgungsleistungen zum Kern der Herstellung von Lebensqualität (Littig/Spitzer 2011).

Aus einer normativen Perspektive rekurriert Nachhaltigkeit maßgeblich auf Gerechtigkeit sowohl im Sinne von Verteilungsgerechtigkeit, also der Beseitigung von Ungleichheit(en) inter-, intranational sowie intergenerational, als auch auf prozedurale Gerechtigkeit im Sinne der demokratiepolitischen Teilhabe an Entscheidungsprozeduren (Brandl/Hildebrandt 2002; Littig/Grießler 2005).

Auf Basis dieser normativen Überlegungen sowie der analytischen sozial-ökologischen Arbeitsperspektive lassen sich als drei zentrale Bereiche sozialer Nachhaltigkeit ableiten: 1. die

sozial- und umweltverträgliche Befriedigung menschlicher Grundbedürfnisse und die Sicherstellung möglichst hoher Lebensqualität hinsichtlich der Praktiken der alltäglichen Lebensführung, d.h. der Einkommens-, Arbeits-, Ausbildungs-, Wohn-, Mobilitäts-, Ausbildungs-, Ernährungs-, Gesundheitssituation; 2. Die Sicherstellung von Chancengleichheit bezogen auf Bedürfnisbefriedigung und Lebensqualität entlang der intersektionalen (Ungleichheits-)Achsen Geschlecht, Nationalität/Ethnie, und sozio-ökonomische Lage, 3) die Sicherstellung von sozialer Integration durch Teilhabe an sozialen Netzwerken, an politischer Willensbildung und zivilgesellschaftlichen Aktivitäten (ausführlich Grießler/Littig 2005; Littig 2016 a und b).

Auf der Basis dieser Konzeption von sozialer Nachhaltigkeit sollen abschließend vorläufige Überlegungen zur Operationalisierung der Indikatoren sozialer Nachhaltigkeit für den Energiebereich (wie im Projekt CIEP) skizziert werden.

5.5 Ausgewählte transsektorale Konzepte zur Integration der sozialen Dimension in ein Set von Klima- und Energiepolitik-Indikatoren

Wie weiter oben ausgeführt, fokussiert das Projekt CIEP auf die Erarbeitung von Nachhaltigkeitsindikatoren für den Bereich Energiedienstleitungen unter Bezugnahme auf die drei Nachhaltigkeitssäulen. Grafisch lässt sich dieser Zugang folgendermaßen abbilden:

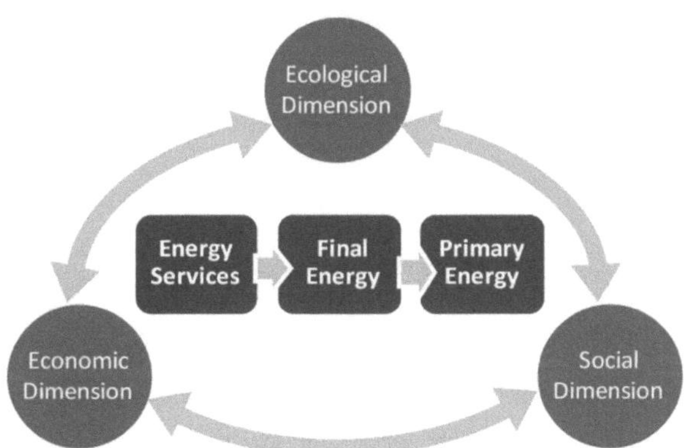

Quelle: Kettner, C., Kletzan-Slamanig, D. und Köppl, A. (2015)

Abbildung 1: Der Projektrahmen von CIEP im Überblick (aus dem Projektantrag)

Abbildung 2 nimmt die soziale Dimension in den Fokus und visualisiert einen Vorschlag für eine projektbezogene Systematisierung relevanter Aspekte der Energiedienstleistungen. Bezieht man das zuvor bereits dargestellte arbeitsbezogene analytische und normative Konzept von sozialer Nachhaltigkeit auf das Projekt, so stehen auf der Energiebereitstellungsseite die Qualität der Beschäftigung und auf der Seite der Energienutzung die Alltagspraktiken der Lebensführung in den privaten Haushalten im Vordergrund (Littig 2016b). Dabei sind folgende Querschnittsthemen, die für alle Bereiche relevant sind, zu berücksichtigen: Geschlechtergerechtigkeit und Gleichstellung der Geschlechter[38] (Röhr 2008) sowohl bei der Energiebereitstellung als auch bei der Energienutzung (Räty 2009), die Erhöhung der Qualität von Beschäftigung (auf der Energiebereitstellungsseite) bzw. Lebensqualität (auf der Energienutzungsseite) sowie Partizipation auf der Energiebereitstellungsseite bzw. Inklusion auf der Energiedienstleistungsseite.

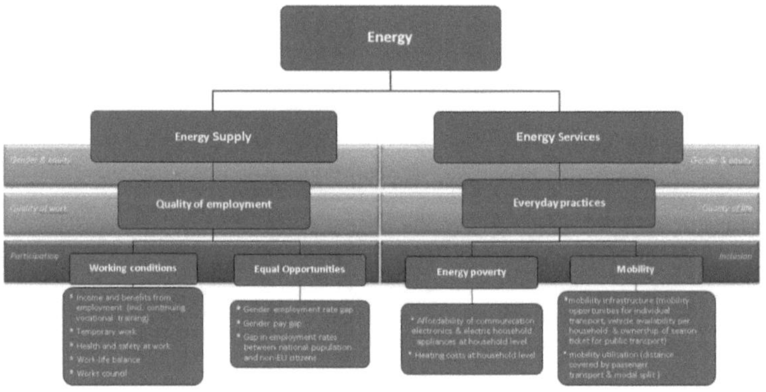

Quelle: Eigene Darstellung

Abbildung 2: Systematisierung relevanter Indikatoren sozialer Nachhaltigkeit im Bereich der Energiedienstleistungen

Basierend auf fundierten Konzepten zur Evaluierung der Qualität der Erwerbsarbeit wie dem „DGB-Index Gute Arbeit"[39], der "decent work" der International Labour Organisation (ILO)

---

[38] Vgl. zum Konzept der Geschlechtergleichstellung Pimminger/Wroblewski 2017, sowie Pimminger 2017.

[39] Vgl. http://index-gute-arbeit.dgb.de/ downloaded 20.10.2017

(UNDP 2015) und der europäischen Erhebungen zu den "working conditions" der Eurostat[40] wird im Projekt eine Messung der Arbeitsbedingungen nach fünf Kriterien vorgeschlagen: (1) Einkommen und betriebliche Sozialleistungen inklusive Weiterbildung, (2) Befristung der Beschäftigung, (3) Gesundheit und Sicherheit am Arbeitsplatz, (4) Work-Life Balance und (5) Mitbestimmungsmöglichkeiten (s.a. Leitner et al. 2012). Die Chancengleichheit wird durch Indikatoren zu geschlechterspezifischen Unterschieden bei der Beschäftigung und in der Entlohnung sowie durch Erwerbsquoten bezogen auf der Staatsangehörigkeit/Migrationshintergrund abgebildet (Cohen 2017; Littig 2017).

Auf der Seite der Energiedienstleistungen gilt es, die Nutzung in den privaten Haushalten in Form von alltäglichen Praktiken des Heizens, Kochens, Warmduschens, Mobilitätsverhaltens etc. im Sinne der oben angeführten Querschnittsthemen näher zu beleuchten. So wird einerseits die Energiearmut (Brunner et al 2012; 2017) bzw. das Gefährdungspotenzial anhand von Indikatoren zur Leistbarkeit von Haushaltsgeräte und Unterhaltungselektronik sowie durch Erfassung von Heizkosten auf Haushaltsebene abgebildet und die Mobilität andererseits, indem erstens die Mobilitätsinfrastruktur, das Mobilitätsangebot in Form von Entfernung zu öffentlichen Haltestellen, Zugang zu Car-Sharing-Angeboten, Fahrzeugverfügbarkeit und Besitz von Jahreskarten für den öffentlichen Verkehr abgebildet wird, und zweitens die Mobilitätsnutzung erhoben wird (Day et al. 2016).

Die durch diese Darstellung bereits deutlich werdende Parallele solchermaßen bestimmter Energiedienstleitungen zu den SDGs wie bspw. zu der Zielsetzung menschenwürdiger Arbeit (8), weniger Ungleichheiten (10) und Geschlechtergleichstellung (5) gilt es – so der Anspruch des Projekts – mit den SDGs zu verbinden, wobei die Klimabezogenen Ziele (7 und 13) für das energiepolitisch orientierte Projekt von besonderer Bedeutung sind. Die Verknüpfungen werden dabei im Laufe des Projektes im Detail ausgearbeitet. Dabei wird großer Wert darauf gelegt werden, die SDGs nicht einfach nur aufzulisten, sondern systematisch miteinander in Beziehung zu setzen (Wackernagel et al. 2017).

---

40   Vgl. European Foundation for the Improvement of Living and Working Conditions: https://www.eurofound.europa.eu/downloaded 20.10.2017

5.6 Literatur

Becke, Guido, 1998: *Soziale Nachhaltigkeit in flexiblen Arbeitsstrukturen. Problemfelder und arbeitspolitische Gestaltungsperspektiven.* Münster

Brandl, Sebastian, 2002: *Konzepte sozialer Nachhaltigkeit im deutschen Diskurs,* in: Ritt, Thomas (Hrsg.) *Soziale Nachhaltigkeit: Von der Umweltpolitik zur Nachhaltigkeit?* Arbeiterkammer Wien, Informationen zur Umweltpolitik 149, Wien

Brandl, Sebastian/Hildebrandt, Eckart, 2002: *Zukunft der Arbeit und soziale Nachhaltigkeit,* Reihe *"Soziologie und Ökologie", Bd. 8,* Opladen

Brunner, Karl-Michael/Spitzer, Markus/Christanell, Anja, 2012: *Experiencing fuel poverty. Coping strategies of low-income households in Vienna/Austria,* Elsevier, Energy Policy 49, 53–59.Eurofound (2012), Working time and work–life balance in a life course perspective, Eurofound, Dublin. https://www.eurofound.europa.eu/sites/default/files/ef_publication/field_ef_document/ef1273en .pdf

Brunner, Karl-Michael/Christanell, Anja/Mandl, Sylvia, 2017: *Energiearmut in Österreich. Erfahrungen, Umgangsweisen und Folgen.* In Großmann, K., Schaffrin, A., Smigiel, C. (Hrsg.): *Energie und soziale Ungleichheit: Zur gesellschaftlichen Dimension der Energiewende,* Heidelberg et al. Springer Verlag. S. 131-155

Cohen, Marjorie Griffin, 2017: *Introduction. Why gender matters when dealing with climate change,* in: Cohen, Marjorie, G. (ed): *Climate Change and Gender in Rich Countries.* Work, Public Policy and Action, London and New York, S. 3-18

Day, Rosie/Walker, Gordon/Simnock, Neil, 2016: *Conceptualising energy use and energy poverty using capabilities framework,* in: *Energy Policy,* 93, S. 255-264

Empacher, Claudia/Wehling, Peter, 1999: *Indikatoren Sozialer Nachhaltigkeit. Grundlagen und Konkretisierungen,* Institut für sozial-ökologische Forschung (ISOE) (Ed.), ISOE Discussion Papers 13, Frankfurt am Main

Gächter, August/Littig, Beate, 2016: *Wie ungleich ist die Welt?* in: Fischer, K./Boatca, M./Hauck, G. (eds.), *Handbuch Entwicklungsforschung.* Wiesbaden: Springer/VS, S. 181-194

Greisberger, Herbert/Hasenhüttl, Susanne, 2005: *Nachhaltiger Klimaschutz. Ökologische, ökonomische und soziale Dimension von Klimaschutzmaßnahmen,* Österreichische Gesellschaft für Umwelt und Technik, ÖGUT, Wien

Grunwald, Arnim, 2016: *Nachhaltigkeit verstehen. Arbeiten an der Bedeutung von Nachhaltigkeit.* München

Hans-Böckler-Stiftung (HBS)(Hrsg.) 2000: *Arbeit und Ökologie. Wege in eine nachhaltige Zukunft.* Düsseldorf

Kelle, Udo, 2017: *Präzise messbar, zuverlässig … und gültig? Statistische und methodische Probleme von Gender- und Gleichstellungsindikatoren.,* in: Wroblewski, A., Kelle, U., Reith, F. (Eds.), *Gleichstellung messbar machen. Grundlagen und Anwendungen von Gender- und Gleichstelluhngsindikatoren.* Springer Fachmedien Wiesbaden

Kettner, Claudia/Kletzan-Slamanig, Daniela/Köppl, Angela, 2015: *Indicators for Sustainable Energy Development for Austria (ISED-AT). Residential Buildings and Electricity and Heat Supply,* WIFO (Hg), Wien,); http://www.wifo.ac.at/jart/prj3/wifo/resources/person_dokument/person_dokument.jart?publikat ionsid=57857&mime_type=application/pdf

Lemons, John, 1995: *The Role of Science in Sustainable Development and Environmental Protection Decisionmaking,* in: Lemons, J. & Brown, D. A.(ed.) *Sustainable Development: Science, Ethics, and*

Public Policy, Environmental science and technology library, Springer Science & Business Media, Dordrecht

Leitner, Andrea/Wroblewski, Angela/Littig, Beate, 2012: *Green Jobs. Diskussion von Arbeitsbedingungen und Beschäftigungspotenzialen*, Informationen zur Umweltpolitik Nr. 186, Bundeskammer für Arbeiter und Angestellte (Hrsg), Wien

Littig, Beate, 2016a: *Nachhaltige Zukünfte von Arbeit? Geschlechterpolitische Betrachtungen*, in: Barth, Thomas/Jochum, Georg/Littig, Beate (eds) 2016: *Nachhaltige Arbeit. Soziologische Beiträge zur Neubestimmung der gesellschaftlichen Naturverhältnisse*, Frankfurt: Campus, S. 75-97

Littig, Beate, 2016b: *Lebensführung revisted. Zur Aktualisierung eines Konzepts im Kontext der sozial-ökologischen Transformationsforschung*, ONLINE-Publikation 2/2017 der Rosa-Luxemburg Stiftung, Berlin, https://www.rosalux.de/publikation/id/14559/

Littig, Beate, 2017: *Good "Green Jobs" for whom? A feminist critique of the "Green Economy"*, in: MacGregor, Sherilyn (ed): *International Handbook on Gender and Environment*, London/New York, S. 318-330

Littig, Beate/Grießler, Erich, 2004: *Soziale Nachhaltigkeit*, Informationen zur Umweltpolitik 160, Bundeskammer für Arbeiter und Angestellte (Hrsg), Wien

Littig, Beate/Grießler, Erich, 2005: *Social sustainability: a catchword between political pragmatism and social theory*, in: International Journal for Sustainable Development 8, 2005, 1/2, S. 65-79, http://nbn-resolving.de/urn:nbn:de:0168-ssoar-5491

Littig, Beate/Spitzer, Markus, 2011: *Arbeit neu. Erweiterte Arbeitskonzepte im Vergleich. Literaturstudie zum Stand der Debatte um erweiterte Arbeitskonzepte*. Arbeitspapier 229. Düsseldorf: Hans-Böckler-Stiftung

Opielka, Michael, 2017: *Soziale Nachhaltigkeit. Auf dem Weg zur Internalisierungsgesellschaft*, München

Pimminger, Irene/Wroblewski, Angela, 2017: *Von geschlechtsdifferenzierten Daten zu Gender- und Gleichstellungsindikatoren*. In Wroblewski, A., Kelle, U., Reith, F. (Eds.): *Gleichstellung messbar machen. Grundlagen und Anwendungen von Gender- und Gleichstelluhngsindikatoren*, Springer Fachmedien Wiesbaden

Pimminger, Irene, 2017: *Theoretische Grundlagen zur Operationalisierung von Gleichstellung*. In Wroblewski, A., Kelle, U., Reith, F, (Eds.).: *Gleichstellung messbar machen. Grundlagen und Anwendungen von Gender- und Gleichstelluhngsindikatoren*, Springer Fachmedien Wiesbaden

Räty, Riitta/Carlsson-Kanyama, Annika, 2009: *Energy consumption by gender in some European countries*, energy policy 38, S. 646-649, http://doi.org/10.1016/j.enpol.2009.08.010

Röhr, Ulrike, 2008: *Genderaspekte des Klimawandels. Verursachung, Auswirkungen, Gestaltungsmacht*. In: *Klimawandel, Klimaschutz und Gender*, Herausgeber: Friedrich-Ebert-Stiftung. Internationale Entwicklungszusammenarbeit. Referat Entwicklungspolitik, Bonn

Senghaas-Knobloch, Eva, 2008: *Flexible Arbeitsformen als Herausforderung der sozialen Nachhaltigkeit*. In: Becke, G. (Hg.): *Soziale Nachhaltigkeit in flexiblen Arbeitsstrukturen. Problemfelder und arbeitspolitische Gestaltungsperspektiven*. Münster. S. 27-43

Statistics Austria, 2013: *Wie geht`s Österreich? – Indikatoren und Analysen*, Wien

Stiglitz, Joseph/Sen, Aamartya/Fittousi, Jean-Paul, 2009: *Report by the Commission on the Measurement of Economic Performance and Social Progress*

United Nations, *Sustainable Development Goals, SDG Indicators*. Global Database: https://unstats.un.org/sdgs/indicators/database/

UNDP (United Nations Development Programme) (Hg.), 2015: *Bericht über die menschliche Entwicklung 2015: Arbeit und menschliche Entwicklung*, Berlin

Wackernagel, Mathis/Hanscom, Laurel/Lin, David, 2017: *Making the Sustainable Development Goals Consistent with Sustainability*, Front. Energy Res. 5:18

Wroblewski, Angela/Kelle, Udo/Reith, Florian, 2017: *Einleitung: Geleichstellung messbar machen.* In: Wroblewski, A., Kelle, U., Reith, F. (Hrsg.): *Gleichstellung messbar machen. Grundlagen und Anwendungen von Gender- und Gleichstellungsindikatoren,* Springer Fachmedien Wiesbaden

6 Soziale Nachhaltigkeit im Vergleich von ökologischer und konventioneller Landwirtschaft

Überlegungen zu einer vergleichenden Nachhaltigkeitsbewertung landwirtschaftlicher Systeme

Michael Opielka, Sophie Peter

Im Herbst 2015 wurde von den Vereinten Nationen die *Agenda 2030*[41] verabschiedet. Sie beinhaltet die Fortsetzung und Erweiterung der Millennium-Entwicklungsziele, die nun Sustainable Development Goals (SDGs) heißen und mit 17 globalen Nachhaltigkeitszielen ein weit gespanntes Netzwerk sozialer, ökologischer und ökonomischer Themen bilden. Der Schwerpunkt bis zum Jahr 2030 liegt somit global auf „Nachhaltigkeit". Dieser Begriff wurde im Jahr 1987 im Brundtland Report „Unsere gemeinsame Zukunft" definiert: Nachhaltig ist eine Entwicklung, „die den Bedürfnissen der heutigen Generation entspricht, ohne die Möglichkeiten künftiger Generationen zu gefährden, ihre eigenen Bedürfnisse zu befriedigen und ihren Lebensstil zu wählen".[42] Zur Operationalisierung dieser Zielsetzung wird seit den frühen 1990er Jahren häufig das „Nachhaltigkeitsdreieck", oder auch „Drei-Säulen-Modell" verwendet. Ökologische, ökonomische und soziale Nachhaltigkeit werden als gleichgewichtig nebeneinander stehend definiert.[43] Der Fokus dieses Beitrags liegt auf der sozialen Säule, immer mit der Betrachtung der ökonomischen und ökologischen Säulen im Hintergrund. Im zweiten Abschnitt wird das Konzept der „Sozialen Nachhaltigkeit" näher definiert.

Im Folgenden betrachten wir das Nachhaltigkeitsziel einer „nachhaltigen Landwirtschaft" (SDG 2) genauer.[44] Auf globaler Ebene ist das Ziel „Den Hunger beenden, Ernährungssicherheit und

---

[41] http://www.un.org/sustainabledevelopment/development-agenda/

[42] http://www.bmub.bund.de/themen/nachhaltigkeit-internationales/nachhaltige-entwicklung/strategie-und-umsetzung/nachhaltigkeit-als-handlungsauftrag/, Original: http://www.un-documents.net/our-common-future.pdf

[43] Dazu Opielka 2017

[44] Dieses Papier bezieht sich auf Überlegungen im Rahmen des Projektes „Vergleich von ökologischer und konventioneller Landwirtschaft als Beispiel einer vergleichenden Nachhaltigkeitsbewertung landwirtschaftlicher Systeme" im Auftrag des Büros für Technikfolgenabschätzung des Deutschen Bundestages (TAB), siehe: http://www.isoe.org/projekte/laufende-projekte/vergleich-von-oekologischer-und-konventioneller-landwirtschaft-als-beispiel-einer-vergleichenden-nachhaltigkeitsbewertung-landwirtschaftlicher-systeme/ Im Verlauf

eine bessere Ernährung erreichen und eine nachhaltige Landwirtschaft fördern"[45] mit acht Unterzielen bis zum Jahr 2030 unterlegt. Dabei kommt die Frage auf: „Was wissen wir eigentlich über die Nachhaltigkeit der Landwirtschaft?". Im Hinblick auf den gesamten Agrarsektor gibt es darüber derzeit keinen gesellschaftlichen Konsens. Der Agrarsektor ist dynamisch und hat in den letzten Jahrhunderten einen drastischen Wandel hinter sich. Eines der Hauptziele dieses Beitrages ist es, eine Bestandsaufnahme von Nachhaltigkeitsbewertungen mit dem Vergleich von konventioneller und ökologischer Landwirtschaft zu skizzieren.[46]

6.1　Konzeptrahmen

Wir positionieren den Diskurs über die soziale Dimension einer nachhaltigen Landwirtschaft in den Rahmen des Konzepts „Soziale Nachhaltigkeit". Dabei kann zwischen vier Verständnissen Sozialer Nachhaltigkeit in soziologischer und transdisziplinärer Perspektive unterschieden werden: Ein enges, ein internales, ein skeptisches und ein weites Verständnis.[47] Für diesen Beitrag fokussieren wir uns auf das *weite* Verständnis, da es wertvolle Hinweise darauf gibt, wie die soziale Dimension der Nachhaltigkeitsbewertung bei landwirtschaftlichen Systemen erfasst werden kann. Das weite Verständnis von Sozialer Nachhaltigkeit versteht „sozial" als „gesellschaftlich", Nachhaltigkeit damit als Transformationsprogramm der Gesellschaft (siehe den Beitrag von Opielka in diesem Band). Dies schließt einen „holistischen" Politikwechsel hin zu einem garantistischen Politik- bzw. Regimetyp ein, wie ihn die Vereinten Nationen mit der *Agenda 2030* und den universalen, ganzheitlichen und miteinander verbundenen SDGs anstreben. Der weite Begriff öffnet die Türen für Steuerungs-(Governance) und gesellschaftspolitische Fragen. Dies schlägt die Brücke zur Ausschreibung des Symposiums, wonah die SDGs „als Ziele, als Normative steuernd wirken" sollen.[48]

Doch wie kann man diese Normative operationalisieren? Wie bereits für das zweite Nachhaltigkeitsziel angesprochen, sind die SDGs in Unterziele untergliedert. Diese stehen nicht einfach

---

des TAB-Projects wurden mehrere Experteninterviews mit VertreterInnen von Bundesministerien, Forschungsinstituten, Fachverbänden und Gewerkschaften geführt. Die Nachweise erfolgen in den Veröffentlichungen zum Projekt.

[45]　Martens/Obenland 2016, S. 14

[46]　Im Text sind relevante Stellen hierzu fett markiert.

[47]　Opielka 2017, S. 18ff.

[48]　Hierzu wichtige Beiträge in: Kanie/Biermann 2017

nebeneinander, sondern in positiven oder negativen Interaktionen. So wurde bereits die Gewichtung unterschiedlicher Beziehungen zwischen den SDGs untersucht.[49] Die Unterziele können in das Drei-Säulen Modell der Nachhaltigkeit eingeordnet werden. Ein Ergebnis dieser Kategorisierung ist, dass Unterziele je nach Perspektive und Ambition mehreren Säulen zugeordnet werden können, ein wichtiger Aspekt für die Nachhaltigkeitsbewertung landwirtschaftlicher Systeme.

Mit der Kategorisierung der Unterziele ist es jedoch noch nicht getan. Ein weiterer Schritt ist die Indikatorenbildung und Messung. Dazu stellen sich die Fragen: Wie lassen sich Aspekte der Sozialen Nachhaltigkeit empirisch messen? Welche Indikatoren sind hier angemessen und wie lassen sich die Ergebnisse interpretieren? Hier ist besonders auf das Problem der Vergleichbarkeit hinzuweisen, denn die Datenverfügbarkeit variiert auf der globalen Ebene enorm und begrenzt die Möglichkeiten. Deshalb existieren bereits Indikatorensets auf unterschiedlichen politischen Ebenen.

Wenn man sich die Indikatoren für das zweite Nachhaltigkeitsziel betrachtet, wird auf den unterschiedlichen politischen Ebenen die Begrenztheit deutlich.[50] Für unsere Betrachtung sind die Unterziele 2.3-2.A relevant, da sie die zukünftige Entwicklung der Landwirtschaft definieren. Als Indikatoren können für Soziale Nachhaltigkeit beispielsweise auf UN-Ebene Indikator 2.3 „Volume of production per labour unit by classes of farming/pastoral/forestry enterprise size" und „Average income of small-scale food producers, by sex and indigenous status"[51] genannt werden. Auf EU-Ebene findet man zu diesem Unterziel zwei Indikatoren „Agricultural factor income per annual work unit (AWU)" und „Government support to agricultural research and development".[52] Diese exemplarischen Indikatoren zeigen, dass sie generell schwer nur einer Säule zuzuordnen sind, da eine direkte Wechselwirkung mit der ökologischen und ökonomischen Säule besteht. Zudem ist interessant anzumerken, dass keine Systemgrenzen zur Messung explizit definiert werden.

---

[49]   International Council for Science (ICSU) 2017

[50]   Für den vorliegenden Text wurden die Indikatorensets der UN (E/CN.3/2016/2/Rev.1) (Inter-Agency and Expert Group 2016), das damit verbundene SDG Dashboard and Indicators von SDNS und der Bertelsmann Stiftung (Sachs et al. 2017), das EU Indikatoren-Set (European Commission 2017) und die deutsche Nachhaltigkeitsstrategie (Die Bundesregierung 2016) untersucht. UN-, EU- und nationale Ziele wie Indikatoren werden hier und im Folgenden gleichwertig kombiniert.

[51]   Inter-Agency and Expert Group 2016, S. 3

[52]   European Commission 2017, S. 6

Die deutsche Nachhaltigkeitsstrategie behandelt dieses Unterziel nicht explizit, jedoch sind für unsere Überlegungen das Unterziel 2.4 „Bis 2030 die Nachhaltigkeit der Systeme der Nahrungsmittelproduktion sicherstellen und resiliente landwirtschaftliche Methoden anwenden, die die Produktivität und den Ertrag steigern, zur Erhaltung der Ökosysteme beitragen, die Anpassungsfähigkeit an Klimaänderungen, extreme Wetterereignisse, Dürren, Überschwemmungen und andere Katastrophen erhöhen und die Flächen- und Bodenqualität schrittweise verbessern"[53] und dessen Indikatoren von besonderer Bedeutung:

Tabelle 1: Indikatoren zum Nachhaltigkeitsziel 2.4 pro Governance-Ebene

Quelle: Eigene Darstellung

Governance-Ebene	Indikator
UN-Ebene	Proportion of agricultural area under productive and sustainable agriculture[54]
EU-Ebene	Area under organic farming[55]
Deutsche Nachhaltigkeitsstrategie	Ökologischer Landbau, Ziel: Erhöhung des Anteils des ökologischen Landbaus an der landwirtschaftlich genutzten Fläche auf 20% in den nächsten Jahren[56]

Das Unterziel 2.4 öffnet somit die Diskussion um die Teilung der landwirtschaftlichen Systeme in „konventionell" und „ökologisch". Mehrere Logiken und Dimensionen müssen zur Beantwortung der Konzeptualisierung einer Nachhaltigkeitsbewertung beachtet werden: Zum einen die **Systemlogik**, nach der ökologische und konventionelle Landwirtschaftssysteme unterschieden werden. Basis dafür ist die rechtlich-politische Regulation durch einschlägige EU-Verordnungen.[57] Diese Abgrenzung definiert den momentanen IST-Zustand im Agrarsektor, der freilich durch das Programm einer „Agrarwende", ähnlich wie bei der Energiewende, in Richtung

---

53   Martens/Obenland 2016, S. 33

54   Inter-Agency and Expert Group 2016, S. 3

55   European Commission 2017, S. 6

56   Die Bundesregierung 2016, S. 67

57   EU-Verordnung „ökologischer Landbau" (EG) Nr. 834/2007 vom 28. Juni 2007; Durchführungsverordnung (EG) Nr. 889/2008 vom 5. September 2008; Durchführungsverordnung (EG) Nr. 1235/2008 vom 8. Dezember 2008; Download möglich unter: https://www.bmel.de/DE/Landwirtschaft/Nachhaltige-Landnutzung/Oekolandbau/_Texte/EG-Oeko-VerordnungFolgerecht.html

auf eine vollständige Ökologisierung der Landwirtschaft hinterfragt wird. Zudem muss die **Umfangslogik** betrachtet werden: hier geht es um die räumliche bzw. quantitative Dimension (lokal, regional, global bzw. mikro/meso/makro) sowie um die **Wertschöpfungskette**[58] von Produktion bis Konsumption/Abfall.

Quer zu diesen Logiken stehen zwei Dimensionen, die in den Blick genommen werden müssen. Die Temporaldimension (kurz-, mittel-, langfristig) sowie die bereits besprochene Nachhaltigkeitsdimension (ökonomisch, ökologisch, sozial). Hier liegt der Fokus auf der Sozialdimension mit dem Verständnis einer „Sozialen Nachhaltigkeit" unter Berücksichtigung der anderen Dimensionen. Eine Zusammenstellung dieser Dimensionen zeigt Abbildung 1:

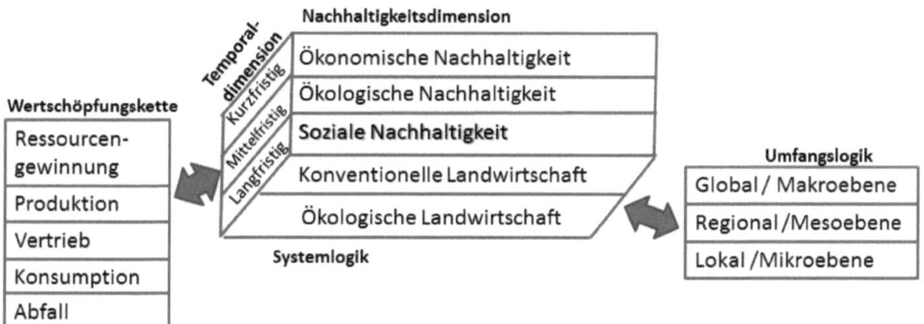

Quelle: Eigene Darstellung

Abbildung 3: Dimensionen und Logiken als Konzept einer Nachhaltigkeitsbewertung landwirtschaftlicher Systeme

6.2   Ergebnis und Diskussion

Im Landwirtschaftssektor arbeiteten in Deutschland laut Umweltbundesamt (2017) im Jahr 2016 940.000 Menschen in 275.000 Betrieben (1,5% der Erwerbstätigen in Deutschland).[59] Dies hört sich gering an, jedoch ist es durch verschiedene Entwicklungen in den letzten Jahr-

---

[58]   Darunter wird die Analyse von einem Produkt von der Ressourcengewinnung bis zur Entsorgung verstanden.

[59]   Im Jahr 2015 gab es in Deutschland 24.736 Öko-Betriebe (8,7% der Betriebe) (BMEL 2017a)

zehnten möglich, immer mehr Menschen durch immer weniger Beschäftigte zu ernähren: „Binnen der letzten einhundert Jahre hat sich zum Beispiel der Ertrag von Weizen je Fläche vervierfacht".[60] Dies ist der eine Fokus, um die sozialen Aspekte im Landwirtschaftssektor abzubilden. Auf der anderen Seite haben Entwicklungen, beispielsweise wie der demographische Wandel, Wertewandel, Konsumverhalten, Ernährungstrends und die Entwicklungen im ländlichen Raum direkten Einfluss auf eine nachhaltige Entwicklung, sowie die Integration von positiven und negativen Externalitäten aus den einzelnen Handlungsschritten.[61]

Die genannten Faktoren eröffnen ein weites Feld an möglichen Indikatoren zur Nachhaltigkeitsbewertung des Sektors, mit dem Fokus auf die sozialen Aspekte. Auch in der Literatur wird besonders auf die Systemgrenzen, den betrachteten Systemlevel und den Grund der Bewertung verwiesen, die die Bewertung maßgeblich beeinflussen.[62] Zudem ist es ein Problem, wenn zu viele Indikatoren abgefragt werden, da die Datenverfügbarkeit eines der größten Barrieren darstellt. Wichtig ist ein „set of „essential" indicators" zu erstellen.[63] Mit Blick auf Soziale Nachhaltigkeit ist klar, dass der Agrarsektor durch eine besonders intensive Beziehung zwischen Mensch und Natur definiert ist. Für Tait/Morris (2000) sind daher drei Hauptziele bewusst: „Economic viability, reduction of environmental harm, fulfilment of public demands for food and landscape benefits".[64] Allerdings weisen einige Autoren darauf hin, dass der soziale Aspekt häufig aus ökonomischen Gründen oder aufgrund von Datenmangel vernachlässigt wird.[65] Interessant hierzu sind die diskutierten Aspekte in der Publikation über das SEAMLESS-IF Instrument. Auch hier wird erkannt, dass die sozialen Indikatoren gegenüber der ökologischen und ökonomischen nicht stark genug in den Fokus genommen werden: „These reasons are connected with the difficulties related to methodologies to collect relevant data and quantifying or assessing aspects that are fundamental for social issues."[66]

---

[60]   Umweltbundesamt 2017, S. 10

[61]   In diesem Kontext wird auch die Notwendigkeit einer „Agrarwende", ähnlich wie die Energiewende, diskutiert; alternativ auch die „Konventionalisierung" der ökologischen Landwirtschaft (Wirz et al. 2015; van Cauwenbergh et al. 2007; Rigby und Cáceres 2001)

[62]   Siehe beispielsweise Tait/Morris 2000

[63]   van Cauwenbergh et al. 2007, S. 230

[64]   Tait/Morris 2000, S. 247

[65]   Siehe beispielsweise van Cauwenbergh et al. 2007; Slätmo et al. 2017; Olsson et al. 2009

[66]   Olsson et al. 2009, S. 30

Die Nachhaltigkeitsbewertung sollte die Messung einer nachhaltigen Landwirtschaft als Ziel haben. Eine breit rezipierte, programmatische Definition bietet Ikerd (1993): „Sustainable agriculture as capable of maintaining its productivity and usefulness to society over the long run (…) it must be environmentally-sound, resource-conserving, economically viable and socially supportive, commercially competitive and environmentally-sound."[67] Die Definitionen variieren auch nach genutzter Methode und der damit verbundenen Zielgruppe. Binder et al. (2010) listet in einer Tabelle sieben verschiedene Methoden (IDEA, RISE, ISAP, SAFE etc.) auf mit unterschiedlichen Definitions-Fokussierungen einer nachhaltigen Agrarwirtschaft: Produktivität, Sicherheit, Absicherung, Machbarkeit, Akzeptanz, Resilienz, Verlässlichkeit, Flexibilität, Biodiversität, Kapazität, Vitalität, Multidimensionalität, Multifunktionalität, etc.[68] Dies führt zu einer Nachhaltigkeitsbewertung mit dem Fokus auf den Produzenten, seinen Betrieb und den landwirtschaftlichen Sektor.

6.2.1 Fokussierung auf den Produzenten, den Betrieb und den landwirtschaftlichen Sektor

Die betriebliche Ebene ist Kernstück eines landwirtschaftlichen Systems und umfasst eine Reihe von bereits sehr gut dokumentierten Sozialindikatoren, die durch die unterschiedlichsten Instrumente abgefragt werden (beispielsweise IDEA, KSNL, RISE, SMART unter Berücksichtigung der SAFA-Guidelines, etc., siehe auch Tabelle 2). Diese Methoden integrieren mehr oder weniger die soziale Dimension. Das soziale Wohlbefinden ist demnach beeinflusst von Wohlstand, Sicherheit und Gesundheit. Diese können wiederum über die Art des Arbeitsverhältnisses, das Haushaltseinkommen, Krankheitstage und Ernährungssicherheit gemessen werden. Zu letzterer wurde genauso wie für „Energiesicherheit" noch keine allgemein akzeptierte Definition gefunden.[69]

---

[67]   In Rigby/Cáceres 2001, S. 23

[68]   Übersetzt aus Binder et al. 2010, S. 75

[69]   Dale et al. 2013a

Tabelle 2: Kontextuierung von sechs Methoden und Indikatoren Sozialer Nachhaltigkeit in der Landwirtschaft.

Quelle: Eigene Darstellung

Methode	Literatur-referenz	Soziale Nachhaltigkeit
Instrumente aus der Praxis		
RISE (Response-Inducing Sustainability Evaluation)	Zapf et al. 2009; Grenz 2017	*Thema:* Lebensqualität *Indikatoren:* Beruf und Ausbildung; Finanzielle Situation; Soziale Beziehungen; Persönliche Freiheit und Werte; Gesundheit[70]
KSNL (Kriteriensystem nachhaltige Landwirtschaft)	Zapf et al. 2009; Breitschuh et al. 2008	*Sektor Sozialverträglichkeit (KSL)* - *Beschäftigung* (Umfang, Struktur): Arbeitsplatzangebot, Altersstruktur, Anteil Frauen, Qualifikation - *Beschäftigungsbedingungen:* Urlaub, Arbeitsbedingungen, Niveau des Bruttolohnes - *Partizipation:* Gesellschaftliche Aktivitäten, Anteil Eigentümer[71]
IDEA (Indicateurs de Durabilité des Exploitations Agricoles)	Zahm et al. 2008	*16 Indikatoren unter der Rubrik „socio-territorial sustainability":[72]* *Quality of the products and land* - Quality of foodstuffs produced - Enhancement of buildings and landscape heritage - Processing of non-organic waste - Accessibility of space - Social involvement *Organization of space* - Short trade - Services, multi-activities - Contribution to employment - Collective work - Probable farm sustainability *Ethics and human development* - Contribution to world food balance - Training - Labour intensity - Quality of life - Isolation - Reception, hygiene and safety
DLG-Nachhaltigkeitsstandard	Nachhaltige Landwirtschaft, DLG-Zertifikat	*Soziales*[73] - Entlohnung der Arbeitskraft - Arbeitsbelastung

---

[70] Grenz 2017, S. 9

[71] Breitschuh et al. 2008, S. 73ff.

[72] Zahm et al. 2008, S. 276

[73] Nachhaltige Landwirtschaft 2017

		- Urlaubstage - Aus- und Fortbildung - Arbeits- und Gesundheitsschutz - Mitbestimmung - Gesellschaftliche Leistungen (Kommunikation mit der Öffentlichkeit/Kooperation/Regionales Engagement)
SAFA (SDGs)	Lengemann 2012	*Social:*[74] - Cultural Development - Human Health & Safety - Equity - Labour Rights - Fair trading practices - Decent livelihood *Governance*: - Holistic Management - Rule of Law - Participation - Accountability - Corporate Ethics
SEAMLESS Integrated Framework (EU-Ebene)	van Ittersum et al. 2008; Olsson et al. 2009	11 soziale Indikatoren sind in SEAMLESS-IF integriert[75] Das „ultimate goal" ist die Lebensqualität des Individuums und der Gesellschaft (mit den Unterthemen: Dienstleistungs-infrastruktur, Armut/Wohlstand, Anbindung zur Dienstleis-tungsinfrastruktur, Landschaftsbild). Sie kann durch sozia-les und humanes Kapital gesteigert werden. Der Schwer-punkt liegt auf der Datenerhebung der Bevölkerung (mit den Unterthemen: Alter, Geschlecht, Migration, Anteil der Agrar-bevölkerung an der gesamten Bevölkerung, Bevölkerungs-wachstum).[76] Daraus resultieren die Indikatoren „Gerechtigkeit, monetäre Armutsrate, Arbeitseinsatz, Fairness, Arbeitseinsatz (total), potenzielle Anstellung" aufgeteilt in „impacts on the agricu-ltural sector" und „impacts on the rest of the world".[77] Auch hier wird die Problematik der Identifikation von sozialen In-dikatoren erkannt. Die momentanen Indikatoren basieren auf dem ökonomischem Output.[78] Die finalen Indikatoren lauten:[79] - *Labour use (hours)* – Labour force in a farm-type expres-sed in worked hours - *Labour use (AWU)* – Labour force in a farm-type expres-sed in Average Worked Units - *Mean labour use per farm type in a region* – Average la-bour used per farm in a region

---

[74] Lengemann 2012, S. 3

[75] Olsson et al. 2009, S. 8

[76] Ebd. S. 17ff.

[77] Ebd. S. 29

[78] Ebd. S. 31

[79] Ebd. S. 82

		- *Total labour use in a region* – Total labour used in farms in a region - *Growth rate of labour use in a region* – Growth rate of labour use in a region - *Share of family labour* – Share of total labour use due to family work force - *Employment rate of family work force* – Share of the total potential family work force really employed in arming activitites - *Share of labour use due to livestock* – Share of total labour use in a region for livestock activities - *Number of animals per Workers* – This indicator depicts the work charge for breeders - *Monetary poverty rate* – Percent of population whose income is lower than 60% of the median income in the population - *Potential employment* – Potential work force in a region
Instrumente aus Wissenschaft/Forschung		
SAEMETH (Sustainable Agri-Food Evaluation Methodology)	Peano et al. 2015	Die sozialen Indikatoren können in vier Komponenten aufgeteilt werden (Produkt, interne Beziehung, externe Beziehung, Kultur)[80]; Indikatoren werden unterschiedlich gewichtet. Folgende Themen werden mit den Indikatoren abgedeckt: - "Employment and labour market; standards and rights related to work conditions; social inclusion and protection of disadvantaged group; community power of representation; social role of producers; coordination among producers; communication network; equity and non-discrimination; access to education; health; justice and media; cultural and territorial identity; security; governance and participation; cultural heritage (material and immaterial); ethno diversity; conservation of traditional production techniques; embeddedness; tourism promotion; maintenance of historical buildings"[81]
SAFE	van Cauwenbergh et al. 2007	- *Food security and safety* – Production function - *Quality of Life* – Physical well-being of the farming community function; Psychological well-being of the farming community function - *Social acceptability* – Well-being of the society function - *Cultural acceptability* – Information function[82]

Gaviglio et al. (2016) veröffentlichten die Studie „Social pillar of sustainability. A quantitative approach at the farm level". Darin werden 15 Indikatoren mit Sub-Indikatoren ähnlich den UN-Nachhaltigkeitszielen herausgearbeitet und mit Scores versehen, um fünf Hauptaspekte der sozialen Dimension zu evaluieren (Abbildung 4).

---

[80] Eine detaillierte Tabelle mit den Indikatoren findet man in Peano et al. 2015, ab S. 6731

[81] Peano et al. 2015, S. 6725

[82] Für eine detaillierte Kriterienliste siehe van Cauwenbergh et al. 2007, S. 236

Table 1 Social sustainability indicators and components used in the analysis

Code	Indicator	Max score	Code	Component	Max score
S_1	Quality of the products	20	CS_1	Quality of the products and the region	50
S_2	Rural buildings	12			
S_3	Landscape and territory	18			
S_4	Short food supply chain	30	CS_2	Short food supply chain and related activities	50
S_5	Related activities	20			
S_6	Work	25	CS_3	Work	50
S_7	Sustainability of the employment	15			
S_8	Training	10			
S_9	Livestock management	25	CS_4	Ethical and human development	50
S_10	Associations and social implications	15			
S_11	Cooperation	10			
S_12	Waste management	15	CS_5	Society, culture and ecology	50
S_13	Accessibility to the farm spaces	10			
S_14	Sustainable use of materials	15			
S_15	Education	10			

Quelle: Gaviglio et al. 2016, S. 3[83]

Abbildung 4: Indikatoren zur Messung sozialer Nachhaltigkeit auf Betriebsebene

Die Studie zeigt: „The method showed a high sensitivity to the multifunctionality and the type of farm production, especially organic vs. conventional, while other characteristics, such as the type of livestock and the land area, seem to differentiate the sample less or to characterize it in only a few social components".[84] Die konventionelle Landwirtschaft schneidet demnach in allen fünf Bewertungs-Dimensionen schlechter ab als die ökologische Landwirtschaft (Abbildung 5).

---

[83]   darin sind die Sub-Indikatoren nicht enthalten, siehe dafür ebd., S. 15

[84]   Gaviglio et al. 2016, S. 1

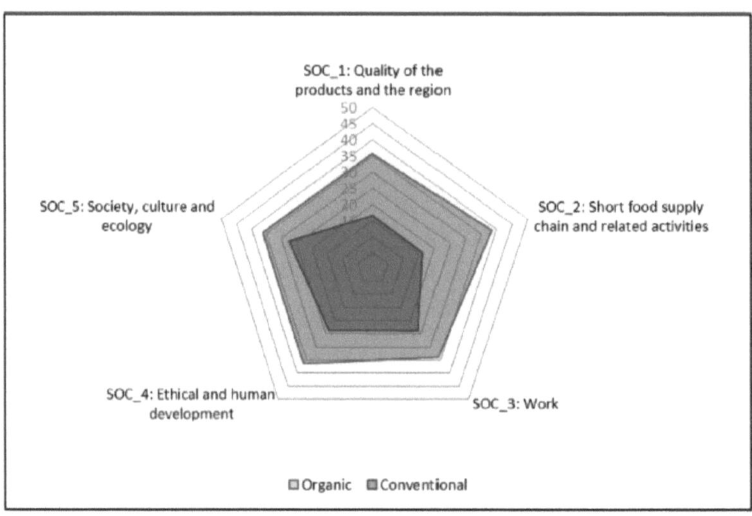

Quelle: Gaviglio et al. 2016, S. 11

Abbildung 5: Radar-Diagramm ökologische vs. konventionelle Landwirtschaft

Galdeano-Gómez et al. (2017) kommen wie viele andere zur Schlussfolgerung, dass ein ganzheitlicher Ansatz gewählt werden muss, um Synergien und mögliche Trade-offs rechtzeitig erkennen zu können. Denn es sei schwierig „to maintain a sustainable agricultural system if synergy effects do not exist between productivity, socioeconomic objectives and ecological intensification".[85]

Wenn man nun die Perspektive vom einzelnen landwirtschaftlichen Betrieb auf das landwirtschaftliche System lenkt, wird die kumulierte Tragweite von einzelbetrieblichen Entscheidungen sichtbar. Auch das Bundesministerium für Ernährung und Landwirtschaft (BMEL) erkennt, dass der Ökolandbau für einen Teil der ländlichen Bevölkerung das Einkommen sichert, zum anderen aber auch die Kulturlandschaft prägt und erhält. Eine Aufgabe wird im Strategieplan „Zukunftsstrategie ökologischer Landbau. Impulse für mehr Nachhaltigkeit in Deutschland" deutlich benannt: der ökologische Landbau soll eine „Vorbild- und Multiplikatorenfunktion für

---

[85] Galdeano-Gómez et al. 2017, S. 100

die Privatwirtschaft und private Haushalte" einnehmen.[86] Somit soll ein „nebeneinander zu einem miteinander" umgewandelt werden, denn „Ausweitung kann nur nach dem Prinzip der freiwilligen unternehmerischen Entscheidung und nicht nach planwirtschaftlichen Denken stattfinden".[87] Die Formulierung „planwirtschaftlich" irritiert, denn im Fortgang wird die Relevanz politischer Rahmensetzung betont, da beispielsweise „das Umstellungsverhalten der Landwirte nicht nur durch die Verlässlichkeit der Förderbedingungen beeinflusst (wird), sondern auch durch die relative Höhe der Ökoprämie".[88] Dies zeigt die Notwendigkeit von politischer Führung und der Vielzahl an Möglichkeiten, die Marktkräfte mit weichen und wirkungsvollen Instrumenten zu lenken.

Die Literatur über einen Vergleich von konventioneller und ökologischer Landwirtschaft weist aber auch auf ein Grundproblem hin: Nur in einigen Dimensionen könnte der empirische Nachweis erbracht werden, dass ökologische Landwirtschaft Vorteile gegenüber konventioneller Landwirtschaft hat. Andere Nachweise von kausalen Zusammenhängen fehlen, was besonders auch die Indikatorenauswahl zur Messung von sozialen Aspekten beeinflusst.[89] Ein Beispiel ist, dass höhere Preise von Bioprodukten eine höhere Wertschätzung des Produkts erzeugen und somit weniger weggeworfen wird. Auf der anderen Seite wird nicht bestritten, dass die ökologische Landwirtschaft die Biodiversität und die Wasserschutzziele positiv beeinflusst.[90] Andererseits folgern Flessa et al. (2012) aus ihren Daten, dass der ökologische Landbau keine eindeutig positive Klimaschutzwirkung hat. Medland (2016) wiederum kommt mit Blick auf soziale Gerechtigkeit und Arbeitsbedingungen zum interessanten Ergebnis: „There are some reasons to expect that organic and even more, agroecological food systems, might contribute to more sustainable working practices. In conclusion, in this case, the study shows that organic agriculture has been companied by experiences of small social sustainability gains and opportunities for workers and farmers, in a particularly challenging context."[91] Eine Studie über eine Provinz in Spanien zeigt mit der Umstellung auf ökologischen Anbau positive soziale Entwicklungen: "From a social sustainability perspective, the restructuring of the citrus

---

86   Bundesministerium für Ernährung und Landwirtschaft (BMEL) 2017, S. 33

87   Bundesministerium für Ernährung und Landwirtschaft (BMEL) 2017, S. 22

88   Bundesministerium für Ernährung und Landwirtschaft (BMEL) 2017, S. 38

89   Hier ist die hoch brisante politische Debatte über die Verwendung von Glyphosat ein gutes Beispiel.

90   Dauber et al. 2016, S. 19

91   Medland 2016, S. 1133

sector in the Bajo Andarax district has resulted in a notable improvement of the employment indicators both at the farm level and at the municipality level in comparison to the reference territories of the province of Almeria and the region of Andalusia."[92] Die meisten Studien mit dem Ziel eines Vergleichs von ökologischer und konventioneller Landwirtschaft sind sehr spezifisch angelegt und nutzen eine schmale empirische Basis. Dadurch ist die Generalisierbarkeit der Ergebnisse schwierig. Auf der anderen Seite zeigen diese Studien deutlich, dass die Betrachtung der Multifunktionalität und –dimensionalität der Landwirtschaft unabdingbar ist.[93] Dafür schlagen Bernués et al. (2016) eine sogenannte „content analysis" vor mit dem Fokus auf „agricultural practices, ecosystem services, economic and social sustainability".[94] Auf sozioökonomischer Ebene sprechen sie dafür die ethisch korrekte Produktion sowie die ländliche Entwicklung an.[95] Auf politischer/rechtlicher Ebene werden die Faktoren der Gemeinsamen Agrarpolitik auf EU-Ebene, Agrarumweltregelungen,[96] kommunale Grünflächen und rechtliche Rahmenbedingungen genannt[97] (Abbildung 6).

---

92 Torres et al. 2016, S. 12

93 Ewert et al. 2009; Paracchini et al. 2011; Binder et al. 2010

94 Bernués et al. 2016, S. 130

95 Strategien für den ländlichen Raum beinhalten vermehrt den Aspekt einer nachhaltigen Landwirtschaft (van Ittersum et al. 2008).

96 Sogenannte weiche und harte Politikinstrumente müssen betrachtet werden (Garnett 2013).

97 Bernués et al. 2016, S. 136

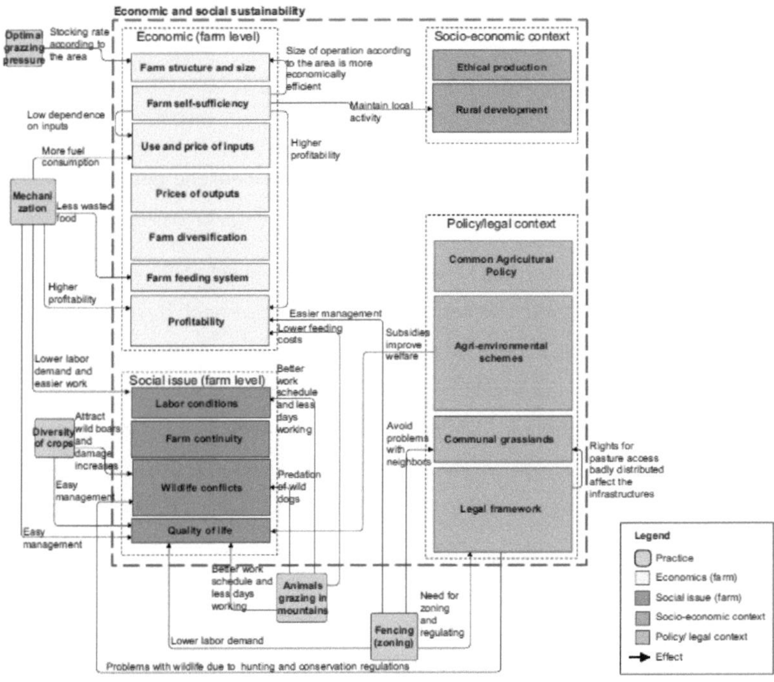

Quelle: Bernués et al. 2016, S. 136

Abbildung 6: Beziehung zwischen Agrarwirtschaft und ökonomischer/sozialer Nachhaltigkeit

In der Studie "Agricultural practices, ecosystem services and sustainability in High Nature Value farmland: Unraveling the perceptions of farmers and nonfarmers" wiederum erscheint die Perspektive der sogenannten „Nicht-Bauern" auf Ökosystemdienstleistungen bemerkenswert. Diese können in vier verschiedene Kategorien unterteilt werden:[98]

1) **Unterstützende Dienstleistungen:** „Gene pool protection"; „Lifecycle maintenance";

2) **Bereitstellende Dienstleistungen:** „Genetic resources"; „Quality food"; „Medicinal resources"; „raw material"

---

[98]   Bernués et al. 2016, S. 134

3) **Regulierende Dienstleistungen:** „Waste management"; „Soil fertility and erosion prevention"; „Disturbance prevention"

4) **Kulturelle Dienstleistungen:** „Culture and art"; „Education"; „Recreation and tourism"; „Spiritual experiences"; „Aesthetic (landscape)"

Diese Vielfalt an Dienstleistungen und deren Nutzen für unterschiedliche gesellschaftlichen Gruppen wird oftmals übersehen und sollte gesellschaftspolitisch integriert werden.[99]

Für eine gesellschaftspolitische Verortung sprechen auch die erheblichen Entwicklungsunterschiede zwischen Ländern und Staaten. Schaut man beispielsweise nach Bayern und Baden-Württemberg oder nach Österreich, findet man einen höheren Anteil an ökologischer Landwirtschaft. Die beiden Hauptgründe dafür sind höhere Prämien und positive Auswirkungen auf den Tourismus.[100] Die Erholung eines breiten Teils der Bevölkerung im ländlichen Raum ist ein gesellschaftlicher Faktor: „Aus dieser komplexen Gemengelage resultiert grundsätzlich eine besondere Verantwortung der Landwirtschaft in der Gesellschaft – aber umgekehrt auch eine Verantwortung der Gesellschaft für die Landwirtschaft" und somit die politischen Rahmenbedingungen.[101]

In gesellschaftlicher Perspektive beeinflusst der Wandel die Attraktivität des Berufs als Landwirt und die veränderte Stellung der Landwirte im ländlichen Raum und auf dem Arbeitsmarkt. Durch die sich weiterentwickelnde Technifizierung der Landwirtschaft werden gut ausgebildete Arbeitskräfte gebraucht. Der demographische Wandel beeinflusst damit die ländliche Ökonomie und fehlende Fachkräfte werden zum Problem.[102] Ein wichtiges und in der Forschung häufig behandeltes Thema (der sogenannten „internalen" Nachhaltigkeit[103]) ist die Nachfolgefrage, in ganz Europa (Abbildung 7), aber auch in Deutschland (Abbildung 8).

---

[99] Bernués et al. 2016, S. 140

[100] In Bayern existierten es 2015 7460, in Baden-Württemberg 7130 Ökobetriebe, in Thüringen und Saarland gerade einmal 301 und 183 Betriebe (Quelle: Statista 2017, Daten von BLE und BÖLW).

[101] Bundesamt für Naturschutz 2017, S. 4

[102] Lange et al. 2015

[103] Siehe Opielka 2017 und seinen Beitrag in diesem Band. „Internale" Nachhaltigkeit bezeichnet den (gesellschaftspolitisch konservativen) Fokus Sozialer Nachhaltigkeit auf traditionelle soziale Institutionen, hier auf die Familie.

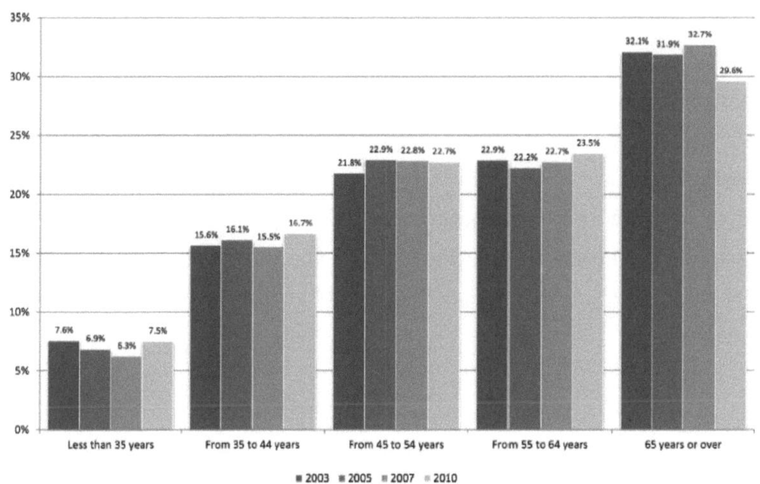

Quelle: Zagata und Sutherland 2015, S. 44

Abbildung 7: Anteil an Farm-Besitzern pro Alter in Europa (Daten von Eurostat)

Region	No successor or uncertain (%)
Germany	69
Baden-Württemberg	77
Bayern	63
Brandenburg	75
Hessen	74
Mecklenburg-Vorpommern	73
Niedersachen	68
Nordrhein-Westfalen	67
Rheinland-Pfalz	83
Saarland	78
Sachsen	72
Sachsen-Anhalt	70
Schleswig-Holstein	69
Thüringen	74
Stadtstaaten	83

Quelle: Burton und Fischer 2015, S. 161

Abbildung 8: Rate an Landwirten, die noch keinen sicheren Nachfolger haben (in Deutschland,
2010)

Die Studie von Rasul und Thapa (2013) zeigt, dass in der ökologischen Landwirtschaft mehr
regionale Vorprodukte verwenden werden (sei es Arbeitseinsatz, Samen, Düngemittel etc.). In

der konventionellen Landwirtschaft dominiert ein hoher Input und damit hohe Ausgaben für externe Betriebsmittel. Zum Thema Gerechtigkeit beobachteten die beiden Wissenschaftler in Bangladesch, dass die ökologische Landwirtschaft Vorteile für die lokale Bevölkerung aufweist bezogen auf die Arbeitskosten pro Produktionsstückkosten und den Bruttogewinn. Zudem ist die ökologische Landwirtschaft diversifizierter und daher nicht so anfällig für Risiken und Unsicherheiten. Zum Thema Ernährungssicherheit zeigt die Studie, dass die konventionelle Landwirtschaft in ihren Produkten Vitamine, Proteine und Nährstoffe und Fette nicht in dem Maß anbieten kann, wie sie für einen gesunden Körper benötigt werden.[104] Dies führt zur Rolle des Konsumenten.

6.2.2 Fokussierung auf den Konsumenten (regional/überregional)

Neben der Perspektive des Produzenten ist auch diejenige des Konsumenten und deren wechselseitige Beziehung wichtig: „A focus on increasing production on its own is unlikely to improve food security".[105] Die Beziehung von Produktion und Konsum verursacht intendierte, aber auch nicht-intendierte Effekte. Mit Blick auf ökologischen Anbau wird schon lange diskutiert, dass sich Menschen mit niedrigem Einkommen derzeit kaum Bioprodukte leisten können, womit ihnen der Zugang zu „gesünderen" Nahrung verwehrt werde.[106] Die Themen Gesundheit und Ernährung müssen daher in eine Analyse der sozialen Nachhaltigkeit beider Landwirtschaftssysteme einbezogen werden, beispielsweise das Problem der Fettsucht auf der Nordhalbkugel. Daher schlagen Allen et al. (2014) vor, Essen und Ernährung als Ökosystemdienstleistung aufzunehmen.[107] Zudem lässt sich zeigen, dass eine nachhaltige Landwirtschaft in einer Beziehung mit sozialer Gerechtigkeit (Wohlstand) steht.

Mit der Perspektive auf Ökosystemdienstleistungen kommt die Frage auf: „How to meet the growing demand of primary products while retaining or even enhancing ecosystem services?".[108] Sie verweist auf Faktoren wie beispielsweise „population dynamics, migration, disturbance, landconversion trends". Dale et al (2013a) fordern daher ein „integrated sustainable farming system", das auch sozioökonomische Aspekte wie „social well-being, security, trade,

---

104 Rasul/Thapa 2003, S. 1735

105 Garnett 2013, S. 34

106 Allen et al. 1991, S. 4

107 Allen et al. 2014, S. 500 ff.

108 Dale et al. 2013a

profitability, resource conservation, social acceptability" im Blick hat. Damit wird klar, dass der ländliche Raum und dessen ökologische, ökonomische und soziale Entwicklung zu beachten sind, wenn es um eine Nachhaltigkeitsbewertung landwirtschaftlicher Systeme geht. Eine relevante Studie in diesem Kontext wurde 2013 von Chatzinikolaou et al. mit dem Titel „Multicriteria analysis for grouping and ranking European Union rural areas based on social sustainability indicators" veröffentlicht. Auch sie sind der Meinung, dass Soziale Nachhaltigkeit mit Sozialkapital, sozialer Inklusion, sozialer Exklusion und sozialem Zusammenhalt eng verbunden ist.[109]

Der ländliche Raum, dessen Entwicklung und Potenziale im Bereich des Agrarsektors werden schon seit vielen Jahren von neuen Geschäftsmodellen entdeckt. Auch hier muss noch einmal die Macht des Handels, die Verbindung zwischen Produzent und Konsument, betont werden. Ein internationales Beispiel ist das weltweit führende Zertifizierungssystem von Erzeuger und Einzelhandel für gute Agrarpraxis: GLOBAL G.A.P.[110] Es hat sich zum Ziel gesetzt, das eigene System mit den SDGs der UN zu harmonisieren, denn die „Zertifizierung stellt bereits einen wichtigen Meilenstein in der Erfüllung der SDGs dar"[111] und das Siegel bedeutet mehr Transparenz für den potenziellen Kunden. Soziale Aspekte dieser Harmonisierung sind beispielsweise zu SDG 3 „Good health and well-being": „Trained first aiders and first aid kits shall be available at farm level" (Kontrollpunkte AF4.3.4 & AF4.3.5 des Zertifizierungssystems); „Supplying safe working conditions on farm" (Kontrollpunkte AF4.1 & AF 4.2). Dabei wird klar, dass auf globaler Ebene die Gewichtung sozialer Aspekte variiert und nicht alle Indikatoren gleich einsetzbar sind (z.B. der Indikator, dass alle Bauernkinder in die Schule gehen sollen)[112]. Andere relevante Entwicklungen mit der Perspektive auf den Handel sind regionale Lieferketten, wie sie durch Zertifizierungssysteme wie „regionales Fenster"[113] oder durch neu-strukturierte Lieferketten versucht werden.[114] Neben den positiven Entwicklungen in diesem Bereich gibt es aber auch zunehmend kritisierte Business-Modelle, wie beispielsweise „Amazon fresh", deren soziale Auswirkungen auf die regionale Entwicklung beobachtet werden müssen.

---

[109] Chatzinikolaou et al. 2013, S. 1

[110] Global G.A.P. 2017

[111] Global G.A.P. 2017b

[112] SDG 4 „Bildung für Alle" steht in Zusammenhang mit dem Indikator GRASP 9 der GLOBAL G.A.P „Children of schooling age living on the farm, shall have access to compulsory school education".

[113] Regionalfenster 2015

[114] Ein Beispiel hierfür wäre die Firma Etepetete: https://etepetete-bio.de/

Zusammenfassend ist zu sehen, dass die Auswahl der Indikatoren stark von der fokussierten Ebene abhängt. Jedoch wird auch klar, dass dadurch nur ein Puzzelstück aus einem großen Bild betrachtet wird, dessen Einflüsse ebenfalls Beachtung finden müssen. Der Einzelbetrieb ist direkt und indirekt eingebettet in ein gesellschaftliches System mit komplexen Einflüssen. Vor dieser Komplexität darf nicht zurückgeschreckt werden, denn nur so können mögliche Trade-offs erkannt und eine nachhaltige Entwicklung erzielt werden.

6.3   Fazit

Jeffrey Sachs, Professor an der Columbia Universität und Direktor des UN Sustainable Development Solutions Network, veröffentlichte im September 2017 einen Artikel über „Land and the SDGs". Darin beschreibt er die Wechselwirkung zwischen Landnutzung/Ackerland und sozialen Themen: „Directly or indirectly, therefore, land use is at the heart of poverty eradication, food security, gender equality, water management, decent work, sustainable cities, ending climate change, and protecting biodiversity." Als Prinzipien zur Landnutzung nennt er allgemein Effizienz, Gerechtigkeit und Nachhaltigkeit. Die Frage ist, wie diese Prinzipien auf lokaler Ebene umgesetzt werden, denn „in every country and region, the law, culture, traditions, politics, power, and technologies of land use will be at the heart of efforts to achieve the SDGs".[115] Diese Auflistung zeigt die Komplexität des Themas und die Vielfalt an Akteuren, die darin eine Rolle spielen und deren Handlungen mit Indikatoren gemessen werden müssen, um ein präzises Bild für eine Nachhaltigkeitsbewertung zu erhalten.

Als Folge unserer Analyse wissenschaftlicher Beiträge, Internetseiten und Experteninterviews konnten wir sehen, dass die Systemtrennung „ökologische und konventionelle Landwirtschaft" zwar durch die juristische Deflition sehr starr wirkt, es sich in der Realität aber um ein dynamisches und komplexes Feld mit einer Vielzahl von Querverbindungen handelt, beispielsweise zum Thema der Regionalisierung. Wie in Abbildung 3 gezeigt, muss eine Nachhaltigkeitsbewertung landwirtschaftlicher Systeme unterschiedliche System- und Umfangslogiken berücksichtigen. Derzeit fokussiert sich der Vergleich von ökologischer und konventioneller Landwirtschaft auf die Betriebsebene und deren ökonomische und ökologische Aspekte. Dies wird von

---

[115] Landportal.info 2017

einigen Autoren kritisiert und durch die Integration von sozialen Indikatoren auf unterschiedlichen Evaluationsebenen zu ergänzen versucht. Dabei stößt man auf mehrere Barrieren. Zum einen müssen die Systemgrenzen der Analyse und die Zusammensetzung und Gewichtung der Indikatoren transparent dokumentiert sein, damit das Ergebnis korrekt interpretiert werden kann. Zum anderen fehlen zumeist aus Datenmangel empirische Nachweise einer Korrelation zwischen Produktion und gesellschaftlichen Auswirkungen. Zudem rückt das Problem der Situationsabhängigkeit in den Vordergrund. Letzteres wird auch in Bezug auf die UN-Nachhaltigkeitsziele auf globaler Ebene diskutiert, da nicht alle Ziele und Indikatoren gleichgewichtig behandelt werden können und müssen und daher auf nationaler Ebene eine Selektion an Indikatoren nachvollziehbar ist. Interessanterweise werden in Bezug auf das zweite Nachhaltigkeitsziel keine Systemgrenzen zur Evaluation genannt. Dies macht eine Vergleichbarkeit der Ergebnisse schwierig, wie sie beispielsweise bei Ökobilanzen schon lange diskutiert wird. Deshalb ist es offen, ob die vorhandenen Nachweise, nach denen die ökologische Landwirtschaft einen positiven Einfluss bei sozialen Indikatoren hat, für das gesamte System gelten können. Eine andere Gefahr wird darin gesehen, bei einem Vergleich den Durchschnittswert zu nehmen, da beide Systeme nicht die gleichen „Startbedingungen" aufweisen.

Durch die Begrenztheit der Literatur zum Vergleich der beiden Landwirtschaftssysteme war es notwendig, die Recherche auszuweiten und um Studien der Nachhaltigkeitsbewertung mit dem Ziel einer nachhaltigen Landwirtschaft zu ergänzen. Dadurch wurde aber noch ein weiterer Aspekt sichtbar, der in der Diskussion „ökologisch vs. konventionell – miteinander oder gegeneinander?" bisher wenig Beachtung findet. Die Vereinten Nationen sprechen in der Agenda 2030 von einer nachhaltigen Landwirtschaft und erwähnen das Ziel der ökologischen Landwirtschaft (engl. „organic agriculture") nicht. Somit kann man davon ausgehen, dass das zweite Nachhaltigkeitsziel für die Landwirtschaft insgesamt gedacht ist. Geht man nun eine Ebene tiefer, zeigt sich, dass die Europäische Union „organic agriculture"[116] als Indikator verwendet, der dann auch in die deutsche Nachhaltigkeitsstrategie übernommen wurde.[117] Man kann daher kritisch anmerken, dass die Zielerreichung einer nachhaltigen Landwirtschaft in Deutschland und Europa ausschließlich vom Zuwachs des ökologischen Landbaus abhängt,

---

[116] European Commission 2017, S. 6
[117] Die Bundesregierung 2016, S. 67

eine aktive Rolle der konventionellen Landwirtschaft jedoch unklar bleibt. Bedenkenswert erscheint hierzu eine Stellungnahme aus dem Dialog zur Nachhaltigkeit: „(…) daher wäre eine bessere Regulierung der konventionellen Landwirtschaft im europäischen Rahmen das stärkere Mittel".[118]

In den Studien über eine nachhaltige Landwirtschaft wird die rechtliche Trennung der beiden landwirtschaftlichen Systeme durch die EU-Regulation kaum erwähnt. Die Messprobleme sind offenkundig: zum einen ist die Datenverfügbarkeit meist durch Ressourcenbegrenzung (finanziell, personell) eingeschränkt, zum anderen scheint die Auswahl und Gewichtung der Indikatoren der Subjektivität des jeweiligen Forschers unterworfen zu sein. Dies kann durch einen transparenten Auswahlprozess, beispielsweise durch Delphi-Befragungen, abgeschwächt werden und es wird besonders deutlich, dass ein gut ausgewähltes Indikatorenset nicht mit Quantität überzeugt, sondern mit Qualität. Auch hier ist anzumerken, dass die meisten verfügbaren Datenquellen keine Abgrenzung beinhalten, was eine Nachhaltigkeitsbewertung erschwert.

Das internationale Programm der SDGs verweist darauf, dass positive Interaktionen und mögliche Trade-Offs zwischen Ebenen, aber auch zwischen den drei Nachhaltigkeitssäulen beachtet werden müssen. Dieser Gefahr entgeht beispielsweise die Europäische Union in ihrem SDG-Indikatorenset mit der Bezeichnung von „Multipurpose indicators: Supplementary indicators of other goals which complement the monitoring of this goal".[119] Dies ist ein wichtiger Aspekt für die Nachhaltigkeitsbewertung landwirtschaftlicher Systeme. Daher sollte auch das „Drei-Säulen-Modell" der Nachhaltigkeit kritisch auf die Realitätsnähe überprüft werden. Ein Modell kann niemals die Komplexität der Wirklichkeit aufzeigen, jedoch sollte der ganzheitliche Fokus nicht verloren gehen. Das weite Konzept der Sozialen Nachhaltigkeit bietet dazu eine vielversprechende Lösung.

Dies führt zur Multifunktionalität und -dimensionalität der Landwirtschaft, die beide mehrfach in der Literatur betont werden. Das macht Messungen komplex, da nun mehrere Evaluierungsebenen vernetzt erhoben werden müssen. Die Forderung nach einem holistischen Ansatz mit Hilfe eines Mixed-Models liegt nahe, also einer Kombination von Instrumenten auf unter-

---

118 Die Bundesregierung 2016, S. 68
119 European Commission 2017, S. 6

schiedlichen Evaluierungsebenen. Ein solches Modell dient dazu, potentielle Trade-Offs aufzudecken und die Ebenen miteinander zu harmonisieren, um eine nachhaltige Entwicklung zu ermöglichen. Die Integration unterschiedlicher Ansätze, wie beispielsweise der Ökosystemdienstleistungen, strukturiert diese Komplexität und ermöglicht eine hohe Transparenz und Replizierbarkeit. Auf normativer Ebene erscheint die Diskussion rund um eine Agrar- und Ernährungswende bedeutend, die parallel und sich gegenseitig anstoßend ablaufen müssen, um eine nachhaltige Landwirtschaft voranzutreiben.

Zur Forderung nach einer holistischen Perspektive passen die zukunftsweisenden Gedanken von Michael Horsch, Geschäftsführer von Horsch Maschinen, auf der „Farm and Food 4.0 – International Congress" am 23. Januar 2017 in Berlin. Er gehört zu den Profiteuren der konventionellen Landwirtschaft an, betont aber „Natur will Vielfalt" und fordert ein Umdenken seiner Mitstreiter. Das gängige Argument, wonach die stetig wachsende Weltbevölkerung nur durch mehr Produktion ernährt werden kann, verwirft er und stellt die kritische Frage: „Ist die Ertragsmaximierung wirklich oberstes Ziel?!" Er gesteht sich selbst ein hierbei zu weit gegangen zu sein. Solche zunächst gedanklichen Transformationen machen deutlich, wie wichtig die Steuerung durch politische Maßnahmen in einem hoch komplexen Handlungsfeld ist, um Leitplanken auch für individuelles Handeln auf allen Ebenen und in allen Institutionen zu legen. Die Politik verfügt über eine Vielzahl an administrativen, ökonomischen und informativen Instrumenten, um Marktanreize auf Basis einer Nachhaltigkeitsbewertung zu setzen. Beispielhaft ist hierfür der Fortschritt in der Debatte über eine Kreislaufwirtschaft, die Prinzipien wie das Verursacherprinzip und die erweiterte Herstellerverantwortung (engl. ‚extended producer responsibility') hervorhebt. In einer ‚circular agriculture' wird der Ressourcenverbrauch internalisiert, wie es der Ansatz der Ökosystemdienstleistungen auf ökonomischem Weg versucht. Es fehlt bislang der Fokus auf die Problematik der Externalisierung von Folgekosten, die in der Preisbildung für Produkte aus der konventionellen Landwirtschaft nicht beachtet werden und auch in der ökonomischen Säule einer Nachhaltigkeitsbewertung erst einmal verankert werden muss.

Hier zeigt sich die Verbindung zur Forderung nach einer „Internalisierungsgesellschaft" im weiten Konzept Sozialer Nachhaltigkeit. Internalisierung deckt lineare Ausbeutung auf und fordert eine Kreislaufwirtschaft, in der Ressourcen für zukünftige Generationen bewahrt werden. Zudem wird dadurch klar, wie wichtig es ist, den Fokus nicht nur auf die Ebene der Produktion zu

legen, sondern die gesamte Wertschöpfungskette, besser wäre: den Wertschöpfungskreis, zu betrachten und das Verhältnis von Produktion und Konsument, also Umwelt und Mensch, zu verstehen. Dabei geht es ganz wesentlich um Normen und Werte in der Gesellschaft: Warum essen wir so viel Fleisch? Warum macht es uns nichts aus, soviel wegzuwerfen? Eine Reduktion des Über-Verbrauchs würde eine Win-Win Situation ergeben, denn sie würde einen relevanten Teil der Ernährungsfrage lösen und unserer Umwelt nützen. Somit darf der Konsument in einer Nachhaltigkeitsbewertung nicht vernachlässigt und muss aktiv in die Nachhaltigkeitsdebatte einbezogen werden. Transparent geschieht dies durch eine Operationalisierung des „attitude-behaviour gap", so dass Maßnahmen zur Zielerreichung bestimmen zu können: von Seiten der Politik, der Wirtschaft und der Gesellschaft. Dies sollte Leitziel einer Nachhaltigkeitsbewertung der landwirtschaftlichen Systeme sein. Somit muss Wirtschaftlichkeit nicht im Kontrast zur nachhaltigen Entwicklung stehen, die Frage ist nicht das „ob", sondern das „wie".

6.4   Literatur

Allen, Patricia/van Dusen, Debra/Lundy, Jackelyn/Gliessman, Stephen, 1991: Expanding the definition of sustainable agriculture. Agroecology Program, University of California. In: *Sustainability in the balance* (3)

Allen, Thomas/Prosperi, Paolo/Cogill, Bruce/Flichman, Guillermo, 2014: Agricultural biodiversity, social-ecological systems and sustainable diets. In: *The Proceedings of the Nutrition Society* 73 (4), S. 498–508. DOI: 10.1017/S002966511400069X

Bernués, Alberto/Tello-García, Elena/Rodríguez-Ortega, Tamara/Ripoll-Bosch, Raimon/Casasús, Isabel, 2016: Agricultural practices, ecosystem services and sustainability in High Nature Value farmland. Unraveling the perceptions of farmers and nonfarmers. In: *Land Use Policy* 59, S. 130–142. DOI: 10.1016/j.landusepol.2016.08.033

Binder, Claudia R./Feola, Giuseppe/Steinberger, Julia K., 2010: Considering the normative, systemic and procedural dimensions in indicator-based sustainability assessments in agriculture. In: *Environmental Impact Assessment Review* 30 (2), S. 71–81. DOI: 10.1016/j.eiar.2009.06.002

Breitschuh, Gerhard/Eckert, Hans/Matthes, Ines/Strümpfel, Jürgen, 2008: *Kriteriensystem nachhaltige Landwirtschaft (KSNL). Ein Verfahren zur Nachhaltigkeitsanalyse und Bewertung von Landwirtschaftsbetrieben.* Darmstadt: KTBL (KTBL-Schrift, 466)

Bundesamt für Naturschutz, 2017: Agrar-Report 2017. *Biologische Vielfalt in der Agrarlandschaft.* 1. Auflage: Bonn

Bundesministerium für Ernährung und Landwirtschaft (BMEL), 2017: *Zukunftsstrategie ökologischer Landbau. Impulse für mehr Nachhaltigkeit in Deutschland.* Bonn

Bundesministerium für Ernährung und Landwirtschaft (BMEL), 2017a: *Ökologischer Landbau in Deutschland.* Link:https://www.bmel.de/DE/Landwirtschaft/Nachhaltige-Landnutzung/Oekolandbau/_Texte/OekologischerLandbauDeutschland.html;jsessionid=21A7D7E8781C571D9B24A616A42110F5.1_cid385#doc377838bodyText6

Burton, Rob J.F./Fischer, Heike, 2015: The Succession Crisis in European Agriculture. In: *Sociol Ruralis* 55 (2), S. 155–166. DOI: 10.1111/soru.12080

Chatzinikolaou, Parthena/Bournaris, Thomas/Manos, Basil, 2013: Multicriteria analysis for grouping and ranking European Union rural areas based on social sustainability indicators. In: *IJSD* 16 (3/4), S. 335. DOI: 10.1504/IJSD.2013.056559.

Dale, Virginia H./Efroymson, Rebecca A./Kline, Keith L./Langholtz, Matthew H./Leiby, Paul N./Oladosu, Gbadebo A. et al., 2013: Indicators for assessing socioeconomic sustainability of bioenergy systems. A short list of practical measures. In: *Ecological Indicators* 26, S. 87–102. DOI: 10.1016/j.ecolind.2012.10.014

Dale, Virginia H./Kline, Keith L./Kaffka, Stephen R./Langeveld, J. W. A., 2013a: A landscape perspective on sustainability of agricultural systems. In: *Landscape Ecol* 28 (6), S. 1111–1123. DOI: 10.1007/s10980-012-9814-4

Dauber, Jens/Paulsen, Hans Marten/Osterburg, Bernhard, 2016: Bewertung des ökologischen Landbaus in Bezug auf den Klimaschutz und anderen Umweltleistungen. Kurzstellungnahme für BMEL. In: *Thünen Institut (Ref. 516)*

Die Bundesregierung, 2016: *Deutsche Nachhaltigkeitsstrategie.* Neuauflage 2016. Berlin

Inter-Agency and Expert Group, 2016: *Sustainable Development Goals Indicators.* E/CN.3/2016/2/Rev.1

European Commission, 2017: *EU SDG Indicator Set.* Eurostat

Ewert, Frank/van Ittersum, Martin K./Bezlepkina, Irina/Therond, Olivier/Andersen, Erling/Belhouchette, Hatem et al., 2009: A methodology for enhanced flexibility of integrated assessment in agriculture. In: *Environmental Science & Policy* 12 (5), S. 546–561. DOI: 10.1016/j.envsci.2009.02.005

Galdeano-Gómez, Emilio/Aznar-Sánchez, José Angel/Pérez-Mesa, Juan Carlos/Piedra-Muñoz, Laura, 2017: Exploring Synergies Among Agricultural Sustainability Dimensions. An Empirical Study on Farming System in Almería (Southeast Spain). In: *Ecological Economics* 140, S. 99–109. DOI: 10.1016/j.ecolecon.2017.05.001

Garnett, Tara, 2013: Food sustainability. Problems, perspectives and solutions. In: *The Proceedings of the Nutrition Society* 72 (1), S. 29–39. DOI: 10.1017/S0029665112002947

Gaviglio, Anna/Bertocchi, Mattia/Marescotti, Maria Elena/Demartini, Eugenio/Pirani, Alberto, 2016: The social pillar of sustainability. A quantitative approach at the farm level. In: *Agric Econ* 4 (1), S. 21. DOI: 10.1186/s40100-016-0059-4

Global G.A.P., 2017: *Die Geschichte von GLOBAL G.A.P.* Link: http://www.globalgap.org/de/who-we-are/about-us/history/

Global G.A.P., 2017b: *Sustainable Development Goals.* Link: http://www.globalgap.org/de/what-we-do/un-sustainable-development-goals/

Grenz, Jan, 2017: RISE (Response-Inducing Sustainability Evaluation), eine Methode zur Nachhaltigkeitsbewertung der Agrarproduktion auf Betriebsebene. In: *Berner Fachhochschule / Hochschule für Agrar-, Forst- und Lebensmittelwissenschaften HAFL*

International Council for Science (ICSU), 2017: *A Guide to SDG Interactions: from Science to Implementation.* Hg. v. Griggs, David; Nilsson, Måns; Stevance, anne-Sophie; McCollum, David (eds.). International Council for Science (ICSU). Paris

Kanie, Norichika/Biermann, Frank (eds.), 2017. Governing through Goals. Sustainable Development Goals as Governance Innovation. Cambridge, Ms./London: *MIT Press*

Landportal.info, 2017: *Land and the SDGs.* Link: https://landportal.info/blog-post/2017/09/land-and-sdgs

Lange, Andrej/Siebert, Rosemarie/Barkmann, Tim, 2015: Sustainability in Land Management. An Analysis of Stakeholder Perceptions in Rural Northern Germany. In: *Sustainability* 7 (1), S. 683–704. DOI: 10.3390/su7010683

Lengemann, Maike, 2012: Did you know? Did you know? Dis Trini could flow: Mobilizing sociolinguistic resources in Trinidadian Rapso music. In: *Zeitschrift für Anglistik und Amerikanistik* 60 (3). DOI: 10.1515/zaa.2012.60.3.217

Lexikon der Nachhaltigkeit, 2015: Nachhaltigkeitsdreieck/ Dreieck der Nachhaltigkeit. Link: https://www.nachhaltigkeit.info/artikel/nachhaltigkeitsdreieck_1395.htm

Martens, Jens/Obenland, Wolfgang (Hg.), 2016: *Die 2030-Agenda. Globale Zukunftsziele für nachhaltige Entwicklung. Global Policy Forum Europe.* Terre des Hommes Deutschland e.V. Bonn: Global Policy Forum. Link: https://www.globalpolicy.org/images/pdfs/GPFEurope/Agenda_2030_online.pdf

Medland, Lydia, 2016: Working for social sustainability. Insights from a Spanish organic production enclave. In: *Agroecology and Sustainable Food Systems* 40 (10), S. 1133–1156. DOI: 10.1080/21683565.2016.1224213.

Nachhaltige Landwirtschaft, 2017: *DLG-Zertifizierung – Kriterien.* Link: http://www.nachhaltige-landwirtschaft.info/kriterien.html

Olsson, Johanna Alkan/Bockstaller, Christian/Turpin, Nadine/Therond, Olivier/Bezlepkina, Irina/Knapen, Rob, 2009: Indicator framework, indicators, and up-scaling methods implemented in the final version of SEAMLESS-IF. SEAMLESS integrated project. In: *SEAMLESS Report* (41)

Opielka, Michael, 2017: *Soziale Nachhaltigkeit. Auf dem Weg zur Internalisierungsgesellschaft,* München: oekom

Paracchini, Maria Luisa/Pacini, Cesare/Jones, M. Laurence M./Pérez-Soba, Marta, 2011: An aggregation framework to link indicators associated with multifunctional land use to the stakeholder evaluation of policy options. In: *Ecological Indicators* 11 (1), S. 71–80. DOI: 10.1016/j.ecolind.2009.04.006

Peano, Cristiana/Tecco, Nadia/Dansero, Egidio/Girgenti, Vincenzo/Sottile, Francesco, 2015: Evaluating the Sustainability in Complex Agri-Food Systems. The SAEMETH Framework. In: *Sustainability* 7 (6), S. 6721–6741. DOI: 10.3390/su7066721

Rasul, Golam/Thapa, Gopal B., 2003: Sustainability Analysis of Ecological and Conventional Agricultural Systems in Bangladesh. In: *World Development* 31 (10), S. 1721–1741. DOI: 10.1016/S0305-750X(03)00137-2.

Regionalfenster, 2015: *Regionalfenster.* Link: http://www.regionalfenster.de/

Rigby, Daniel/Cáceres, Daniel, 2001: Organic farming and the sustainability of agricultural systems. In: *Agricultural Systems* 68 (1), S. 21–40. DOI: 10.1016/S0308-521X(00)00060-3

Sachs, Jeffrey/Schmidt-Traub, Guido/Kroll, Christian/Durand-Delacre, David/Teksoz, Katerina, 2017: *SDG Index and Dashboards Report 2017.* Hg. v. Bertelsmann Stiftung and Sustainable Development Solutions Network (SDNS). New York

Slätmo, Elin/Fischer, Klara/Röös, Elin, 2017: The Framing of Sustainability in Sustainability Assessment Frameworks for Agriculture. In: *Sociologia Ruralis* 57 (3), S. 378–395. DOI: 10.1111/soru.12156

Statista, 2017: *Anzahl der Betriebe im ökologischen Landbau in Deutschland nach Bundesländern im Jahr 2015.* Erhebung durch BLE und BÖLW

Tait, Joyce/Morris, Dick, 2000: Sustainable development of agricultural systems: competing objectives and critical limits. In: *Futures* (32), S. 247–260

Torres, Juan/Valera, Diego/Belmonte, Luis/Herrero-Sánchez, Carlos, 2016: Economic and Social Sustainability through Organic Agriculture. Study of the Restructuring of the Citrus Sector in the "Bajo Andarax" District (Spain). In: *Sustainability* 8 (9), S. 918. DOI: 10.3390/su8090918

Umweltbundesamt, 2017: *Schwerpunkte 2017*. Hg. v. Umweltbundesamt: Dessau-Roßlau

van Cauwenbergh, Nora/Biala, K./Bielders, Charles/Brouckaert, V./Franchois, L./Garcia Cidad, V. et al., 2007: SAFE—A hierarchical framework for assessing the sustainability of agricultural systems. In: *Agriculture, Ecosystems & Environment* 120 (2-4), S. 229–242. DOI: 10.1016/j.agee.2006.09.006

van Ittersum, Martin K./Ewert, Frank/Heckelei, Thomas/Wery, Jacques/Alkan Olsson, Johanna/Andersen, Erling et al., 2008: Integrated assessment of agricultural systems – A component-based framework for the European Union (SEAMLESS). In: *Agricultural Systems* 96 (1-3), S. 150–165. DOI: 10.1016/j.agsy.2007.07.009

Wirz, Axel/Kasperczyk, Nadja/Frieder, Thomas, 2015: *Kursbuch Agrarwende 2015 - ökologische Landwirtschaft in Deutschland.* Erstellt im Auftrag von Greenpeace e.V.

Zagata, Lukas/Sutherland, Lee-Ann, 2015: Deconstructing the 'young farmer problem in Europe'. Towards a research agenda. In: *Journal of Rural Studies* 38, S. 39–51. DOI: 10.1016/j.jrurstud.2015.01.003

Zahm, Frédéric/Viaux, Philippe/Vilain, Lionel/Girardin, Philippe/Mouchet, Christian, 2008: Assessing farm sustainability with the IDEA method - from the concept of agriculture sustainability to case studies on farms. In: *Sust. Dev.* 16 (4), S. 271–281. DOI: 10.1002/sd.380

Zapf, Rita/Schultheiß, Ute/Döhler, Helmut/Doluschitz, Reiner, 2009: Was leisten Systeme zur Bewertung betrieblicher Nachhaltigkeit? Methodenentwicklung und Versuchstechnik. In: *Landtechnik*, Jg. 64, 6, S. 406-408

7 Das Soziale Nachhaltigkeitsbarometer der Energiewende 2017

Daniela Setton, Ira Matuschke, Ortwin Renn

Die Energiewende ist gleichermaßen Chance wie Herausforderung für die Gesellschaft.[120] Mit dem klimapolitischen Umbau des Energiesystems in Richtung Energieeffizienz, Energiesparen und erneuerbare Energien stellen sich grundlegende Fragen der Zukunftsgestaltung, die viele Lebensbereiche berühren: vom Wohnen über die Arbeit, die Mobilität, den Konsum bis hin zur Freizeitgestaltung. In vielen dieser Bereiche stehen politische Entscheidungen an, die erhebliche Auswirkungen auf die Handlungsmöglichkeiten und Ressourcen der unterschiedlichen Bevölkerungsgruppen haben können. Es verwundert also nicht, dass soziale Ziele wie „Fairness", „Gerechtigkeit" und „Sozialverträglichkeit" beim Ringen um die besten Lösungen zur Umsetzung der Energiewende eine zunehmend wichtigere Rolle spielen.

Für das Gelingen der Energiewende wird entscheidend sein, wie mit diesen sozialen Zielen der Nachhaltigkeit umgegangen wird. Soziale Nachhaltigkeit ist kein glättendes Schmieröl zur Akzeptanzbeschaffung, sondern ein positives Leitbild für ein gesamtgesellschaftliches „Gemeinschaftswerk", bei dem sich alle Teile der Gesellschaft angesprochen fühlen, sich aktiv einbringen können und selbst an der Gestaltung ihrer Lebenswelt Anteil nehmen.

Dazu fehlte bisher eine belastbare Wissensgrundlage, um die Einstellungen, Gerechtigkeitsempfindungen und Erfahrungen der verschiedenen Bevölkerungsgruppen im Hinblick auf die Energiewende und die damit verbundenen Herausforderungen, Risiken und Chancen ausreichend zu verstehen. Die politische Diskussion ist weitgehend von der Problemstellung geprägt, wie die Energiewende technisch und ökonomisch effizient zu gestalten ist. Kaum jemand hat

---

[120] Dieser Artikel ist eine leicht gekürzte Fassung des im November 2017 erschienenen Sozialen Nachhaltigkeitsbarometers der Energiewende 2017: Setton, D., Matuschke, I., Renn, O. (2017): Soziales Nachhaltigkeitsbarometer der Energiewende 2017: Kernaussagen und Zusammenfassung der wesentlichen Ergebnisse, Potsdam: Institute for Advanced Sustainability Studies (IASS), 32 p. http://doi.org/10.2312/iass.2017.019. Die Langfassung der Studie mit einer detaillierteren Erläuterung des Forschungsdesigns steht ab Januar 2018 zum Download unter: www.iass-potsdam.de und www.dynamis-online.de.

systematisch erforscht, wie die Bevölkerung in Deutschland die Energiewende wahrnimmt, bewertet und ihre eigene Rolle in der laufenden Transformation einstuft. Diese Lücke möchten wir mit der vorliegenden Publikation füllen.

Mit dem Sozialen Nachhaltigkeitsbarometer der Energiewende stellen wir eine empirisch fundierte Datenbasis für ein jährliches Monitoring bereit, um die Entwicklungen im Bereich der sozialen Dimensionen der Nachhaltigkeit so genau wie möglich zu erfassen. Wie denkt die Bevölkerung in Deutschland über die Energiewende und deren aktuelle Gestaltung? Welche Vorstellungen haben die Menschen über eine gerechte Gestaltung der Energiewende? Inwieweit fühlen sie sich von der Energiewende betroffen? Wie stark möchten sie sich beteiligen, und welche Erwartungen haben sie im Hinblick auf die zukünftigen Entwicklungen im Transformationsprozess?

Das Barometer dient als ein Messgerät, das zunächst den Zustand der sozialen Nachhaltigkeit beschreibt und die Fort- und Rückschritte in der Umsetzung der sozialen Dimensionen der Energiewende erfasst. Zudem geben die Daten Hinweise auf bestehende oder neu aufkommende Herausforderungen und Problembereiche. Die Ergebnisse des Barometers identifizieren Handlungsfelder und Handlungsbedarfe, bei denen entsprechende politische Maßnahmen erforderlich sind. Es dient also als „Frühwarnsystem" zur Unterstützung der politischen Entscheidungsfindung und Prioritätensetzung.

7.1 Das Soziale Nachhaltigkeitsbarometer der Energiewende

Die hier präsentierten Ergebnisse beruhen auf einer internetbasierten, bevölkerungs-repräsentativen Haushaltsbefragung, die – in Kooperation mit dem RWI-Leibniz Institut für Wirtschaftsforschung – im Rahmen des forsa.omninet Haushaltspanels durchgeführt wurde (den standardisierten Fragebogen finden Sie zum Download unter www.dynamis-online.de). Befragt wurden über 7.500 Haushalte in Deutschland. Die Auswahl erfolgte über ein mehrstufiges Zufallsverfahren. Dadurch ist es im Rahmen von statistischen Konfidenzintervallen möglich, von den Ergebnissen der Stichprobe auf die Grundgesamtheit zu verallgemeinern.[121] Um genügend

---

[121] Die Onlinebefragung deutschsprachiger Haushalte wurde von Juni bis Juli 2017 im Rahmen von forsa.omninet durchgeführt. Auch Nichtinternetnutzer nahmen an der Befragung teil (über ihr Fernsehgerät), sodass die Befragungen auch diese Teile der Bevölkerung einbeziehen und die Studie repräsentativ für die Grundgesamtheit bleibt. Befragt wurde jeweils die Person in einem Haushalt, die die Entscheidungen rund um das Thema Energie

Daten von Personen im unteren Einkommensbereich der deutschen Wohnbevölkerung zu erhalten, wurde die untere Einkommensgruppe bei der Auswahl überproportional einbezogen (geschichtetes Sample). Dies wurde bei der Auswertung der Daten aber stets berücksichtigt.

Das Soziale Nachhaltigkeitsbarometer der Energiewende wurde mit einem Mixed-Method-Ansatz konzipiert, bei dem quantitative und qualitative Forschungsansätze kombiniert werden, um Forschungsfragen umfassender bearbeiten zu können. Neben der Haushaltsbefragung wurden auch leitfadengestützte Interviews mit relevanten Experten sowie fünf Gruppendiskussionen (sogenannte Fokusgruppen[122]) durchgeführt. Die Befragungen basieren auf einer gründlichen Auswertung der wissenschaftlichen Literatur zum Gegenstandsbereich sowie auf einer umfassenden Diskurs- und Akteursanalyse der politischen Debatte zu den sozialen Dimensionen der Energiewende.

Die vorliegende Broschüre stellt die erste Auswertung des künftig jährlich erhobenen Sozialen Nachhaltigkeitsbarometers der Energiewende vor. Das Barometer wird federführend erhoben vom Institut für transformative Nachhaltigkeitsforschung (IASS) im Rahmen der Partnerschaft dynamis und in Kooperation mit dem Kopernikusprojekt E-Navi. Der von der innogy Stiftung für Energie und Gesellschaft, der 100 prozent erneuerbar stiftung und dem IASS getragene Think-Do-Rethink-Tank dynamis wurde im Dezember 2016 gegründet. Das Kopernikus-Forschungsprojekt E-Navi hat vor allem an der Durchführung und Auswertung der Fokusgruppen mitgewirkt.

Wir möchten den Unterstützern und Förderern ganz herzlich danken, die die Erarbeitung des Sozialen Nachhaltigkeitsbarometers ermöglicht haben, insbesondere dem Bundesministerium für Bildung und Forschung (BMBF), dem Kopernikus-Projekt ENavi sowie den beiden Partnern bei dynamis, der innogy Stiftung für Energie und Gesellschaft und der 100 prozent erneuerbar

---

trifft. Da bei Haushaltsbefragungen üblicherweise eine geringere Teilnahme von einkommensschwachen Haushalten erfolgt, deren Meinungen für unsere Erhebung aber hohe Relevanz haben, wurde die Stichprobe disproportional nach dem Haushaltseinkommen geschichtet (oversampling). Die Bruttostichprobengröße betrug 12.941 Haushalte. Die Nettostichprobengröße beträgt 7.843 Haushalte, von denen 83% die Befragung beendeten. Die Datenauswertung der Haushaltsbefragung erfolgte mithilfe von deskriptivstatistischen und explorativen Analysen. Da die Erhebung bevölkerungsrepräsentativ war, werden die Begriffe „Bevölkerung" und „Befragte" synonym verwendet. Die Zahlen werden in dieser Veröffentlichung auf ganze Prozentwerte auf- bzw. abgerundet.

[122] Die Fokusgruppen wurden in homogenen Gruppen mit jeweils acht bis zehn Teilnehmern durchgeführt: i) einkommensschwächere Haushalte, ii) einkommensstärkere Haushalte, iii) Energieberater, iv) Beschäftigte in der Branche der erneuerbaren Energien und v) Beschäftigte in der Branche der konventionellen Energien. Die Teilnehmer wurden mithilfe eines Markt- und Sozialforschungsinstituts rekrutiert.

stiftung. Unser Dank gilt auch unseren Kolleginnen und Kollegen beim IASS sowie weiteren Expertinnen und Experten aus Wissenschaft, Politik, Zivilgesellschaft und Wirtschaft, die die Erarbeitung des Barometers mit großem Interesse und gutem Rat begleitet und unterstützt haben.

Das Soziale Nachhaltigkeitsbarometer der Energiewende liefert eine wichtige Wissensgrundlage für die weiteren Entscheidungsprozesse zur Gestaltung der Energiewende. Es gibt Signale, wo politische Aufmerksamkeit erforderlich ist und wo wahrgenommene Defizite politisch angegangen werden müssen. Wir hoffen, dass die Ergebnisse des Barometers Ansporn und Wegweisung zugleich sind, um neben der technischen und der wirtschaftlichen Umsetzung der Energiewende auch die soziale Dimension mehr ins Blickfeld zu nehmen und die aufgezeigten Handlungsbedarfe beherzt anzugehen.

7.2 Breiter Konsens für die Energiewende

Der Konsens für die Energiewende ist überwältigend. Gerade in Zeiten, in denen über die zunehmende Spaltung unserer Gesellschaft diskutiert wird, zeigt sich quer durch alle Bevölkerungsschichten und politischen Lager große Einigkeit über die Energiewende: Sie ist in allen gesellschaftlichen Gruppen als Zielsetzung fest verankert und positiv besetzt. Selbst Teile der Bevölkerung, wie beispielsweise einkommensschwächere Haushalte, bei denen eher eine skeptische Haltung zu erwarten gewesen wäre, stehen mehrheitlich hinter der Energiewende.

Befürwortet wird die Energiewende von 88 % der Bevölkerung quer durch alle Bildungs-, Einkommens[123]- und Altersgruppen, gleichermaßen auf dem Land wie in den Städten. Selbst unter den Klimaskeptikern ist die Energiewende positiv besetzt mit einer Zustimmung von 77%. 75% der Bevölkerung sehen die Energiewende als Gemeinschaftsaufgabe, zu der jeder in der Gesellschaft einen Beitrag leisten sollte. Dem stimmen auch 70% der einkommensschwächeren Haushalte zu. Lediglich 3% der Bevölkerung halten die Energiewende für falsch und wollen sich nicht daran beteiligen, sind also Gegner der Energiewende.

---

[123] Die Einkommensklassifizierung, die hier genutzt wird, basiert auf den Einkommenskategorien des Instituts der deutschen Wirtschaft Köln (siehe auch www.arm-und-reich.de). Auf Basis des bedarfsgewichteten monatlichen Nettoeinkommens (Äquivalenzeinkommen) wurden in dieser Studie folgende Kategorien definiert: Einkommensschwächere Haushalte: bis zu 80% des Medians des Äquivalenzeinkommens, Haushalte in der Mitte im engeren Sinne: 81 bis 150% des Medians des Äquivalenzeinkommens, einkommensstärkere Haushalte: ab 151% des Medians des Äquivalenzeinkommens.

ÜBER ALLE POLITISCHEN LAGER HINWEG:
ÜBERWÄLTIGENDE MEHRHEIT

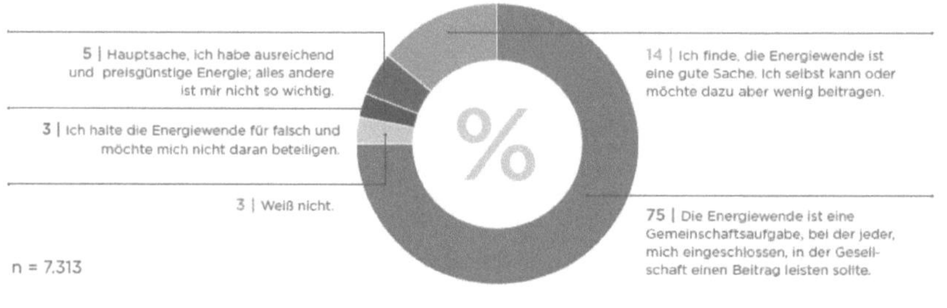

Auch quer durch die politischen Lager zeigt sich eine überwältigende Mehrheit: Über 87% der Anhänger[124] von CDU/CSU, SPD, FDP, Linke und Bündnis 90/Die Grünen und 59% der AfD-Anhänger befürworten die Energiewende. Eine breite Mehrheit will auch mehr Bürgerbeteiligung beim Ausbau erneuerbarer Energieträger. 86% der Bevölkerung finden es gut, dass sich die Bürger als Energieerzeuger an der Energiewende beteiligen können. Das gilt für alle Einkommensgruppen in gleichem Maße. 84% der Bevölkerung finden, der Ausbau der erneuerbaren Energien sollte grundsätzlich gefördert werden. Die Politik kann also mit einer breiten Unterstützung für eine weitere zielgerechte Umsetzung der Energiewende rechnen.

---

[124] Als Anhänger werden hier jene Haushalte (n = 4.307) bezeichnet, die eine Parteienpräferenz in der Befragung angegeben haben.

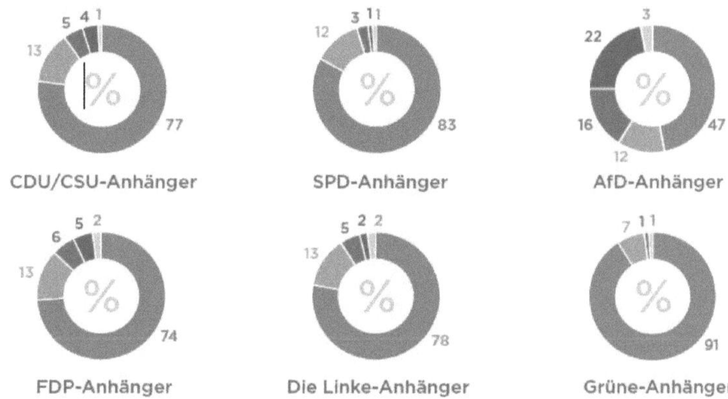

7.3 Zwei Drittel für Kohleausstieg: fast so viel wie für Atomausstieg

Alle energiepolitischen Zielsetzungen der Energiewende erhalten hohe Zustimmungswerte in der Bevölkerung. Spitzenreiter sind die Steigerung der Energieeffizienz (84%), der Ausbau der erneuerbaren Energien (82%) und die Senkung des Energieverbrauchs (80%).

Die überwiegende Zahl der in Deutschland lebenden Personen will keine Zukunft für die Kohle. 63% der Bevölkerung befürworten den Ausstieg aus der Kohle, 40% davon stark. Damit hat der Kohleausstieg eine ähnlich hohe Zustimmung wie der Atomausstieg mit 68% (davon 53% stark). Abgelehnt wird der Kohleausstieg von 11% der Bevölkerung, davon 3% strikt. Dies sind sogar noch weniger als die 15%, die den Atomausstieg ablehnen. Auch in den vier Bundesländern mit Braunkohletagebauen und -kraftwerken (Brandenburg, Nordrhein-Westfalen, Sachsen und Sachsen-Anhalt) spricht sich eine Mehrheit der Befragten für den Kohleausstieg aus. Mit 60% ist die Zustimmung in NRW besonders hoch. Zwar müssen für die von der Braunkohle geprägten Regionen nachhaltige Entwicklungsmöglichkeiten gemeinsam mit den Betroffenen gesucht werden, aber eine Fortsetzung der Kohlenutzung ist keine Lösung der strukturellen Probleme.

HOHE ZUSTIMMUNG FÜR DIE ZIELE DER ENERGIEWENDE

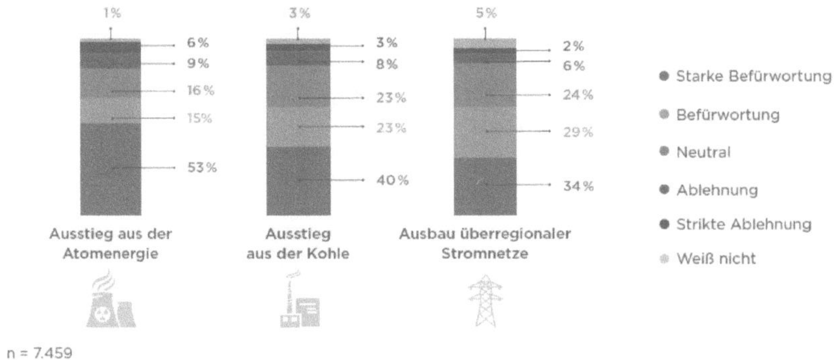

Damit wird auch deutlich, dass weite Teile der Bevölkerung die Bemühungen um eine politische Kompromissfindung zum Ausstieg aus der Kohlenutzung in Deutschland unterstützen.

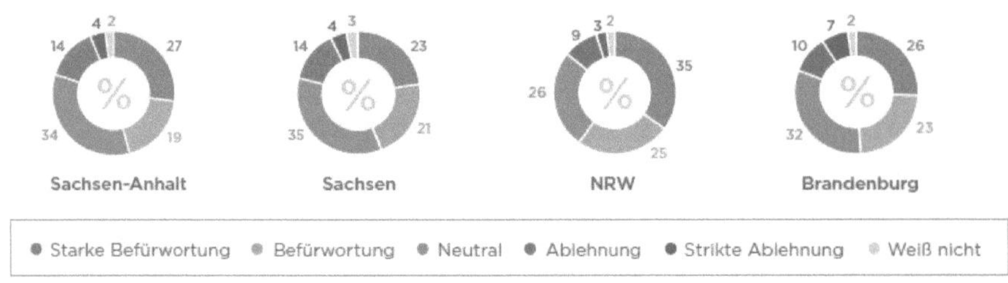

7.4 Umsetzung der Energiewende: Kosten und Gerechtigkeit als Schwachstellen

Verglichen mit den hohen Zustimmungswerten zu den Zielen der Energiewende fällt das Urteil der Bevölkerung über die Bilanz der politischen Umsetzung wesentlich nüchterner aus. Ein Großteil der Bevölkerung (41%) bewertet die Umsetzung unterm Strich zwar eher „gut", 33%

bewerten sie als schlecht. Die einkommensstärkeren Gruppen zeigen eine leicht positivere Bewertung gegenüber den anderen Einkommensgruppen (47%). Die meisten Menschen verbinden mit der Energiewende allerdings eher negative Merkmale, wie ungerecht, teuer, oder chaotisch. Besonders kritisch ist die Einschätzung beim Thema Kosten, und zwar mehrheitlich über alle Einkommensgruppen hinweg. 66% der Bevölkerung halten die Energiewende für (eher) teuer, nur 17% für (eher) kostengünstig. 73% sind der Meinung: Die Energiewende führt zu erhöhten Strompreisen. Dass die Energieversorgung durch die Energiewende langfristig kostengünstiger wird, glauben 42% nicht. Auch beim Thema Gerechtigkeit überwiegt die Skepsis quer durch alle Einkommensgruppen: Fast jeder Zweite (47%) hält die Energiewende für eher ungerecht, nur jeder Fünfte (22%) für eher gerecht. Weit über die Hälfte der Menschen ist davon überzeugt (67%), dass die Lasten der Energiewende vor allem von den „kleinen Leuten" getragen werden, während Reiche und Unternehmen eher profitieren. Diese Einschätzung ist bei den einkommensschwächeren Haushalten besonders deutlich ausgeprägt (71%), doch auch die einkommensstärkeren Haushalte stimmen dieser Beurteilung mehrheitlich zu (57%).   Die volkswirtschaftlichen Auswirkungen der Energiewende werden eher positiv gesehen. Fast jeder Zweite (44%) hält die Energiewende für einen Jobmotor. 60% lehnen die Aussage ab, die Wirtschaft würde durch die Energiewende Schaden erleiden. Dennoch: die wahrgenommene verteilungspolitische Schieflage bestimmt weitgehend die Skepsis gegenüber der realen Umsetzung eines von fast allen hoch geschätzten Ziels.

7.5   Positive Einstellungen zur Energiewende erstaunlich robust

Die positive Einstellung zur Energiewende ist erstaunlich robust. Die Befragten befürworten auch dann mit deutlicher Mehrheit die Energiewende und die Förderung des Ausbaus erneuerbarer Energien, wenn sie eine sehr kritische Sicht auf die Umsetzung der Energiewende im Hinblick auf Kosten und Gerechtigkeit haben. 79% derjenigen, die voll und ganz zustimmen, dass die Energiewende zu erhöhten Strompreisen führt, befürworten die Energiewende. 83% derjenigen, die voll und ganz zustimmen, dass die Kosten der Energiewende von den kleinen Leuten gezahlt werden, während die Wohlhabenderen und Unternehmen davon profitieren, befürworten die Energiewende.

Dies trifft selbst auf die Menschen zu, die für sich selber eher finanzielle und wirtschaftliche Nachteile sehen. 86% derjenigen, die davon ausgehen, dass die Energiewende in den nächsten zehn Jahren auf ihr eigenes Leben eher negative finanzielle und wirtschaftliche Auswirkungen haben wird, befürworten die Energiewende. Von daher ist kurzfristig auch nicht damit zu rechnen, dass die grundlegende Zustimmung selbst bei anhaltender Skepsis gegenüber ihrer Umsetzung abbröckeln wird. Die Energiewende ist integraler Bestandteil des Zukunftsbildes der in Deutschland lebenden Bevölkerung. Eine Trendumkehr ist jedoch auf Dauer nicht auszuschließen, sollte die Unzufriedenheit mit der Umsetzung der Energiewende zunehmen.

7.6 Windausbau an Land: Starker Wunsch nach mehr politischer Beteiligung

Der Ausbau der erneuerbaren Energien findet eine breite Unterstützung. Das bedeutet aber nicht, dass konkrete Ausbauprojekte vor allem von Windenergie in gleichem Maße befürwortet werden. 24% der Bevölkerung lehnen den Ausbau von Windenergieanlagen an Land ab, 7% davon strikt. Jeder fünfte Befragte lehnt den Ausbau der Windenergie an Land ab, gleichgültig ob die Anlage in der eigenen Umgebung oder anderenorts in Deutschland errichtet wird. Damit erhält der Windausbau an Land im Vergleich zu allen anderen Erneuerbaren-Technologien die höchste Ablehnungsrate. Die Skepsis ist also allenfalls zum Teil Ausdruck der St- Florians-Mentalität: Woanders gerne, aber bloß nicht hier! Vielmehr drückt sich in dieser Skepsis Zweifel an der Notwendigkeit und Passgenauigkeit der Windenergie in den Rahmen der Energiewende aus. Solaranlagen werden dagegen wesentlich positiver beurteilt.

Auch 22% der Energiewendebefürworter sind gegen den Ausbau von Windanlagen an Land, 5% davon strikt. Das Gleiche trifft auf die Befürworter des Ausbaus der erneuerbaren Energien zu, die den Windausbau an Land zu 21% ablehnen, 4% davon strikt.

KLUFT IN EINSTELLUNGEN ZWISCHEN WIND- UND SOLARENERGIE

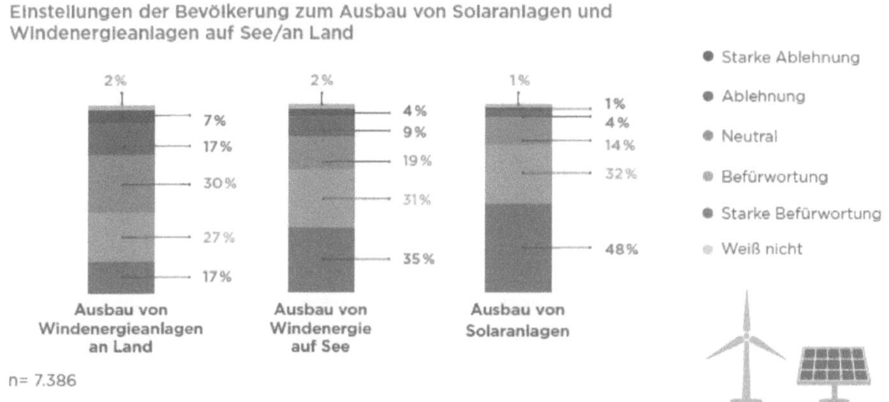

Die Menschen wünschen sich zudem eine stärkere politische Mitsprache beim Windausbau. 85% der Bevölkerung halten es unabhängig von ihrer lokalen Betroffenheit vom Windausbau für wichtig, dass sich Bürgerinnen und Bürger frühzeitig am Planungsprozess für Windanlagen in ihrer Umgebung beteiligen können. 55% der Bevölkerung sprechen sich dafür aus, dass die betroffenen Bürger die letzte Entscheidung beim Bau von Windanlagen haben sollen, z. B. über einen Bürgerentscheid. Die Zustimmung dazu ist bei denjenigen mit Windrädern direkt vor dem Wohnhaus mit 60% nur leicht erhöht. 35% der Bevölkerung können sich vorstellen, an einer Protestaktion gegen geplante Windanlagen teilzunehmen, 10% davon auf jeden Fall und 25% unter bestimmten Bedingungen, z. B. bei direkter Betroffenheit von Lärm etc. Gegen Windkraftwerke vor Ort würden in jedem Falle und unter bestimmten Bedingungen auch 33% der Personen protestieren, die den Ausbau der Windenergie grundsätzlich befürworten.

Für eine erhöhte Akzeptanz der Windenergie führt kein Weg an einer breiten, substantiellen und frühzeitigen Bürgerbeteiligung vorbei. Windkraft von oben verordnet wird zunehmend auf Ablehnung stoßen.

MEHRHEIT SAGT: BÜRGER SOLLEN LETZTES WORT HABEN

Sollten die betroffenen Bürgerinnen
und Bürger das letzte Wort
beim Bau von Windanlagen haben,
z. B. über einen Bürgerentscheid?

n = 7.328

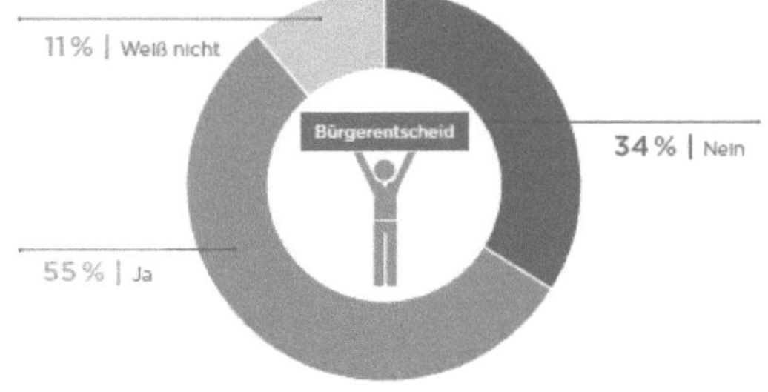

7.7 Geringes Vertrauen in die Kompetenz der politischen Parteien

Fast die Hälfte der Bevölkerung (49%) ist mit der Politik der vorherigen Großen Koalition (2013-2017) unzufrieden, wenn es darum geht, wie die Energiewende vorankommt und umgesetzt wird. Und auch die Parteienverdrossenheit macht auch vor der Energiewende keinen Halt: Keine der im Bundestag vertretenen politischen Parteien kann die Bevölkerung bei der Umsetzung der Energiewende mit großer Mehrheit überzeugen: 23% der Befragten finden, dass „keine Partei" die besten Konzepte für die Umsetzung der Energiewende hat[125], 21% haben dazu keine Meinung. 20% trauen der Partei Bündnis 90/Die Grünen die besten Konzepte zu. In anderen Politikbereichen ist das wahrgenommene Kompetenzdefizit deutlich geringer ausgeprägt. Etwa wenn es um wirtschaftliche Kompetenz, Schaffung von Arbeitsplätzen oder um soziale Gerechtigkeit geht. Bündnis 90/Die Grünen ist die einzige Partei, die eine große Mehrheit ihrer eigenen Anhänger (74%) von ihrer Energiewende-Kompetenz überzeugen kann. CDU/CSU erreicht dies bei der Hälfte (51%) ihrer Anhänger, die FDP bei 32% und die SPD bei 26%. Als einziger Partei gelingt es Bündnis 90/Die Grünen, in nennenswertem Umfang Anhänger mehrerer anderer Parteien von ihrer Energiewende-Kompetenz überzeugen, z. B. 29% der SPD-Anhänger, 22% der Linken-Anhänger und 8% der FDP-Anhänger. Besonders drastisch: ein

---

[125] Von denjenigen mit einer Parteipräferenz, die finden, dass „keine Partei" die besten Konzepte hat, machen SPD-Anhänger mit 30% den höchsten Anteil aus, gefolgt von 28% CDU/CSU-Anhänger und 11% Linken-Anhängern (n = 4.307).

ISÖ
Institut für
Sozialökologie

höherer Anteil der SPD-Anhänger hält damit die eigene Partei für weniger kompetent als die grüne Konkurrenz.

Das bedeutet: die neue Bundesregierung ebenso wie die Oppositionsparteien müssen mehr tun, um die Anliegen der betroffenen Bevölkerung zu berücksichtigen und überzeugende Konzepte für die Gestaltung der Energiewende zu erarbeiten. Im Zentrum sollte dabei eine gerechte Verteilung der Kosten und Nutzen stehen, weil die Menschen in Deutschland hier besonders große Defizite sehen.

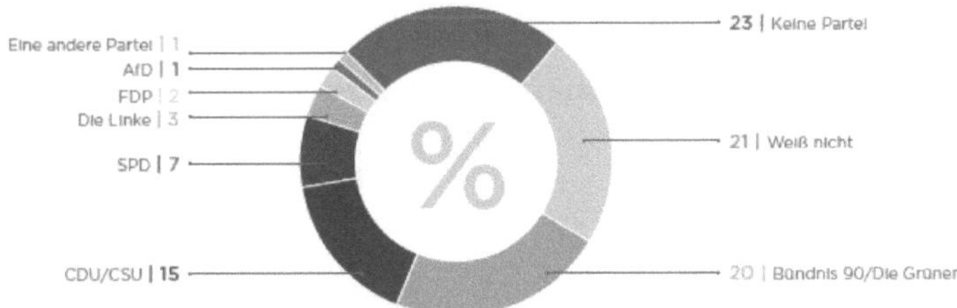

n = 7.321; 7 % aller Befragten machten bei dieser Frage keine Angabe

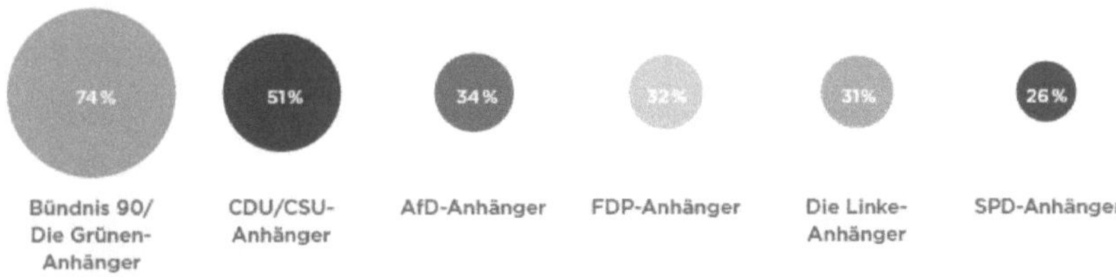

n = 4.307 Haushalte mit Angaben zur Parteienpräferenz

7.8   Mehrheit lehnt EEG-Ausnahmeregelung für Industrie ab

Die Ausnahmeregeln von der EEG-Umlage für die energieintensiven Wirtschaftszeige sind für mehr als zwei Drittel der Bevölkerung in Deutschland (72%) nicht nachvollziehbar. Sie halten

es für falsch, wenn Großabnehmer von Strom weniger für die Kilowattstunde bezahlen müssen als sie selbst oder andere Betriebe mit geringerer Energienachfrage. Die Ablehnung dieser Ausnahmeregelung zeigt sich mit 75% etwas stärker bei den einkommensschwächeren Haushalten, ist aber mit 66% auch bei den einkommensstärkeren Haushalten deutlich ausgeprägt. Die Begründung der Bundesregierung, dies sei aus Wettbewerbsgründen notwendig, zieht bei den Befragten ebenso wenig. Es bleibt auch dann bei einer Ablehnung von zwei Dritteln (66%), wenn als Begründung für diese Ausnahmeregelung der Erhalt der internationalen Wettbewerbsfähigkeit der Unternehmen explizit angegeben wird. Die Gerechtigkeitsvorstellungen der Mehrheit der Bevölkerung und die Politik der Bundesregierung klaffen also an diesem Punkt auseinander. Hier ist die Politik gefragt: sie könnte die Ausnahmeregeln grundlegend überdenken. In jedem Fall sollte sie sich aber um deutlich mehr Glaubwürdigkeit und Überzeugungskraft bei der Gestaltung von Ausnahmeregeln bemühen.

7.9 Gerechte Kostenverteilung: „Wer viel verbraucht, soll auch mehr zahlen!"

Eine große Mehrzahl der Bevölkerung ist nicht damit einverstanden, wie die Energiewende hauptsächlich finanziert wird. 81% der Bevölkerung lehnen es grundsätzlich ab, dass die Verbraucher einen Großteil der mit der Energiewende verbundenen Kosten über Umlagen und Entgelte auf den Strompreis finanzieren. 60% wollen stattdessen, dass vor allem Haushalte und Unternehmen, die für hohe klimaschädliche Emissionen verantwortlich sind, für den Großteil der Energiewendekosten aufkommen sollen. Nur jeder Fünfte (21%) favorisiert hingegen eine stärkere staatliche Finanzierung der mit der Energiewende verbundenen Kosten. Es ist also der Wunsch vorhanden, dass diejenigen, die hohe CO_2-Emissionen verursachen, auch einen Großteil der Energiewende-Kosten übernehmen sollen.

Fast die Hälfte der Bevölkerung (48%) würde der Bundesregierung empfehlen, für eine gerechte Kostenverteilung im Rahmen der Energiewende auf progressive Energiepreise zu setzen. Je mehr jemand verbraucht, desto teurer sollte jede zusätzlich verbrauchte Energieeinheit sein. Selbst diejenigen, die sich beim Strom als Vielverbraucher sehen, stimmen dem zu 42% zu.

Politik und Energieversorgungsunternehmen sollten daher prüfen, inwieweit eine progressive Komponente in die Strom- und Heizungsabrechnung eingebaut werden könnte. Eine weitere Möglichkeit wäre die Einführung einer progressiven CO_2-Steuer, die in allen Sektoren auf den Endverbrauch erhoben wird. Auch könnte man für einen Grundverbrauch pro Person die EEG-Umlage und weitere Umlagen auf den Strompreis aussetzen und diese erst ab einem bestimmten Verbrauchsniveau in Kraft setzen.

Wie sieht eine gerechte Verteilung der Energiewendekosten aus?

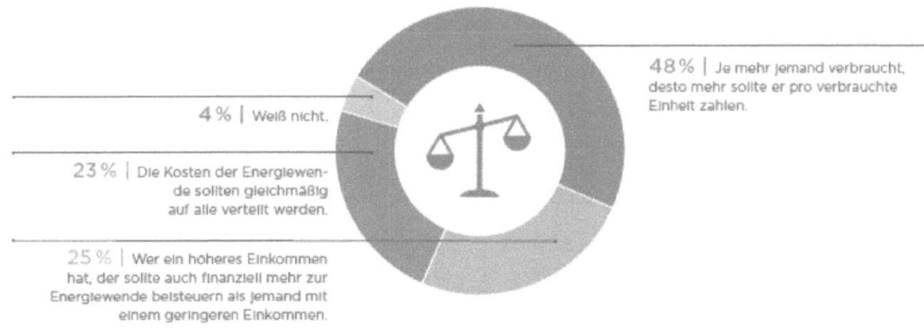

Wenn Sie der Bundesregierung einen Ratschlag geben könnten, wie sie eine gerechte Verteilung der Kosten der Energiewende gestalten soll, welcher der unten genannten Punkte wäre Ihnen dann am wichtigsten?

Wer sollte für die Energiewendekosten vor allem aufkommen?

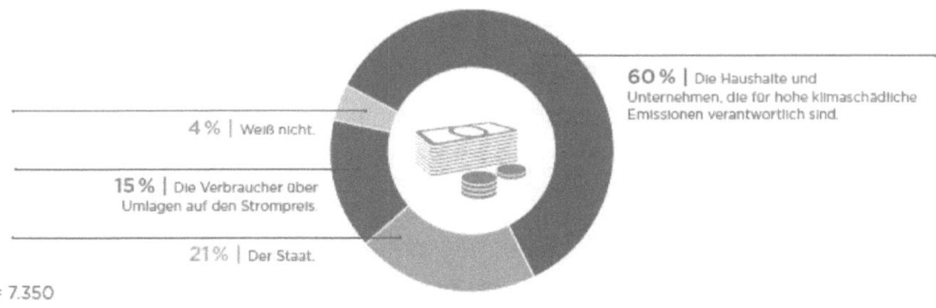

Sie zahlen als Verbraucher bzw. Verbraucherin über den Strompreis zunehmend eine Reihe von Entgelten, Abgaben und Umlagen, z.B. für den Ausbau der erneuerbaren Energien, die Stromnetze und die Versorgungssicherheit. Finden Sie es grundsätzlich richtig, dass die Verbraucher für einen Großteil der mit der Energiewende verbundenen Kosten aufkommen? (Einfachnennung)

7.10 Sozial gerechte Energiewende: Staat soll mehr Verantwortung übernehmen

Eine sozial gerechte Lösung, wie sie auch schon beim Wunsch nach einem progressiven Tarif zum Ausdruck kommt, ist für die Menschen in Deutschland wichtig. 84% der Bevölkerung sehen den Staat in der Verantwortung, eine ausreichende Energieversorgung für alle Menschen in Deutschland sicherzustellen. Die Menschen übertragen dem Staat also die Verantwortung dafür zu sorgen, dass einkommensschwache Haushalte die notwendigen Energiedienstleistungen auch preiswert erhalten. Wie er dies im Einzelnen umsetzt, etwa durch Zuschüsse oder durch Einflussnahme auf die Tarifgestaltung, ist in der Bevölkerung umstritten. Mehr als die Hälfte der Bevölkerung (57%) spricht sich dafür aus, dass der Staat für niedrige Energiepreise sorgt, damit auch die Bevölkerungsgruppen mit einem geringen Einkommen ihre Energieversorgung aus eigener Kraft bezahlen können. Das sehen 58% der einkommensschwächeren Haushalte, aber auch 52% der einkommensstärkeren Haushalte so.

Etwa ein Viertel (27%) findet es wichtig, dass der Staat Bürgerinnen und Bürger bei Bedarf finanziell unterstützt, damit sie ihren Wärme- und Strombedarf decken können. Das sehen einkommensschwächere und einkommensstärkere Haushalte gleichermaßen so (29% und 30% Zustimmung). Die Forderung, dass die energetische Gebäudesanierung nicht auf Kosten der Mieter erfolgen soll, wird auch von einer breiten Mehrheit geteilt. 88% der Bevölkerung sprechen sich dafür aus, dass die im Rahmen einer energetischen Gebäudesanierung zulässige Mieterhöhung auf das für die Mieter ökonomisch tragfähige Maß begrenzt werden sollte. Dies sehen auch 75% der Vermieter so. 8% finden demgegenüber, dass die Mieterhöhung nicht begrenzt werden sollte, da dies den Anreiz für Vermieter mindert, in die energetische Gebäudesanierung zu investieren. Eine gerechtere Verteilung der Kosten steht damit ganz oben auf der Wunschliste der Bevölkerung an die Energiepolitik.

7.11 Energiesparen ja, aber deutliche Zurückhaltung bei Bürgerenergie und Smart Heat

Die Menschen in Deutschland sind sich bewusst, dass die Energiewende auch ihre Mitwirkung erfordert. Aber noch konzentriert sich diese Mitwirkung weitgehend auf den Kauf energiesparender Haushaltsgeräte und allgemeine Verhaltensvorsätze, z.B. mit Energie sparsam umzugehen. So geben 93% der Bevölkerung an, beim Kauf neuer Haushaltsgeräte auf Energieeffizienz zu achten, 87% der Bevölkerung ist es wichtig, im Alltag Energie zu sparen.

Auf das Investitionsverhalten hat sich diese Mitwirkungsbereitschaft bei nur wenigen Menschen ausgewirkt. Investitionen die zusätzliches Engagement und Wissen erfordern, stoßen auf Zurückhaltung, auch bei vielen Hausbesitzern. Viele können sich nicht vorstellen, in erneuerbare Energiesysteme oder in digitale Heizungssteuerung zu investieren.

Es haben bereits 10% der Bevölkerung alleine oder gemeinschaftlich in eine eigene Erneuerbare Anlage[126] investiert. 61% können sich das in den nächsten zwei Jahren allerdings nicht vorstellen, 41% eher nicht und 20% auf keinen Fall. Auch 53% der Hausbesitzer (Eigenheim) können sich das nicht vorstellen. 8% der Bevölkerung haben nach eigenen Angaben bereits in eine intelligente Heizungssteuerung (Smart Heat) investiert, das sind 11% aller Eigenheimbesitzer und 3% aller Mieter in Deutschland.[127] Mehr als die Hälfte der Bevölkerung (56%) kann sich nicht vorstellen, in den nächsten zwölf Monaten in eine intelligente Heizungssteuerung zu investieren. Zum Teil gibt es Informationsdefizite, aber es herrscht auch große Verunsicherung darüber, was sich für den eigenen Haushalt rechnet, welche Anlagen geeignet sind und wie man sich gegen Daten-Missbrauch bei digitaler Technik schützen kann.

Die Zurückhaltung beim Investitionsverhalten liegt unter anderem in einer für den einzelnen Verbraucher unübersichtlichen Marktsituation. Auch scheint die bisherige Energieberatung hier zu wenig zu greifen. Diese müsste stärker vor Ort präsent sein und die Bereitschaft zu investieren mit konkreten Hinweisen über weitere Handlungsoptionen effektiver unterstützen. Auch der weitere Ausbau von finanziellen Anreizen wäre zu prüfen.

---

[126] Davon haben 37% in eine Solarwärmeanlage, 35% in eine Photovoltaikanlage und 12% in eine Wärmepumpe investiert. 7% haben sich aktiv an einer Energiegenossenschaft oder Bürgerenergiegesellschaft beteiligt. 90% derjenigen, die bereits investiert haben, sind Eigenheimbesitzer.

[127] Bei den Einkommensgruppen gibt es durchaus Unterschiede. 5% der einkommensschwächeren Haushalte und 12% der einkommensstärkeren Haushalte haben bereits in Smart Heat investiert.

7.12 Potenziale auch bei einkommensschwächeren Haushalten

Die prinzipielle Bereitschaft, stärker durch eigene Investitionen an der Energiewende mitzuwirken, zeigt sich nicht nur bei den Bevölkerungsgruppen, die in dieser Hinsicht bisher besonders aktiv waren (Eigenheimbesitzer und einkommensstärkere Haushalte), sondern ist auch bei Mietern und einkommensschwächeren Haushalten ähnlich hoch.

So können sich 16% aller Mieter und 23% aller Eigenheimbesitzer in Deutschland sowie 18% der einkommensschwächeren Haushalte und 21% aller anderen Einkommensgruppen vorstellen, in den nächsten zwei Jahren in eine eigene Erneuerbaren-Anlage zu investieren.

Ähnlich sieht es beim Thema intelligente Heizungssteuerung aus: 27% aller Mieter und 34% aller Eigenheimbesitzer in Deutschland sowie 24% der einkommensschwächeren Haushalte und 34% aller anderen Einkommensgruppen können sich vorstellen, in den nächsten zwölf Monaten in eine intelligente Heizungssteuerung zu investieren.

Beim Thema intelligente Stromzähler zeigt sich: 42% der einkommensschwächeren Haushalte begrüßt den von der Bundesregierung beschlossenen Einbau von intelligenten Stromzählern (Smart Meter), bei allen anderen Einkommensgruppen sind es durchschnittlich 47%.

Gerade diejenigen Bevölkerungsgruppen, die sich bisher bei der Bürgerenergie oder größeren Investitionen zum Energieeinsparen kaum beteiligt haben, könnten in Zukunft zur Speerspitze einer ganzen Bewegung werden. Von daher ist es wichtig für alle Einkommensgruppen und für Mieter wie Eigenheimbesitzer zielgruppenspezifische Produkte für Investitionen zu entwickeln und, wo es sinnvoll erscheint, auch finanziell zu unterstützen. Viele investive Maßnahmen rechnen sich heute schon; aber selbst bei denen, die dazu bereit sind, herrscht noch Verunsicherung über Potenziale, Wirkungsweisen und praktische Umsetzung. Hier könnten Wirtschaft, Umwelt- und Verbraucherverbände sowie staatliche Stellen ein gemeinsames Programm zur besseren Beratung für alle Käuferschichten entwickeln.

7.13 Energiewende ist Zukunftsvorsorge: Kurz- und mittelfristig erwarten nur wenige Vorteile

Die intergenerationelle Gerechtigkeit spielt bei der Bewertung der Energiewende durch die Bevölkerung eine wichtige Rolle: sie ist vor allem eine Investition in eine lebenswerte Zukunft. 73% der Bevölkerung erwarten, dass die Auswirkungen der Energiewende auf die eigenen Kinder und Enkelkinder bzw. auf die nachfolgenden Generationen eher positiv oder positiv sind. Nur wenige verbinden kurz- und mittelfristig bessere Lebenschancen mit der Energiewende, viele erwarten geringe Auswirkungen auf das eigene Lebensumfeld. Jeder Zweite (53%) erwartet, dass die Energiewende in den nächsten zehn Jahren eher negative Auswirkungen auf seine finanzielle und wirtschaftliche Situation haben wird. Diese Erwartung trifft auf alle Einkommensgruppen gleichermaßen zu.

VORTEILE VOR ALLEM FÜR KOMMENDE GENERATIONEN

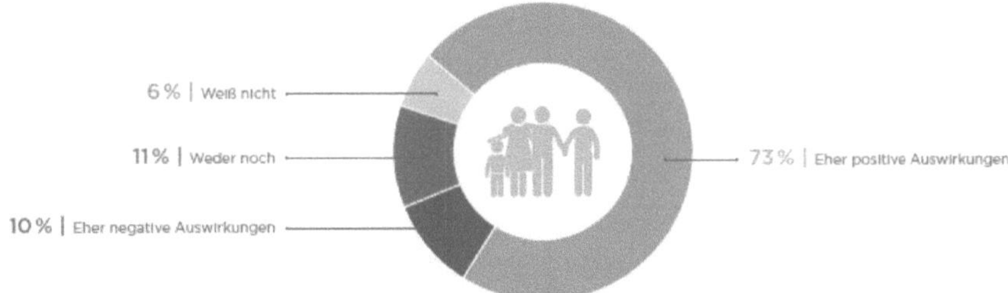

Einschätzung der Befragten dazu, welche Auswirkungen die Energiewende auf die eigenen Kinder und Enkelkinder oder nachfolgende Generationen im Allgemeinen haben wird.

n = 7.293

Insgesamt erwarten in den nächsten zehn Jahren weder positive noch negative Auswirkungen: 73% der Bevölkerung in Bezug auf die eigene berufliche Tätigkeit, 42% in Bezug auf die eigene Mobilität und 49% in Bezug auf das eigene Wohnumfeld. Eher positive Auswirkungen durch die Energiewende sehen 45% der Bevölkerung in den nächsten zehn Jahren im Hinblick auf die eigene Ausstattung mit neuer Technik.

Die Wahrnehmung einer eher größeren Distanz zur eigenen Lebenswelt mag auch ein Grund dafür sein, dass weite Teile der Bevölkerung große Mitwirkungsmöglichkeiten für sich selbst nicht sehen und stattdessen mehr auf die Gestaltungskraft der Politik setzt. Gleichzeitig wird aber den Akteuren der Politik wenig Kompetenz zugesprochen. In diesem Dilemma ist ein Politikstil gefragt, der mehr Möglichkeiten für individuelles Handeln schafft und unterstützt sowie gleichzeitig nachvollziehbar und überzeugend eine kollektive Weichenstellung für eine gerechtere Verteilung der Lasten vornimmt.

7.14 Schlussfolgerungen

Die Energiewende ist in allen gesellschaftlichen Gruppen als Zielsetzung fest verankert und positiv besetzt. In den Augen einer breiten Mehrheit der Bevölkerung ist die Energiewende der richtige Weg für eine zukunftsweisende Energieversorgung. Die Politik kann mit einer breiten und robusten Unterstützung für eine weitere zielgerechte Umsetzung der Energiewende rechnen.

Wenige überzeugend ist es für die Bevölkerung wie die Energiewende praktisch umgesetzt wird. Hier besteht politischer Handlungsbedarf. Besonderen Anstoß nehmen die Menschen an den beiden Problembereichen; Kosten und Gerechtigkeit. Die Energiewende wird als teuer wahrgenommen wird, eine Mehrheit sieht mittelfristig eher finanzielle und wirtschaftliche Nachteile für sich und nach Ansicht der überwiegenden Mehrheit herrscht in Deutschland eine verteilungspolitischen Schieflage vor. Noch vermögen diese Kritikpunkte die politische Unterstützung für die Energiewende kaum zu gefährden. Doch würde diese Unzufriedenheit mit der Umsetzung zum Dauerzustand, könnte die breite Unterstützung der Energiewende in zunehmende Skepsis und schließlich in Ablehnung umschlagen.

Wenn es um die Finanzierung und Kostenverteilung bei der Energiewende geht, weichen Gerechtigkeits- und Gestaltungsvorstellungen der Bevölkerung grundlegend von der bisherigen Politik der Bundesregierung ab. So wird die derzeitige Finanzierung der Energiewende durch Umlagen und Abgaben auf den Strompreis der Endverbraucher ebenso von einer Mehrheit abgelehnt wie die EEG-Ausnahmeregelung für die energieintensive Industrie. Nach Ansicht einer breiten Mehrheit sollen stattdessen Haushalte und Unternehmen, die viel verbrauchen und hohe CO2-Emissionen verursachen, einen deutlich stärkeren finanziellen Beitrag leisten als diejenigen, die weniger verbrauchen. Die Vorstellungen der Bevölkerung zu einer gerechten Kostenverteilung sollten in den weiteren politischen Debatten zur Gestaltung der Energiewende einbezogen werden. Die Bundesregierung ist gut beraten, den sozialen Ausgleich im Rahmen der Energiewende stärker zu befördern. Dass auch ärmere Haushalte einen ausreichenden Zugang zu Energiedienstleistungen erhalten, wünscht sich eine breite Mehrheit der Bevölkerung, darunter auch die einkommensstarken Haushalte. Dies ist in den Augen der Bevölkerung eine staatliche Aufgabe. Ebenso sollten Mieter nicht die Leittragenden der energetischen Gebäudesanierung sein. Effektive Schutzmaßnahmen werden also gefordert und sollten in Zukunft auf der Agenda der Energiepolitik stehen.

Darüber hinaus zeichnet sich beim Windausbau an Land ein deutlicher Handlungsbedarf ab. Die Menschen fordern stärkere politische Mitsprache, dies ist vor dem Hintergrund der planungsrechtlichen Situation nur begrenzt möglich. Der Wunsch nach politischer Mitsprache ist aber ein deutliches Signal für eine verbesserte und erweiterte Partizipationskultur. Windkraft von oben verordnet wird zunehmend auf Ablehnung stoßen. Deshalb sind die gesetzlichen Rahmenbedingungen so zu setzen, dass eine frühzeitige und substantielle Beteiligung bei der regionalen Energieversorgung ermöglich wird. Mehr informelle Beteiligungsmöglichkeiten können dazu beitragen, dass Anwohner von neuen Energieanlagen ihre Anliegen und Bedenken besser einbringen und die Planungen vor Ort mitgestalten können.

Politischer Handlungsbedarf wird auch beim Thema persönliche Mitwirkung an der Energiewende deutlich. Die Energiewende ist kein Selbstläufer. Die Menschen wollen sich beteiligen, aber gleichzeitig herrscht Skepsis bezüglich der Möglichkeiten und Rahmenbedingungen. Die Chancen und Optionen, die Bevölkerung schichtübergreifend für die Energiewende zu aktivieren und auch zu befähigen, müssen besser herausgestellt, kommunikativ vermittelt und auch gefördert werden. Es geht dabei um finanzielle Anreize, mehr Informationen und Transparenz z.B. bei Strom- und Heizkostenrechnungen, aber auch um flächendeckende Bildungsangebote z.B. in Schulen, um auch junge Menschen zu erreichen.

Insgesamt ist für die Gestaltung einer sozial nachhaltigen Energiewende ein Politikstil gefragt, der einen unterstützenden Handlungsrahmen für mehr individuelles Handeln schafft sowie gleichzeitig nachvollziehbar und überzeugend eine kollektive Weichenstellung für eine gerechtere Verteilung der Lasten vornimmt.

8 Transdisziplinarität in der Nachhaltigkeitsforschung

Anna Henkel

„Transdisziplinarität" ist als Konzept ebenso heterogen und umstritten wie der Nachhaltigkeitsdiskurs selbst. Unter dem Begriff der Transdisziplinarität werden generell bestimmte Forschungspraktiken und in deren Kontext generierte methodische Vorgehensweisen verstanden, die unterschiedliche gesellschaftliche Akteure mit Blick auf ein konkretes oder zu konkretisierendes Veränderungsziel zusammenbringen. Diese methodisch-praktisch-transformativen Vorgehensweisen nehmen zum Teil aufeinander Bezug, grenzen sich zum Teil voneinander ab und beziehen sich, wenn sie es tun, eher punktuell auf die klassischen Methoden der qualitativen und quantitativen Sozialforschung sowie die damit verbundenen theoretischen Prämissen. Diese Form der Transdisziplinarität als Forschungs- und Veränderungspraxis verortet sich im Nachhaltigkeitsdiskurs als ein spezifisches Verständnis innerhalb dieses selbst heterogenen Feldes.

In dieser kurzen Charakterisierung wird bereits deutlich, dass es sich bei Transdisziplinarität nicht nur um ein weiteres Methodenset oder Themenfeld innerhalb der Wissenschaft handelt. Vielmehr geht es grundsätzlicher darum, was Wissenschaft überhaupt ist und sein soll, wie sich Wissenschaft und Gesellschaft zueinander verhalten, wie welches Wissen entsteht oder entstehen sollte und nicht zuletzt, in welche Richtung sich Gesellschaft insgesamt entwickelt. Diese grundsätzlicheren Fragen sind dem Transdisziplinaritäts- und Nachhaltigkeitsdiskurs zwar inhärent, werden jedoch selten systematisch diskutiert. Wenn dies dennoch geschieht – wie insbesondere in der Schneidewind-Strohschneider-Grunwald-Debatte –, dann mit einer starken normativen Komponente, in der sich schwer vermittelbare Positionen gegeneinander stellen.

Die folgenden Überlegungen gehen der These nach, dass eine gesellschaftstheoretische Perspektive erlaubt, Transdisziplinarität in der Nachhaltigkeitsforschung dreifach, nämlich mit Blick auf Wissen, auf Problemstellungen und auf Ziele zu rekontextualisieren. Damit ist zugleich den Aspekt der sozialen Nachhaltigkeit neu verortbar. Als Ausgangspunkt wird die erwähnte Debatte um eine transformative Wissenschaft gewählt, weil sich darin die inhärenten

Dilemmata und Herausforderungen prominent zeigen. Ebenfalls im Sinne eines Ausgangspunktes wird die Diversifizierung der Nachhaltigkeitsforschung im Zuge ihrer Etablierung nachvollzogen und der Aspekt der Transdisziplinarität hierin verortet (Abschnitt 1). Um implizite Konfliktlinien der Debatte um transformative Wissenschaft zu explizieren und zu diesen begründet Stellung zu nehmen, wird als verwendete analytische Perspektive im zweiten Teil das Verständnis von Gesellschaft als Sinnsystem und der modernen Gesellschaft als funktional differenzierter Gesellschaft eingeführt (Abschnitt 2). Aus dieser Perspektive wird Transdisziplinarität in den folgenden Abschnitten diskutiert und eingeordnet, nämlich erstens mit Blick auf den immer schon gesellschaftlichen Charakter wissenschaftlichen Wissens – und damit verbunden die Unhintergehbarkeit des disziplinären Charakters wissenschaftlichen Wissens (Abschnitt 3); zweitens mit Blick auf das Verhältnis zwischen Wissenschaft und anderen gesellschaftlichen Teilsystemen – und damit verbunden die Verschiebung des Aufmerksamkeitsfokus hin zu Irritationskanälen der Wissenschaft (Abschnitt 4); und schließlich drittens mit Blick auf die gesellschaftliche Funktion des Nachhaltigkeitsdiskurses – und damit verbunden den Zielen einer Transformation in Richtung Nachhaltigkeit (Abschnitt 5).

Nachhaltigkeit, so die abschließende Überlegung, kann als Diskurs gesehen werden, der es erlaubt, auf rationale Weise die Irrationalitäten von Rationalität zu thematisieren. So verstanden heißt Transdisziplinarität auch, ausgehend von der Akzeptanz gesellschaftlicher Verhältnisse auf deren Veränderung hinzuwirken, indem einer maximierenden Akteurslogik eine rekursive Systemlogik zur Seite gestellt wird. Ein weites Verständnis sozialer Nachhaltigkeit, dass das Soziale als das Gesellschaftliche denkt und also als gesellschaftliches Transformationsprojekt begreift, lässt sich somit in seinem Charakter als Disziplinen überbrückendes Wertprojekt gesellschaftstheoretisch stärken.

8.1 Transdisziplinarität in der Nachhaltigkeitsforschung als Ausgangspunkt

Transdisziplinarität kann verstanden werden als die Einheit transdisziplinärer Methoden und ihrer Forschungs- bzw. Transformations-Praxis (vgl. etwa Blasinger 2005; Maasen, Lengwiler et al. 2006; Hiersch Hadorn, Hoffmann-Riem et al. 2008; Hirsch-Hadorn, Hoffmann-Riem et al. 2008; Bergmann, Jahn et al. 2010; Jahn, Bergmann et al. 2012). Das zugleich Brisante der

Transdisziplinarität liegt dabei nicht in den transdisziplinären Methoden selbst, sondern in deren Anspruch, der sich mit Schneidewind und Singer-Brodowski auf den Begriff der transformativen Wissenschaft bringen lässt. Obwohl der Transdisziplinaritätsdiskurs in sich heterogen und insofern Transdisziplinarität nicht mit transformativer Wissenschaft gleichzusetzen ist, werden doch in diesem Konzept und der daran anschließenden Debatte die spezifischen Forderungen und Herausforderungen von Transdisziplinarität in der Nachhaltigkeitsforschung prägnant deutlich:

Schneidewind und Singer-Brodowski plädieren mit dem Begriff der transformativen Wissenschaft für ein erweitertes Verständnis von Wissensformen. Zu dem intersubjektiv produzierten Wissen (also dem klassischen wissenschaftlichen Wissen) soll ein Transformationswissen im Sinne eines konkreten Veränderungswissens hinzukommen. „Es geht also um die Fähigkeit, Transformationsprozesse adäquat in ihrer Vieldimensionalität zu verstehen und eigenes Handeln in entsprechende Transformationsprozesse einzubringen" (Schneidewind/Singer-Brodowski 2014: 75). Die Problematik oder gar das Konfliktpotenzial, das in diesem Vorschlag liegt, wird in der vehementen Kritik daran deutlich: Transdisziplinarität sei problematisch, weil damit Lösungen wissenschafts-extrinsischer gesellschaftlicher Problemlagen angestrebt würden. Neben dieser direkt auf Transdisziplinarität bezogenen Kritik betreffen auch die drei anderen Kritikpunkte an der transformativen Wissenschaft den Transdisziplinaritätsdiskurs insgesamt. Es handelt sich dabei um den Vorwurf des Solutionismus als dem Anspruch, zur Lösung gesellschaftlicher Probleme beizutragen; weiter um den Vorwurf der Faktengewalt, wonach sich der Status wissenschaftlichen Wissens im Nützlichkeitsbereich bestimme; und schließlich um den Vorwurf der Entdifferenzierung, indem mit dieser Art der Wissenschaft die Grenze zwischen Wissenschaft und Gesellschaft niedergerissen werde (Strohschneider 2014). Gerade der Vermittlungsversuch von Armin Grunwald, mit dem Grunwald auf die anfängliche Lösungsorientierung einer heute etablierten Ingenieurswissenschaft hinweist (Grunwald 2015), deutet darauf hin, dass Transdisziplinarität Teil einer übergreifenden Debatte ist, in der es um Wesen und Stellenwert wissenschaftlichen Wissens, das Verhältnis von Wissenschaft und Gesellschaft und nicht zuletzt auch um Gegenstand und Ausrichtung der Nachhaltigkeitsforschung selbst geht.

Es liegt daher nahe, weiter einen Blick auf den Nachhaltigkeitsdiskurs zu werfen. Dieser hat sich mit seiner zunehmenden Etablierung vervielfältigt und ist inzwischen zu einem, mit Foucault gesprochen, umkämpften Macht-Wissens-Komplex (Foucault 2002) geworden. Der

Nachhaltigkeitsdiskurs nimmt in den 1960er Jahren einen recht eindeutigen Anfang: Die Welt wird als endliches Ökosystem betrachtet und der Verbrauch nicht erneuerbarer Ressourcen aus dieser Perspektive problematisch (Carson 1962; Hardin 1968; Meadows, Meadows et al. 1972). Mit dem Brundtland-Report kommt dieser Diskurs in eine neue Phase. Er läuft jetzt nicht nur unter dem Begriff der Nachhaltigkeit bzw. *sustainability*, er verbindet vor allem mit dem Aspekt der Ökologie nun die Aspekte der sozialen Gerechtigkeit und der Machbarkeit (Hauff 1987). Diese drei Säulen der Ökologie, des Sozialen und der Ökonomie begleiten die weitere Entwicklung über Rio und Kyoto, in der es zu einer zunehmenden Verbreitung und Operationalisierung des Nachhaltigkeitsansatzes kommt. Zu Beginn des 21. Jahrhunderts tritt dieser Diskurs wiederum in eine neue Phase. Diese ist dadurch gekennzeichnet, dass sich mit dem Interesse der *mainstream*-Politik und auch der Wirtschaft der Diskurs weiter fragmentiert. Dies spiegelt sich etwa in der Vielfalt der sogenannten *millenium development goals* (MDGs), in der Debatte um *green growth* und in der Konzentration auf einzelne übergreifender Themen, insbesondere den Klimawandel (Pfister, Schweighofer et al. 2016).

Im Zuge dieser Erweiterung der Zielsetzungen und der Akteure sowie der Anerkennung des Nachhaltigkeitsdiskurses vervielfältigen sich auch die Transformationsziele und die damit verbundenen systemischen und normativen Anliegen dieses Diskurses. Mit den Stichworten von Postwachstum und ökologischer Modernisierung sind wiederum heterogene Pole eines Kontinuums miteinander konkurrierender Nachhaltigkeitsverständnisse bezeichnet (als Überblick und Auseinandersetzung mit dieser Thematik vgl. Henkel 2015; Henkel 2016a; Henkel 2017a; Henkel 2017b; Henkel, Böschen et al. 2017).

Die Orientierung an Transdisziplinarität fungiert in dieser heterogenen Diskurslage nicht als einigende Klammer. Im Gegenteil ist Transdisziplinarität eher implizit mit einem spezifischen Nachhaltigkeitsverständnis verbunden, das weniger auf Technologie und mehr auf eine gesamtgesellschaftliche Veränderung setzt und auf eine Verhaltensveränderung der einzelnen Bürger abstellt. Die Diskussionen um Transdisziplinarität können insofern als Teil eines Richtungsstreits im Nachhaltigkeitsdiskurs selbst gesehen werden, in dem die Fragen nach gesellschaftlicher Veränderung und der Stellung der Wissenschaft in einer solchen Veränderung die zentral diskutierten Gegenstände sind. Im Folgenden wird der Versuch unternommen, aus einer gesellschaftstheoretischen Perspektive latente Konfliktlinien zu explizieren und auf dieser Grundlage aus den im nächsten Abschnitt explizierten Prämissen heraus begründet zu diesem Konflikt differenziert Stellung zu nehmen.

8.2   „Gesellschaft" als analytische Perspektive

Gesellschaft ist ein sowohl alltagssprachlich als auch wissenschaftlich sehr unterschiedlich besetzter Begriff. Vielfach wird Gesellschaft verstanden als eine aus Menschen und deren Beziehungen bestehende Einheit. Dies korreliert zum Teil mit einem Gesellschaftsverständnis, das regionale oder territorial begrenzte Einheiten bezeichnet. Gerade mit Blick auf normative Diskussionen wird Gesellschaft ferner als durch einen kulturell, ethisch oder religiös begründeten Konsens integriert angesehen. In allen diesen Verständnissen scheinen Gesellschaften als etwas, das man, wie eine Gruppe oder eine Organisation, von außen betrachten kann. Im Unterschied dazu soll hier im Anschluss an Niklas Luhmann Gesellschaft als ein Sinnsystem gefasst werden. Gesellschaft ist so verstanden die Gesamtheit der verfügbaren sinnhaften Formen und Operationen, die in einem zusammenhängenden Kommunikationskontext zur Verfügung stehen (Luhmann 1971).

Wenn Sanjay Seth, wie Opielka ihn zitiert, formuliert, dass wir die Moderne nur in den Kategorien der Moderne denken könnten (Opielka 2017, S. 101), so trifft dies die Konsequenz eines derart umfassenden, nicht von außen beobachtbaren, sondern nur von innen heraus sich selbst beschreibenden Gesellschaftsverhältnisses. Mit Luhmann formuliert können weder die Theorie noch die Gesellschaft das überschreiten, was als Sinn immer schon vorausgesetzt ist – denn ohne von Sinn Gebrauch zu machen, könne keine gesellschaftliche Operation anlaufen (Luhmann 1999, S. 44). Gesellschaft als Sinnsystem analytisch zu fassen, erlaubt und erfordert die Unterscheidung einer Ebene der Semantik und einer Ebene der Erwartungsstruktur. Semantik bezeichnet die Gesamtheit der verfügbaren Sinnformen, wie sie in sprachhaften oder symbolischen, gegebenenfalls auch leib-körperhaften Formen vorliegen. Erwartungsstrukturen bezeichnen auf Dauer gestellte Erwartungen, wie soziale Situationen zu interpretieren sind und in entsprechend erwartbarer Weise operativ weiter ablaufen (Luhmann 1981; Henkel 2016b). Eine Sinnform wäre also beispielsweise eine wissenschaftliche Theorie, ein Arbeitsvorgang oder auch eine Begrüßungsformel; eine Erwartungsstruktur bezöge sich beispielsweise darauf, wie auf die Verwendung einer Begrüßungsformel in der Interaktion reagiert wird, wie der Dienstweg einer formalen Organisation aussieht oder welchen Standards die Beurteilung wissenschaftlicher Arbeiten folgt.

Ausgehend von diesen zunächst auf der sozialtheoretischen Ebene entwickelten Annahmen über Gesellschaft ist es dann möglich, gesellschaftlichen Wandel und die Spezifika bestimmter gesellschaftlicher Formationen zu untersuchen. Folgt man dieser gesellschaftstheoretischen Perspektive, findet etwa in der Mitte des 18. Jahrhunderts ein Wandel im gesellschaftlichen Strukturprimat statt. An die Stelle einer primär stratifizierten Gesellschaft, die an Ständen orientiert ist, tritt eine primär funktional differenzierte Gesellschaft. Eine funktional differenzierte Gesellschaft zeichnet sich dadurch aus, dass zentrale Funktionsbereiche der Gesellschaft wie etwa Wissenschaft, Wirtschaft, Politik oder Religion sich als eigenständige Kommunikationszusammenhänge innerhalb der Gesellschaft schließen und nun in Leistungsbeziehungen zueinander und in ein Funktionsverhältnis zur Gesellschaft treten (Luhmann 1999). Eine Konsequenz dieser operativen Schließung gesellschaftlicher Teilsysteme ist, dass beispielsweise wissenschaftliche Kriterien nicht angelegt werden können im politischen Diskurs oder wirtschaftliche Kriterien im wissenschaftlichen Diskurs. Wissenschaftliche Wahrheit begründet keine politische Macht; wissenschaftliche Wahrheit bemisst sich nicht daran, wer mehr bezahlen kann. Zwar bestehen Kopplungsverhältnisse zwischen solchen nunmehr unabhängigen Teilbereichen – etwa dadurch, dass formale Organisationen typischerweise auf alle Funktionssysteme angewiesen sind, schließen sie doch rechtlich begründete Verträge, nutzen das wirtschaftliche Medium Geld, operieren in einer staatlich garantierten Ordnung und stellen nach wissenschaftlichen Standards rekrutiertes Personal ein (Luhmann 2000; Åkerstrøm-Andersen 2001). Kopplungen bestehen auch spezifisch, etwa indem ein Vertragsverhältnis sowohl wirtschaftliche als auch rechtliche Anschlussoperationen auslösen kann. Dies ändert jedoch nichts an dem Grundtatbestand, dass Funktionsbereiche unabhängig voneinander sind und diese Unabhängigkeit normativ und rechtlich verteidigt wird. So würde ein wirtschaftlicher Eingriff in politische Machtverhältnisse als illegale Bestechung gewertet werden; oder es delegitimiert sich ein wissenschaftliches Wissen quasi von selbst, wenn es offensichtlich wirtschaftlichen oder politischen Zwecken dient.

Aus dieser Perspektive zeichnet sich die moderne Gesellschaft dadurch aus, dass in ihr verschiedene Funktionsbereiche semantisch und sozialstrukturell eigenständig sind und dies normativ geschützt wird. Davon ausgehend lässt sich Transdisziplinarität dreifach problematisieren: erstens hinsichtlich des gesellschaftlichen Charakters wissenschaftlichen Wissens, zweitens hinsichtlich der Genese wissenschaftlicher Problemstellungen und schließlich drittens hinsichtlich der Frage nach der gesellschaftlichen Funktion des Nachhaltigkeitsdiskurses.

8.3 Wissen: Wissenschaftliches Wissen als gesellschaftliches Wissen

Aus einer solchen gesellschaftstheoretischen Perspektive erscheint wissenschaftliches Wissen in seiner über Theorien und Methoden in disziplinären *scientific communities* erstellten Form als Spezifikum der modernen Gesellschaft. Ursprünglich noch an der Verherrlichung Gottes und einer Steigerung des ökonomischen Nutzens orientiert, entsteht in der frühen Neuzeit Wissenschaft als ein gegenüber anderen gesellschaftlichen Bereichen abgegrenzter Bereich. Etwa im 19. Jahrhundert schließt sich Wissenschaft als eigenständiger Kommunikationszusammenhang einer aus sich heraus legitimen Tätigkeit (Luhmann 1990). Das institutionelle Ziel von Wissenschaft ist nun die Erweiterung abgesicherten Wissens. Wissenschaft als Institution stellt derart gesichertes Wissen bei der Lösung von Problemen zur Verfügung (Merton 1985).

In der Folge dieser Ausdifferenzierung von Wissenschaft gegenüber anderen gesellschaftlichen Funktionsbereichen entsteht eine zunehmende Disziplinierung wissenschaftlicher Erkenntnisproduktion. Während Kant im ausgehenden 18. Jahrhundert den Streit der Fakultäten noch auf die vier Disziplinen der Theologie, der Medizin, des Rechts und der Philosophie beschränken kann (Kant 1947), ist bereits Ende des 19. Jahrhunderts eine breite Vielfalt sehr unterschiedlich ausgerichteter Disziplinen entstanden. Zu deren Verortung unterscheidet Windelband nomothetische und ideographische Wissenschaften, womit er die naturwissenschaftlichen als die gesetzgebenden und die geisteswissenschaftlichen als die beschreibenden Wissenschaften fasst (Windelband 1894). Hinzu kommen etwa seit den 1920er Jahren die Sozialwissenschaften. Entlang von Theorien und Methoden differenzieren sich wissenschaftliche Disziplinen mit eigenen Publikationsressourcen, disziplinären Netzwerken, Habitus und Gegenständen aus (Luhmann 1990; Gläser 2006). Ein Blick auf die DFG Fachgutachtergremien macht deutlich, welchen Grad diese Differenzierung erreicht hat.

Geht man von der vorgeschlagenen Differenzierungstheorie aus, so handelt es sich bei dieser Differenzierung nicht nur um eine zufällige Besonderheit; vielmehr ist die disziplinäre Verortung wissenschaftlichen Wissens unter Bedingung der modernen Gesellschaft nicht hintergehbar. Wenn sich Wissenschaft über die Unterscheidung von Wahrheit und Unwahrheit gegenüber politischen Machtdiskursen oder wirtschaftlichen Zahlungsdiskursen abgrenzt und wenn Theorien und Methoden die systeminternen Kriterien für die Zuordnung zu Wahrheit oder Unwahrheit sind, dann entspricht einer Komplexitätssteigerung gesellschaftlicher Problemlagen

eine innerwissenschaftliche Differenzierungssteigerung. Darin liegt gerade nicht eine Abkopplung von Gesellschaft. Vielmehr ist die selbstreferentielle Form der Erkenntnisproduktion Teil einer gesamtgesellschaftlichen Konstellation, die insgesamt durch operational geschlossene Funktionssysteme charakterisiert ist.

Wissenschaftliches Wissen ist also gesellschaftlich erstens, indem der Anspruch eines auf rein wissenschaftlichen Kriterien beruhenden Wissens nur unter dieser spezifischen gesamtgesellschaftlichen Konstellation überhaupt möglich ist. Zweitens ist wissenschaftliches Wissen jedoch auch insofern gesellschaftliches Wissen, als es als Kommunikation in Interaktionen und Organisationen hergestellt wird, in denen typischerweise unterschiedliche Logiken zusammenwirken. So ist es alles andere als überraschend, wenn in den sogenannten Laborstudien seit den 1980er Jahren die lokale Ansässigkeit und Situationsgebundenheit der Forschung aufgezeigt wird. Machtstrukturen, vorhandene Ressourcen oder soziale und geschlechtliche Stereotypen wirken in die konkrete Produktion wissenschaftlichen Wissens hinein (Knorr Cetina 1981; Latour/Woolgar 1986). Nimmt man diese Mikroperspektive ein, so wird schnell deutlich, dass die Produktion wissenschaftlichen Wissens sich als konkrete Praxis kaum unterscheidet von anderen Bereichen der Wissensproduktion. So betrachtet wäre Wissenschaft nur eine Wissenskultur unter anderen (Wynne 1996).

An dieser Stelle liegt gesellschaftstheoretisch und epistemologisch betrachtet die Geburtsstunde der Transdisziplinarität und des zentralen Dilemmas wissenschaftlichen Wissens: Einerseits ist wissenschaftliche Wissensproduktion als Praxis gesellschaftlich, so wie andere Formen der Wissensproduktion dies auch sind – von einer Äquivalenz dieser Wissensformen auszugehen, liegt also nahe. Andererseits jedoch zeichnet sich wissenschaftliche Erkenntnisproduktion durch ihren normativen Anspruch aus, rein wahrheitsorientiert zu operieren – und sie ist in der Funktion, in diesem Sinne gesichertes Wissen herzustellen, in der funktional differenzierten Gesellschaft nicht ersetzbar. Die Konsequenz daraus ist, dass transdisziplinär generiertes Wissen nur dann als wissenschaftliches Wissen anerkennbar ist, wenn es selbst den Status einer wissenschaftlichen Disziplin erlangt. Dass dies jedenfalls eine Möglichkeit sei, ist letztlich der Kern des Grunwald'schen Arguments. Wie komplex diese Konstellation ist, zeigt sich daran, dass auch transdisziplinär hergestelltes Wissen notwendig lokal ansässig und situationsgebunden bleibt – auch dies ist unhintergehbar. Die Debatte um eine transformative Wissenschaft ließe sich auf dieser impliziten Konfliktlinie um die Art des involvierten Wissens also folgendermaßen entscheiden: Jedes, also auch wissenschaftliches, Wissen ist zugleich

gesellschaftliches Wissen und damit geprägt von sozialen, kulturellen und materiellen Kontingenzen. Davon unbenommen bleibt, dass die Produktion wissenschaftlichen Wissens in disziplinären Kontexten erfolgt und unter Bedingung der modernen, funktional differenzierten Gesellschaft auch erfolgen muss. Will transdisziplinäres Wissen also den Anspruch auf Wissenschaftlichkeit erheben, muss es sich „disziplinieren".

8.4   Problemstellungen: Wissenschaft und Gesellschaft

Von der Frage einer etwaigen Äquivalenz unterschiedlicher Wissensformen zu unterscheiden ist, woher die Wissenschaft ihre Problemstellungen nimmt oder nehmen sollte. Eine Kritik an dem Konzept der transformativen Wissenschaft ist, dass mit ihr eine Entdifferenzierung, ein Niederreißen der Grenze zwischen Wissenschaft und Gesellschaft einherginge (Strohschneider 2014). Diese Sorge einer Entdifferenzierung findet sich nicht allein im Kontext des Transdisziplinaritäts- oder des Nachhaltigkeitsdiskurses: Insbesondere Peter Weingart hat ganz unabhängig davon eine Politisierung, Ökonomisierung und Medialisierung der Wissenschaft kritisch gesellschaftstheoretisch und empirisch in den Blick genommen. Eine Politisierung erfolge etwa im Kontext des Legitimationsdilemmas der Wissenschaft, eine Ökonomisierung etwa mit Blick auf Forschungsziele und Ausbildungsinhalte, eine Medialisierung schließlich nicht zuletzt als Instrumentalisierung der Medien für die Gewinnung wissenschaftlicher Reputation (Weingart 2001; Weingart 2003; Weingart, Carrier et al. 2007). Die Problematik, die sich in den Laborstudien auf mikrosoziologischer Ebene stellte, dass nämlich eine reine Wahrheitsorientierung so kaum je beobachtbar ist, findet sich entsprechend auch auf gesellschaftstheoretischer Ebene.

Nimmt man also an, dass Tendenzen oder Gefahren einer Entdifferenzierung der Wissenschaft durch Politisierung, Ökonomisierung und Medialisierung unabhängig vom Transdisziplinaritätsdiskurs besteht, so lässt sich umso genauer fragen, welche Forderung in der Transdisziplinaritätsdebatte an Wissenschaft eigentlich gestellt wird. Schneidewind formuliert diese dahingehend, dass die Wissenschaft sich hinsichtlich der Wahl ihrer Problemstellungen nicht nur von ökonomischen, sondern auch von im weitesten Sinne zivilgesellschaftlichen oder gesamtgesellschaftlichen Anliegen leiten lassen solle (Schneidewind 2015). In einer solchen Formu-

lierung ist impliziert, dass Wissenschaft bereits „ökonomisiert" sei und dies in seiner Einseitigkeit problematisch ist. Aus der hier gewählten gesellschaftstheoretischen Perspektive lässt sich diese Forderung präzisieren:

Versteht man Gesellschaft als Sinnsystem und die moderne Gesellschaft als funktional differenziert, so können sich dieselben Gegenstände in unterschiedlichen funktionssystemischen Diskursen finden. Funktionssysteme sind operativ geschlossen, indem sie sich nur an ihren eigenen Kriterien orientieren. Sie sind aber miteinander gekoppelt, indem sie bestimmte gesellschaftliche Tatsachen erst in ihrem Zusammenwirken hervorbringen. An Beispielen aus der Wissensregulierung wird dies deutlich: Wissenschaftlicher Erkenntnisse, rechtliche Regulierung und über mediale Skandale aktivierte Politik wirken zusammen, wenn es gilt, gesundheitsschädliche Substanzen als solche überhaupt zu benennen und dann gegebenenfalls zu verbieten. So war es im Falle von Contergan erst die öffentliche Aufmerksamkeit, die eine politisch induzierte Regulierung über wissenschaftliches Wissen in Gang setzte (Henkel 2012; Henkel 2014) – wobei typischerweise die Regulierung auf das Wissen angewiesen ist, die es reguliert (Bora 2009).

Wenn im Sinne von Transdisziplinarität gefordert wird, dass Wissenschaft nicht nur ökonomischen, sondern auch aus anderen gesellschaftlichen Kontexten stammenden Anliegen folgen solle, so handelt es sich dabei also nicht notwendig um die Forderung nach einer Entdifferenzierung von Wissenschaft. In der modernen Gesellschaft ist die disziplinäre und funktionale Geschlossenheit von Wissenschaft, wie oben argumentiert, unhintergehbar. Problemstellungen, die nicht aus der Wissenschaft selbst stammen, also nicht innerhalb eines von der jeweiligen *scientific community* anerkannten Sets von Theorien und Methoden als wissenschaftliches Problem begründbar sind, können systematisch keine wissenschaftlichen Fragestellungen sein. Wissenschaft operiert aber nicht unabhängig von Gesellschaft, sondern ist irritierbar über strukturelle Kopplung, wie nicht zuletzt die der Wissensregulierung. Das Anliegen, dass diverse gesellschaftliche Problemlagen in der Wissenschaft verhandelt werden sollen, ist damit reformulierbar als Anforderung, die Selbstirritationskanäle von Wissenschaft zu diversifizieren. Der Wissenschaft können nicht vorgefertigte politische oder auch wirtschaftliche Fragestellungen eingegeben werden. Die Wissenschaft muss ihre Probleme selbst als wissenschaftliche Fragestellungen formulieren. Welche Probleme sie aber in dieser Weise als eigene Probleme formuliert, hängt jedenfalls auch ab von der Gesellschaft, in der sie operiert. So ist z.B. die Forschung an sogenannten „orphan drugs", also Arzneimitteln für seltene Krankheiten,

genauso eine wissenschaftliche Problemstellung wie die Forschung an Diabetes und Adipositas. In welche Richtung die Forschung sich bewegt, hängt aber ab von Strukturen, Anreizmechanismen, Finanzierungsmöglichkeiten und einer allgemeinen Aufmerksamkeit.

Aus einer gesellschaftstheoretischen Perspektive lässt sich die Debatte um eine transformative Wissenschaft hinsichtlich der impliziten Konfliktlinie um die Genese der Problemstellungen also entschärfen: Wissenschaftliche Problemstellungen sind notwendig innerwissenschaftlich generiert. Eine „Entdifferenzierung" droht nicht (oder jedenfalls nicht mehr als durch die Finanzierung von Forschung durch wirtschaftlich orientierte Unternehmen). Die Frage ist, wie und von was sich Wissenschaft irritieren lässt. So betrachtet geht es bei Transdisziplinarität nicht darum, politisch oder gesellschaftlich in Wissenschaft einzugreifen. Vielmehr geht es darum, die Selbstirritationskanäle der Wissenschaft zu untersuchen, zu hinterfragen und möglicherweise zu diversifizieren.

8.5   Ziele: Gesellschaftliche Funktion des Nachhaltigkeitsdiskurses

Ein weites Verständnis von sozialer Nachhaltigkeit fasst das Soziale als das Gesellschaftliche und versteht damit soziale Nachhaltigkeit als gesellschaftliches Transformationsprojekt (Opielka 2017: 19f). Wählt man, wie hier vorgeschlagen, eine Perspektive auf Gesellschaft als Sinnsystem, so heißt soziale Nachhaltigkeit in diesem weiten Verständnis (auch), ausgehend von gesellschaftlichen Eigenlogiken die Art und Verortung wissenschaftlicher Erkenntnisproduktion zu reflektieren und zu prägen. Die voranstehenden Überlegungen stellen diesbezüglich bereits zwei Thesen auf, nämlich: Transdisziplinarität müsste angesichts der Unhintergehbarkeit funktionaler Differenzierung als disziplinäres Wissen vorliegen, um in der funktional differenzierten Gesellschaft als wissenschaftliches Wissen gelten zu können; und die Forderung einer Erweiterung wissenschaftlicher Problemstellungen ist als Diversifizierung von Kanälen wissenschaftlicher Selbstirritation zu verstehen. Was kann nun drittens hinsichtlich der Ziele und damit der gesellschaftlichen Funktion des Nachhaltigkeitsdiskurses aus einer derartigen gesellschaftlichen Perspektive gezeigt werden.

Die moderne Gesellschaft hat seit dem 18. Jahrhundert eine erhebliche und sich beschleunigende Komplexitätssteigerung mit sich gebracht. Eine Implikation dieser Komplexitätssteigerung ist, dass eine kausale Beziehung zwischen „Handlung" und „Tatsache" nicht mehr ohne Weiteres über den ganz engen Nahebereich hinaus angenommen werden kann. Dies gilt in zwei Richtungen: Einmal wird es immer schwieriger, von der Verursachung einer Tatsache durch eine Handlung zu sprechen, ist die einzelne Handlung doch in ein komplexes Netzwerk von Handlungen und Folgen eingewoben. Gleichzeitig wird es auch schwieriger, die Verantwortung für eine unerwünschte Tatsache auf einen konkreten Handelnden zuzurechnen. Dies impliziert sowohl den psychologischen Effekt, dass der Handelnde mit den Folgen seines Handelns vielfach nicht direkt konfrontiert ist; aber auch den rechtlichen Effekt, dass Verantwortlichkeiten mehr oder weniger aufwendig über Selbsterklärungen hergestellt werden müssen – beispielsweise über die um sich greifende Erforderlichkeit der Erklärung, alle möglichen Geschäftsbedingungen als „gelesen und verstanden" zu akzeptieren (Grunwald 2012; Henkel 2013/2014; Samerski/Henkel 2015). Es entsteht auf diese Weise in ganz unterschiedlichen Bereichen von der Selbstmedikation bis zum Arbeitslosen als Unternehmer-seiner-Selbst die ebenso subtile wie zynische Verbindung von überreizter Verantwortungsattribution und Selbstwirksamkeitsschranken.

Die Funktion des Nachhaltigkeitsdiskurses kann nun darin gesehen werden, die Zumutungen, Herausforderungen und Irrationalitäten, die in dieser Entwicklung liegen, thematisierbar und damit (zumindest potentiell) bearbeitbar zu machen. Indem in der Nachhaltigkeitsforschung theoretische und methodische Konzepte entwickelt werden, die Rückkopplungsprozesse, Zeitlichkeit, Systemeffekte und Zusammenhänge zwischen sozialen und materialen Aspekten aufzeigen, kann es gelingen, auf Einseitigkeiten und Zumutungen hinzuweisen, die bei einer Betrachtung von Einzelaspekten mit der Brille der kausal-rationalen Erklärung gewissermaßen als Nebenprodukt anfallen. Ein solches Verständnis von Nachhaltigkeit bezieht sich offensichtlich nicht nur auf ökologische Aspekte der materialen Außenwelt der Gesellschaft, sondern auch auf gesellschaftliche Strukturen sowie auf das, was man mit Plessner als „Innenwelt" oder mit Foucault als „Sorge um sich" bezeichnen könnte (Plessner 1975; Foucault 1989; Henkel, Karle et al. 2016). Klima, Biodiversität oder Bodenerosion als Themen der Außenwelt; soziale Sicherungssysteme, der Stellenwert der Familie, die soziale Organisation der Arbeit oder generell die Sorge um andere als Gegenstände des Gesellschaftlichen oder der Mitwelt; und die Frage nach einem „gelingenden Leben" vor dem Hintergrund immer vielfältiger sich individuell gesundheitlich manifestierender Stresssymptome (vgl. auch Neckel/Wagner 2013; Rosa 2016) sind damit Teilbereiche eines Nachhaltigkeitsdiskurses, die aus derselben gesellschaftlichen Gesamtentwicklung heraus als Problemstellungen formuliert, verglichen und aufeinander bezogen werden können.

Fragt man also nach den Zielen und damit der gesellschaftlichen Funktion des Nachhaltigkeitsdiskurses, so bedeutet Transdisziplinarität in der Nachhaltigkeitsforschung auch, ausgehend von der Akzeptanz gesellschaftlicher Verhältnisse auf deren Veränderung hinzuwirken. Eingangs wurde gezeigt, dass sich der Nachhaltigkeitsdiskurs mit seiner Etablierung vervielfältigt hat. Das hier entwickelte Verständnis von Transdisziplinarität erlaubt, in diesem Macht-Wissens-Diskurs ein Verständnis von Nachhaltigkeit zu fokussieren, das systematisch einer rationalen Akteurslogik eine komplexe Rückkopplungslogik zur Seite stellt. Soziale Nachhaltigkeit als Werteprojekt zu verstehen (Opielka 2017, S. 45), hieße damit, gesellschaftliche Transformation ausgehend von ihrerseits zu untersuchender Rahmenbedingungen so zu reflektieren, dass Gestaltungsräume zum Umgang mit pathologischen Effekten auf ökologischer, gesellschaftlicher und individueller Ebene entstehen. Um den Begriff der „Neowachstumsgesellschaft" aufzugreifen: Ein Wachstum von Qualität, Geist, Kultur und Solidarität (Opielka 2017, S. 43) wäre so betrachtet nicht nur an sich wünschenswert, sondern eine systematisch zu entwickelnde Sichtweise, die erlaubt, die unerwünschten Nebenwirkungen einer komplexitätssteigernden Effizienzlogik zu bearbeiten.

8.6   Literatur

Åkerstrøm-Andersen, N., 2001: *Polyphonic Organisations*. MPP Working Paper No. 13/2001

Bergmann, M./Jahn, T./Knobloch, T./Krohn, W./Pohl, C./Schramm, E., 2010: *Methoden transdisziplinärer Forschung. Ein Überblick mit Anwendungsbeispielen*. Frankfurt am Main: Campus

Blasinger, P., 2005: *Transdisziplinarität. Systematisch-vergleichende Untersuchung disziplinenübergreifender Wissenschaftspraxis*. München: Fink

Bora, A., 2009: *Innovationsregulierung als Wissensregulierung*, in: M. Eifert/W. Hoffmann-Riem (Hrsg.), *Innovationsfördernde Regulierung*. Berlin: Duncker & Humblot, S. 23-46

Carson, R., 1962: *Silent Spring*. Boston

Foucault, M., 1989: *Die Sorge um sich*. Sexualität und Wahrheit Band 3. Frankfurt: Suhrkamp

Foucault, M., 2002: *Nietzsche, die Genealogie, die Historie* in: (Hrsg.), Schriften in vier Bänden. Dits et Ecrits Band II. 1970-1975. Frankfurt: Suhrkamp, S. 166-191

Gläser, J., 2006: *Wissenschaftliche Produktionsgemeinschaften. Die soziale Ordnung der Forschung*. Frankfurt am Main: Campus

Grunwald, A., 2012: *Ende einer Illusion. Warum ökologisch korrekter Konsum die Umwelt nicht retten kann*. München: Oecom

Grunwald, A. 2015: Transformative Wissenschaft - eine neue Ordnung im Wissenschaftsbetrieb? GAIA 24 (1): 17-20(14)

Hardin, G., 1968: *The Tragedy of the Commons*. Science, New Series 162 (3859), S. 1243-1248

Hauff, V. (Hrsg.), 1987: *Unsere Gemeinsame Zukunft. Der Brundtland-Bericht der Weltkommission für Umwelt und Entwicklung.* Greven: Eggenkamp

Henkel, A., 2012: *Suspension of Power in German Health Politics* in: N. Åkerstrøm-Andersen/I.-J. Sand (Hrsg.), *Hybrid Forms of Governance – Self-Suspension of Power.* London: Palgrave Macmillan, S. 85-101

Henkel, A., 2013/2014: *Gesellschaftstheorie der Verantwortung. Funktion und Folgen eines Mechanismus der Reduktion sozialer Komplexität.* Soziale Systeme, Sonderhaft "Precarious Responsibility" 19, 2, S. 471-501

Henkel, A., 2014: *Institutionelle Arrangements als intersystemischer Abstimmungsmodus* in: A. Bora/A. Henkel/C. Reinhardt (Hrsg.): *Wissensregulierung und Regulierungswissen.* Weilerswist: Velbrück, S. 243-267

Henkel, A., 2015: *Konturen einer soziologischen Nachhaltigkeitsforschung: Im Gespräch mit dem Konzept der kulturellen Kompetenzen im nachhaltigkeitsorientierten Management* in: R. Pfriem/L. Hochmann/N. Gmeiner/K. Hurrelmann/A. Karczmarzyk/C. Lautermann/C. Lenz (Hrsg.): *Die Kultivierung des Ökonomischen. Kulturelle Prozesse, kulturelle Praktiken, kulturelle Kompetenzen.* Festschrift für Irene Antoni-Komar zum 60. Geburtstag. Marburg: Metropolis Verlag, S. 119-140

Henkel, A., 2016a: *Natur, Wandel, Wissen. Beiträge der Soziologie zur Debatte um nachhaltige Entwicklung,* in: *SuN Soziologie und Nachhaltigkeit* - Beiträge zur sozial-ökologischen Transformationsforschung 01, 2, S. 1-23

Henkel, A., 2016b: *Posthumanism, the Social and the Dynamics of Material Systems,* in: *Theory, Culture & Society* 0, 0, S. 1-25

Henkel, A., 2017a: *Ökologie. Wiedereinführung einer Fragestellung S.* in: S. Lessenich (Hrsg.), *Geschlossene Gesellschaften. Verhandlungen des 38. Kongresses der Deutschen Gesellschaft für Soziologie in Bamberg* 2016 (im Erscheinen)

Henkel, A., 2017b: *Soziologie der Nachhaltigkeit,* in: *Soziologie* 46, 3, S. 306-321

Henkel, A./Böschen, S./Drews, N./Firnenburg, L./Görgen, B./Grundmann, M./Lüdtke, N./Pfister, T./Rödder, S./Wendt, B., 2017: *Soziologie der Nachhaltigkeit - Herausforderungen und Perspektiven.* Soziologie und Nachhaltigkeit in Vorbereitung

Henkel, A./Karle, I./Lindemann, G./Werner, M. (Hrsg.), 2016: *Dimensionen der Sorge. Soziologische, philosophische und theologische Perspektiven.* Baden-Baden: Nomos

Hiersch Hadorn, G./Hoffmann-Riem, H./Biber-Klemm, S./Grossenbacher-Mansuy, W./Joye, D./Pohl, C./Wiesmann, U./Zempt, E. (Hrsg.) 2008: *Handbook of Transdisciplinary Research.* Berlin: Springer

Hirsch-Hadorn, G./Hoffmann-Riem, H./Biber-Klemm, S./Grossenbacher-Mansuy, W./Joye, D./Pohl, C./Wiesmann, U./Zemp, E., 2008: *Emergence of Transdisciplinarity as a Form of Research* in: G. Hadorn Hirsch/H. Hoffmann-Riem/S. Biber-Klemm/W. Grossenbacher-Mansuy/D. Joye/C. Pohl/U. Wiesmann/E. Zemp (Hrsg.): *Handbook of Transdisciplinary Research.* Springer, S. 19-39

Jahn, T./Bergmann, M./Keil, F., 2012: *Transdisciplinarity: Between mainstreaming and marginalization,* in: *Ecological Economics* 79, S. 1-10

Kant, I., 1947: *Der Streit der Fakultäten,* in: K. Rossmann (Hrsg.): *Der Streit der Fakultäten.* Heidelberg: Adolf Rausch Verlag, S. 1-182

Knorr Cetina, K., 1981: *The Manufacture of Knowledge. An Essay on the Constructivist and Contextual Nature of Science.* Oxford: Pergamon Press

Latour, B./Woolgar, S., 1986: *Laboratory Life. The Construction of Scientific Facts.* Princeton, New Jersey: Princeton University Press

Luhmann, N., 1971: *Sinn als Grundbegriff der Soziologie* in: J. Habermas/N. Luhmann (Hrsg.): *Theorie der Gesellschaft oder Sozialtechnologie - Was leistet die Systemforschung?* Frankfurt am Main: Suhrkamp, S. 25-100

Luhmann, N., 1981: *Gesellschaftliche Struktur und semantische Tradition* in: N. Luhmann (Hrsg.): *Gesellschaftsstruktur und Semantik. Studien zur Wissenssoziologie der modernen Gsellschaf,t* Band 1. Frankfurt am Main: Suhrkamp, S. 9-71

Luhmann, N., 1990: *Die Wissenschaft der Gesellschaft.* Frankfurt am Main: Suhrkamp

Luhmann, N., 1999: *Die Gesellschaft der Gesellschaft.* Frankfurt am Main: Suhrkamp

Luhmann, N., 2000: *Organisation und Entscheidung.* Opladen/Wiesbaden: Westdeutscher Verlag

Maasen, S./Lengwiler, M./Guggenheim, M., 2006: *Practices of Transdisciplinary Research: Close(r) Encounters of Science and Society.* Introduction to Science & Public Policy Special Issue on Transdisciplinarity, in: *Science & Public Policy* 33, 6, S. 394-398

Meadows, D./Meadows, D./Zahn, E., 1972: *Limits to Growth – A Report for the Club of Rome's Project on the Predicament of Mankind.* London

Merton, R., 1985: *Entwicklung und Wandel von Forschungsinteressen. Aufsätze zur Wissenschaftssoziologie.* Frankfurt am Main: Suhrkamp

Neckel, S./Wagner, G. (Hrsg.), 2013: *Leistung und Erschöpfung. Burnout in der Wettbewerbsgesellschaft.* Berlin: Suhrkamp

Opielka, M., 2017: *Soziale Nachhaltigkeit. Auf dem Weg zur Internalisierungsgesellschaft.* München: oekom

Pfister, T./Schweighofer, M./Reichel, A., 2016: *Sustainability.* London: Routledge

Plessner, H., 1975: *Die Stufen des Organischen und der Mensch. Einleitung in die philosophische Anthropologie.* Berlin: Walter de Gruyter

Rosa, H., 2016: *Resonanz. Eine Soziologie der Weltbeziehung.* Berlin: Suhrkamp

Samerski, S./Henkel, A., 2015: *Responsibilisierende Entscheidungen. Strategien und Paradoxien des sozialen Umgangs mit probabilistischen Risiken am Beispiel der Medizin.* Berliner Journal Online-first DOI: 10.1007/s11609-015-0281-z

Schneidewind, U., 2015: *Transformative Wissenschaft - Motor für gute Wissenschaft und lebendige Demokratie.* Reaktion auf A.Grundwald. in: *GAIA* 24, 2, S. 88-91

Schneidewind, U./Singer-Brodowski, M., 2014: *Transformative Wissenschaft. Klimawandel im deutschen Wissenschafts- und Hochschulsystem.* Marburg: Metropolis

Strohschneider, P., 2014: *Zur Politik der Transformativen Wissenschaft* in: B. e. al (Hrsg.): *Die Verfassung des Politischen.* Wiesbaden: Springer, S. 175-192

Weingart, P., 2001: *Die Stunde der Wahrheit?* Weilerswist: Velbrück

Weingart, P., 2003: *Wissenschaftssoziologie.* Bielefeld: transcript

Weingart, P./Carrier, M./Krohn, W., 2007: *Nachrichten aus der Wissensgesellschaft. Analysen zur Veränderung der Wissenschaft.* Weilerswist: Velbrück Wissenschaft

Windelband, W., 1894: *Geschichte und Naturwissenschaft.* Rede zum Antritt des Rektorats der Kaiser-Wilhelms-Universität Strassburg, gehalten am 1. Mai 1894. Strassburg: Heitz & Mündel

Wynne, B., 1996: *May the Sheep Safely Graze? A Reflexive View of the Expert-Lay Knowledge Divide* in: S. Lash/B. Szerszynski/B. Wynne (Hrsg.): *Risk, Environment and Modernity.* London: Sage Publications, S. 44-78

9   Kritische Reflexion Sozialer Nachhaltigkeit

Stephan Lorenz

Der Diskussionsbeitrag widmet sich begrifflichen Reflexionen des von Michael Opielka (2017) vorgelegten Konzepts „Soziale Nachhaltigkeit". An den Beginn sind zentrale Thesen gestellt, die im Folgenden näher ausgeführt werden, auch gestützt auf eigene empirische wie theoretische Arbeiten zu nachhaltiger Entwicklung. Empirisch handelt es sich dabei um soziologische Studien zu den Lebensmittel-Tafeln, auf die zur exemplarischen Anschauung verwiesen wird.

Zunächst die Thesen:

Dass die Agenda 2030 der Vereinten Nationen mit den Sustainable Development Goals (SDG) bereits „soziale und ökologische Nachhaltigkeitsziele systematisch verknüpft" (cfp) ist eine zu optimistische Annahme.

Im Ansatz Sozialer Nachhaltigkeit von Opielka fließen drei Begriffe von ‚sozial' ineinander, die in einem Gesamtkonzept nachhaltiger Entwicklung differenziert werden müssen. Daraus folgt, dass der von ihm gewählte weite Begriff von Nachhaltigkeit und die sozialwissenschaftliche Bestimmung zwar in die richtige Richtung weisen, mit ‚Sozialer Nachhaltigkeit' aber nicht präzise zu fassen sind.

In der Konsequenz bedeutet das, dass genauer zwischen einer soziologischen Bestimmung von nachhaltiger Entwicklung einerseits und einem engeren Begriff der sozialen (Dimension von) Nachhaltigkeit andererseits, der sich auf Gerechtigkeit richtet und sozialpolitisch relevant wird, unterschieden werden muss. Darüber hinaus erfordern Nachhaltig-keitsanalysen eine sozial(wissenschaftlich)e Begriffsfassung von Ökologie, die hier als weiterer, eigener Begriff von ‚sozial' eingeführt wird; letzterer richtet sich vorrangig auf soziale Aspekte im Sinne von Gerechtigkeit und Sozialpolitik im Rahmen von Nachhaltigkeitsfragen. Im Rahmen nachhaltiger Entwicklung sind diese Überlegungen sind wiederum ins Verhältnis zu setzen, wozu konzeptuelle Vorschläge unterbreitet werden. Die Argumentationsrichtung besagt also im Kern, dass die zentralen Anliegen des Ansatzes „Soziale Nachhaltigkeit" hier geteilt werden und der Ansatz vor allem als Entwurf eines soziologischen Konzepts von Nachhaltigkeit gelesen wird, dass allerdings der gewählte Begriff „Soziale Nachhaltigkeit" auf Missverständnisse verweist, die weiterer konzeptueller Klärungen bedürfen.

9.1 Zur Un/Systematik der SDG

Die SDG der Vereinten Nationen sind vielfach auf Zustimmung gestoßen und als großer Fortschritt und „Glück"sfall (Opielka 2017, S. 106) der internationalen Politik begrüßt worden. Das betrifft in besonderer Weise zum einen den Umstand, dass sie die reichen Länder in gleicher Weise adressieren wie die ärmeren. Sie verabschieden also (ein Stück weit) ein veraltetes Entwicklungsverständnis, in dem die reichen Länder umstandslos als Vorbild für die Entwicklung der ärmeren galten, obwohl sie mit ihren Gesellschaftsmodellen die globale Ökologie gefährden und viele soziale Probleme bis heute nicht lösen können.[128] Zum anderen wird die in den SDG gleichzeitige Berücksichtigung sozialer und ökologischer Probleme beziehungsweise Ziele als positiv wahrgenommen. Dass diese allerdings schon „systematisch verknüpft" wären (s. CfP zum Symposium; in Opielka 2017 zumeist etwas vorsichtiger formuliert, vgl. S. 8, 77, 90[129]), erscheint als zu optimistische Annahme. Der mehrjährige Entstehungsprozess, auf den im Buch hingewiesen wird, zeigt zwar an, dass die zugrunde liegenden Fragen gründlich erörtert wurden. Dennoch steht die Tafel der 17 Ziele letztlich für ein politisches Verhandlungsergebnis und weniger für eine – im wissenschaftlichen Sinne – Systematik.

Auch Opielka diskutiert eine Reihe von Problemen mit den SDG, mit ihrer Interpretation und ihren weiteren Spezifizierungen. Sein Konzept „Sozialer Nachhaltigkeit" verfolgt letztlich vielmehr selbst das Anliegen, zur Systematisierung der Zielsetzungen für nachhaltige Entwicklung beizutragen (vgl. S. 9 bzw. das Kapitel 1). Deshalb heißt es im Text:

„Das weite (garantistische) Verständnis Sozialer Nachhaltigkeit schließlich könnte insgesamt zu einem Leitbild des Nachhaltigkeitsdiskurses werden. Indem es das Soziale, das Gesellschaftliche und Institutionelle einer Transformation zu einer nachhaltigeren Gesellschaft betont, ohne sich damit zu begnügen, wird deutlich gemacht, dass eine primär technologische oder ökonomische Strategie den systemischen Charakter der sozialökologischen Problemstellung verfehlt" (ebd., S. 22).

---

[128] Zur Kritik dieses Entwicklungsverständnisses vgl. etwa Escobar (2016). Ob mit den SDG tatsächlich ein neues Entwicklungsverständnis einhergeht oder vor allem anerkannt wird, dass die frühindustrialisierten Länder ihrem eigenen Modell nicht gerecht werden, weshalb man zentrale Elemente (v.a. Wachstum) umso mehr einfordern müsse, nun auch gegenüber dem globalen Norden, wäre eigens zu diskutieren.

[129] Am deutlichsten wenn es heißt, dass "in einem mehrjährigen, breit konsultativen Beratungsprozess im September 2015 die Sustainable Development Goals (SDG) für eine ‚Agenda 2030' verabschiedet [wurden], ein Set von 17 Zielen für eine nachhaltige Entwicklung mit 169 Unterzielen. Sie verknüpfen Armutsbekämpfung und Umweltschutz systematisch" (Opielka 2017, S. 77).

Erst die soziale (beziehungsweise sozialwissenschaftliche) Deutung der Agenda 2030 und ihrer SDG, so die Botschaft, liefert eine in sozialer wie ökologischer Hinsicht angemessene Systematik. – Während bisherige Deutungen und Konzepte als zu naturwissenschaftlich, technisch und ökonomistisch ausgerichtet kritisiert werden. – Das ist zweifellos ein ambitioniertes und wichtiges Unterfangen. Dass die SDG dafür einen Anfang, aber sicher noch kein elaboriertes Konzept markieren, kommt auch in der übergeordneten Zielformulierung der eigenen Arbeit zum Ausdruck (ebd., S. 102): *Das Ziel einer sozialökologischen Modernisierung für das 21. Jahrhundert ist die Internalisierungsgesellschaft. Wie ambitioniert, wie komplex und damit auch schwierig ein solches Modernisierungsprojekt ist, zeigen die Sustainable Development Goals.*" Man kann bei einem solchen Vorhaben davon ausgehen, dass die Zielformulierungen der SDG ‚das Beste sind, was bislang möglich ist' und deshalb vorläufig auf dieser Basis operieren. Dies scheint der Zugang von Opielka zu sein, der sein Konzept Sozialer Nachhaltigkeit als integrativen Rahmen anbietet. Will man freilich einen systematischen Zugriff aus soziologischer Perspektive gewinnen, wird man auch in Betracht ziehen müssen, dass eine soziologische Analyse zu einer anderen Systematik gelangen kann – und sehr wahrscheinlich wird – als der der vorliegenden SDG. Wie weit kann das mit dem Konzept „Soziale Nachhaltigkeit" gelingen?

9.2   Drei Bedeutungen von „sozial"

Eine zentrale Intention des Konzepts „Soziale Nachhaltigkeit" ist es m.E., ein sozialwissenschaftlich fundiertes Verständnis von Nachhaltigkeit zu entwickeln, das Nachhaltigkeit als gesamtgesellschaftlich relevantes Anliegen begründet und zu einem gesamtgesellschaftlichen ‚Projekt' macht. Vor dem Hintergrund bisheriger Nachhaltigkeitskonzepte, insbesondere dem bekannten Drei-Säulen-Modell von ökologischer, sozialer und ökonomischer Nachhaltigkeit (z.B. Deutscher Bundestag 1998), ergibt sich daraus eine Schwierigkeit. Diese besteht darin, dass soziale Nachhaltigkeit zweimal erscheint, nämlich auf ‚beiden Seiten' des Modells, auf denen es jeweils etwas anderes meint: Einmal geht es um ein umfassendes Nachhaltigkeitsverständnis und dann noch einmal um eine soziale Dimension innerhalb dieses Modells.

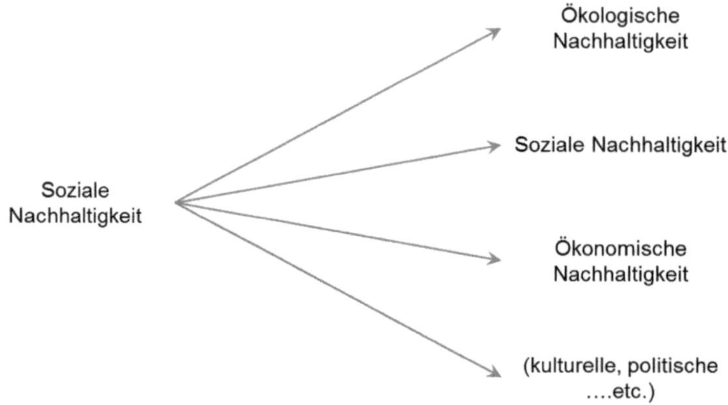

Das sorgt für begriffliche Irritationen in der Diskussion um Nachhaltigkeit. Diese resultiert nicht allein aus dem Vergleich eines breit etablierten Verständnisses mit der Neubestimmung durch Opielka. Denn in seinem Konzept „Soziale Nachhaltigkeit" werden tatsächlich ebenfalls beide Verständnisse verwendet, ohne sie aber entsprechend zu markieren und explizit in ein definiertes Verhältnis zu setzen.

So motiviert Opielka (2017, S. 7) seine Arbeit am Konzept Sozialer Nachhaltigkeit zu Beginn damit, dass „der Ausschluss der Sozialpolitik aus dem Nachhaltigkeitsdiskurs und aus den Überlegungen zu einer Postwachstumsgesellschaft ein Ende haben muss". Das ist zweifellos ein wichtiges Anliegen und bezieht sich hier offensichtlich auf den engeren Begriff von ‚sozial'. Das heißt, im Rahmen des breiteren Nachhaltigkeitsdiskurses müssen *auch* sozialpolitische Fragen Berücksichtigung finden.

Zugleich wird aber ein umfassenderer Anspruch formuliert, der den Begriff des Sozialen in „Soziale Nachhaltigkeit" neu bestimmt und vor allem ausweitet. Das wird sehr deutlich artikuliert, wenn Opielka (ebd., S. 9) schreibt, „dass das Soziale in diesem Begriff die Gesellschaft insgesamt meint". An anderer Stelle heißt es auch (ebd., S. 12): „Nachhaltigkeit wird damit zu einem mehrdimensionalen gesellschaftlichen Projekt, zur Sozialen Nachhaltigkeit."

Beide Anliegen, die Einbindung von Sozialpolitik wie auch die sozialwissenschaftliche Bestimmung der gesamtgesellschaftlichen Relevanz von Nachhaltigkeit, sind völlig nachvollziehbar

und wichtig. Sie lassen sich allerdings nicht in ein und demselben Begriff schlüssig zusammenbinden. Oder umgekehrt formuliert: Wenn man für beide Anliegen denselben Begriff wählt, sind Missverständnisse vorprogrammiert. Auf ein solches Missverständnis sei an dieser Stelle noch hingewiesen. So heißt es (ebd., S. 8): „Die Diskurse zu Nachhaltigkeit und Sozialpolitik haben eine zentrale Gemeinsamkeit: ihren Fokus auf den Wert der Gerechtigkeit." Dieser Aussage ist einerseits zuzustimmen – wenn man die Gemeinsamkeit im Sinne einer Schnittmenge auffasst. Denn Gerechtigkeit ist für Nachhaltigkeitsanliegen wichtig und sie ist für sozialpolitische Vorhaben sogar zentral. Andererseits bildet sie deshalb nicht schon einen notwendigen Zusammenhang oder eine Klammer um Nachhaltigkeit und Sozialpolitik (die sich je für sich genommen nicht auf die Schnittmenge Gerechtigkeit reduzieren lassen).

Bisher sind zwei Begriffe von ‚sozial' unterschieden, nämlich ein engerer, der relevant für sozialpolitische Fragen ist, und ein weiter, der im Wesentlichen eine soziologische Bestimmung von Nachhaltigkeit als gesamtgesellschaftliches Anliegen meint. Ein dritter Begriff wird ebenfalls häufig in den Debatten verwendet, aber von den genannten kaum genau abgegrenzt. Gemeint ist die sozialwissenschaftliche Fassung ökologischer Probleme. Wenn sich die Soziologie mit Ökologie beschäftigt, hat sie einen anderen Begriff von Ökologie als die naturwissenschaftliche Ökologie. Sie zielt damit auf gesellschaftliche Naturverhältnisse oder in den Worten Luhmanns (1986, S. 21) auf die „Einheit der Differenz von System und Umwelt". Wenn von sozial-ökologischer Forschung die Rede ist, sind manchmal die oben genannten sozialen und ökologischen ‚Dimensionen' von Nachhaltigkeit gemeint, die in einen Zusammenhang gebracht werden sollen; manchmal ist dagegen gemeint, dass ökologische Fragen aus sozialwissenschaftlicher Perspektive betrachtet werden.

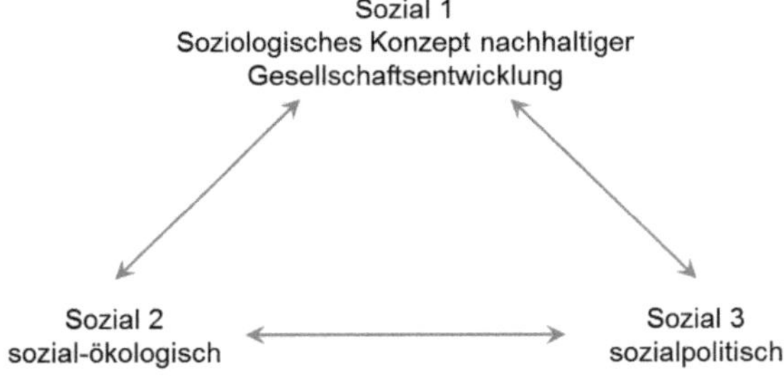

Letzteres ist der dritte hier diskutierte Begriff von sozial (in der Grafik Sozial 2), das heißt, immer wenn sozialwissenschaftlich ökologische Fragen untersucht werden, meint ökologisch

gleich sozial-ökologisch. Die Aufgabe ist folglich, so die hier vertretene Position, soziologische Zugänge zur Nachhaltigkeit zu entwerfen, die die verschiedenen Verständnisse von ‚sozial' explizieren und ins Verhältnis zueinander setzen.

9.3   Zur soziologischen Bestimmung von (sozialer) Nachhaltigkeit

Dass das Konzept Soziale Nachhaltigkeit auf „die Gesellschaft insgesamt" (s.o.) zielt, wird von Opielka zurückhaltend eingeführt, jedenfalls soll „kein soziologischer Dominanzanspruch im Nachhaltigkeitsdiskurs" (ebd., S. 9) behauptet werden. Da Nachhaltigkeit vielfältiger – inter- wie transdisziplinärer – Perspektiven und vor allem einer kooperativen Haltung bei der Bearbeitung von Nachhaltigkeitsproblemen bedarf, ist das unbedingt ein angemessenes Statement für einen Forschungsansatz. Nach den Erfahrungen der letzten drei Dekaden ist eine soziologische Dominanz in den Nachhaltigkeitsdebatten freilich realistischer Weise ohnehin nicht zu befürchten – weder hat die Soziologie die gesellschaftlichen Herausforderungen nachhaltiger Entwicklung bisher zu einem zentralen Thema erhoben[130] noch scheinen soziologische Beiträge in den Nachhaltigkeitsdebatten ausdrücklich vermisst worden zu sein. Insofern darf die eigene Position durchaus so stark als möglich gemacht werden. Und der starke Anspruch ist, ein umfassendes soziologisches Konzept von Nachhaltigkeit zu entwickeln, in dem bislang vernachlässigte soziale Aspekte zur Geltung kommen können. Was ‚umfassend' dabei bedeuten kann, berührt nicht zuletzt das Selbstverständnis der Soziologie. Womit beschäftigt sie sich, was sind ihre Gegenstände, was kann sie folglich zum Nachhaltigkeitsdiskurs beitragen?

9.3.1 Soziologische Perspektiven

Die Soziologie bietet zum einen eine Fachperspektive neben anderen Fachperspektiven, die sie nicht ersetzen kann. Sie kann zum Beispiel keine Temperaturen messen, um Aussagen über eine Erderwärmung oder -abkühlung zu treffen. Das Spezifische der soziologischen Perspektive ist allerdings, dass sie (idealiter) alle anderen gesellschaftlichen Perspektiven und Positionen in ihrer Diversität erfassen und zusammendenken können muss (Lorenz 2013). Das

---

[130] Die Betonung der Aussage liegt auf ‚zentral', denn selbstverständlich hat es von Anfang an und immer wieder Auseinandersetzungen um Nachhaltigkeit durch einige engagierte Soziolog/innen gegeben (exemplarisch Brand (Hrsg.) 1997), im Fach insgesamt wurde die Thematik aber vernachlässigt.

schließt auch die Naturwissenschaften als bestimmte Perspektiven neben anderen Perspektiven in der Gesellschaft ein. In diesem Sinne kann die Soziologie potenziell ein umfassenderes Verständnis von Nachhaltigkeit entwickeln als andere Disziplinen, weil sie (idealiter) deren Nachhaltigkeitskonzepte immer im Horizont anderer Deutungen mit reflektiert. Wenn die Klimatologie also eine Erderwärmung misst und auf daraus resultierende Nachhaltigkeitsprobleme verweist, besteht die soziologische Aufgabe zum einen darin, sich diese Erkenntnis wissenschaftssoziologisch anzueignen, und zum anderen, die Diagnose in Beziehung dazu zu setzen, was sie aus diversen anderen gesellschaftlichen Perspektiven (ökonomischen, politischen, rechtlichen, alltagsweltlichen ...) bedeutet, und so die gesellschaftlichen Umgangsweisen mit Klimawandelphänomenen zu rekonstruieren.

Dabei kann nicht verschwiegen werden, dass sich die Soziologie durchaus schwer damit tat, sich ökologischen Fragen und der Nachhaltigkeitsidee zu widmen. Als Fach hat sie sich vergleichsweise spät der ökologischen Krise zugewandt, die Herausforderungen für das Selbstverständnis des Faches eher zögerlich angenommen und kaum an eigene relativ frühe Meilensteine angeknüpft.[131] Die Herausforderungen bestehen zum einen darin, wie für andere Fächer auch, sich in inter- und transdisziplinärer Kooperationsfähigkeit zu üben. Zum anderen sind aber auch die Grundlagen des Faches selbst berührt. Statt sich nurmehr auf ‚die Gesellschaft' oder ‚das Soziale' als spezifisch eigenen Gegenstand zu fokussieren, gerade in Abgrenzung zu Naturwissenschaften, forderte die ökologische Krise nun zur Beschäftigung mit der „Einheit der Differenz von System und Umwelt" (Luhmann) auf. Die physischen Bedingungen und Grundlagen der Gesellschaft müssen nun in deren Analyse mit einbezogen werden.

Zu dem, was die Soziologie zu Nachhaltigkeitsforschungen beiträgt, gehören also einerseits Fragen von sozialpolitischer Relevanz, insbesondere Ungleichheits- und Gerechtigkeitsfragen: die ‚soziale Frage' im engeren Sinne. Daraus resultiert etwa die Frage: Wer ist in besonderer Weise von Klimawandelphänomenen beziehungsweise von den sozioökonomischen Konsequenzen klimapolitischer Maßnahmen betroffen? Entscheidend ist es aber im hier vorgetragenen Verständnis, die Soziologie nicht auf diese im engeren Sinne sozialen Fragen zu reduzieren.

---

[131] Damit sind vor allem die beiden Bücher von Beck (1986) und Luhmann (1986) gemeint. Trotz deren Prominenz und obwohl spätestens seit der Gründung einer umweltsoziologischen Sektion in der Deutschen Gesellschaft für Soziologie in den 1990ern eine kontinuierliche Bearbeitung ökologischer Fragestellungen stattfand, wurde die Thematik im Fach – anders als in anderen, vor allem englischsprachigen Ländern – nicht institutionalisiert. Daraus resultiert die eigentümliche Situation, dass es einerseits eine etablierte Umweltsoziologie gibt, diese aber wenig sichtbar bleibt.

Wenn der soziologische Zugang zu Nachhaltigkeit sich folglich nicht anhand bestimmter ‚sozialer' Themen bemessen – oder darauf beschränken – lässt, bedarf es eines offeneren Ansatzes. Diesen bietet ein formaleres, genauer ein prozedurales Verständnis (vgl. Grunwald/Kopfmüller 2006, S. 40f.). Die Soziologie untersucht demnach vor allem, wie Nachhaltigkeitsprobleme gesellschaftlich gedeutet und bearbeitet werden. Dafür bedarf es nichtsdestotrotz einiger Annahmen, was Nachhaltigkeit beziehungsweise nachhaltige Entwicklung[132] meint. Ich gehe davon aus, dass insbesondere drei Anforderungen nachhaltige Entwicklungen kennzeichnen müssen (Lorenz 2014, S. 93ff.): Erstens erfordert nachhaltige Entwicklung Umgangsweisen mit den Ungewissheiten zukünftiger Entwicklungen; zweitens werden normative Gestaltungsansprüche in dem Sinne erhoben, dass es um eine gewollte bessere Zukunft geht im Vergleich zu nicht-nachhaltigen Alternativen; drittens steht der Nachhaltigkeitsanspruch für eine integrative Perspektive. Ökologische Probleme werden nicht als ‚Umweltproblem' (und als solches naturwissenschaftlich/technisch) behandelt, sondern als sozial-ökologische im doppelten Sinne, das heißt im Zusammenhang mit gesellschaftlichen Prozessen und Deutungen (z.B. naturwissenschaftlichen) sowie mit der ‚sozialen Frage' im engeren Sinne. Angesichts ökologischer Gefährdungen soll nach Wegen gesucht werden, die Gesellschaft auf einen Entwicklungspfad zu bringen, der die natürlichen Umweltbedingungen nicht erschöpft oder zerstört, sondern deren zukünftige Regeneration mit berücksichtigt. Der integrative Anspruch besteht vor allem darin, nicht allein auf Erhaltung oder Reproduktion von ‚natürlicher Umwelt' zu achten. Vielmehr geht es um sozial-ökologische Zusammenhänge. Ökologische Fragen sollen als gesellschaftliche Anliegen verstanden werden, die der Abwägung und Vermittlung mit sozialen Fragen (v.a. Gerechtigkeit und gutes Leben) bedürfen. Das heißt, in dieser Konzeptuierung von nachhaltiger Entwicklung tauchen die im engeren Sinne sozialen Fragen als Teil des Integrationsanspruches auf, ohne ihrerseits das soziologische Verständnis von Nachhaltigkeit bereits zu erschöpfen. Nachhaltige Entwicklung ist jeweils *auch* auf soziale Aspekte (im Sinne von Gerechtigkeit/ Verteilung) zu befragen, erscheint darüber hinaus aber als ein gesamtgesellschaftliches Unterfangen, das entsprechend umfassend soziologisch zu untersuchen ist.

---

[132] Während ‚Nachhaltigkeit' ein statischer Begriff ist, der einen potenziellen Zustand beschreibt beziehungsweise auf einen solchen zielen muss, meinte die Verwendung von ‚nachhaltiger Entwicklung', dass ein solcher Zustand sowohl illusorisch ist als auch aus prinzipiellen Gründen nicht ein für alle Mal festgelegt werden kann, dass es stattdessen darum geht, Nachhaltigkeit als einen unabschließbaren Lernprozess aufzufassen. Daran sollte m.E. festgehalten werden.

Die ‚soziale Frage' (Ungleichheit und Verteilung) ist zunächst als Gerechtigkeits-, gegebenenfalls Teilhabe- oder Demokratieproblem zu bearbeiten. Diese Perspektive muss auch in die Bearbeitung von Nachhaltigkeitsproblemen Eingang finden, wie umgekehrt sozialpolitische Maßnahmen auf ökologische Verträglichkeit hin geprüft werden sollten (permanent auf Wachstum zu setzen, um genügend zu verteilen zu haben, ist insofern beispielsweise keine nachhaltige Strategie). Im Kern folgen aber Gerechtigkeits- und Verteilungsfragen einer anderen Logik als Fragen ökologischer Über/Nutzung. Geschlechtergerechtigkeit bemisst sich beispielsweise daran, inwiefern die Geschlechter Zugang zu gesellschaftlichen Möglichkeiten haben. Das Erreichen dieser Gerechtigkeit wird sicher ökologische Aspekte berücksichtigen müssen. (Wenn sie nur heißen würde, dass Frauen ebenso viel Fleisch wie Männer essen und genauso viel Auto fahren, wäre das nicht nachhaltig.) Aber sie kann nicht in Abhängigkeit davon stehen, im Sinne einer vermittelnden Abwägung zwischen sozialen und ökologischen Aspekten: Frauen dürfen so viel beteiligt werden, wie es ökologisch zuträglich ist. Deshalb sind soziale Fragen im engeren Sinne nicht unter Nachhaltigkeitsprobleme zu subsumieren. Nachhaltigkeit würde damit zum Metamaßstab für Gerechtigkeit, Demokratie, gutes Leben u.a. überdehnt. Eher scheint es heute wichtig, die Tendenz zur Subsumtion sämtlicher Gesellschaftsprobleme – wie u.a. auch in der Deklaration der SDG – unter Nachhaltigkeit sozialwissenschaftlich zu hinterfragen.

Soziologisch ergibt sich daraus die Aufgabe, (sozial-)ökologische und sozial(politisch)e Probleme nach ihren je eigenen Ursachen, Dynamiken und Konsequenzen zu spezifizieren. Hier ist die Nachhaltigkeitsdebatte oft zu schnell dabei, anhand von einzelnen Phänomenen oder Aktivitäten eine Integration zu behaupten, ohne das Zusammenspiel sozialer und ökologischer Aspekte analytisch zu erfassen. Aber nur wenn auch die Unterschiede von sozialen und ökologischen Problemen jeweils verstanden sind, lassen sich Integrationsbestrebungen begründet angehen. Diese Art von Differenzierungen sollen im Folgenden anhand eigener Studien exemplarisch veranschaulicht werden.

9.3.2 Nachhaltigkeitsperspektiven auf Lebensmittel-Tafeln

In meinen Studien zu den Lebensmitteltafeln (vgl. u.a. Lorenz 2012) bot sich eine Nachhaltigkeitsperspektive deshalb an, weil die Tafeln selbst den Anspruch erheben, zugleich gegen Le-

bensmittelüberschüsse und ‚Wegwerfgesellschaft' einerseits sowie Armut und soziale Ausgrenzung andererseits vorzugehen.[133] Während vordergründig durch die Tafelpraxis weniger Lebensmittelabfälle anfallen und zugleich soziale Unterstützung geleistet wird, zeigt die genauere Analyse freilich, dass soziale und ökologische Probleme sich in dieser Konstellation vielmehr wechselseitig verstärken. Die Problematik ist besonders augenfällig auf Seiten der Verminderung von Lebensmittelabfällen. Denn zum einen wird ‚wegwerfen' nicht verhindert, sondern nur das immer schon Weggeworfene – das, was wirtschaftlich nicht mehr nutzbar ist (siehe Präambel der Tafel-Grundsätze, www.tafel.de) – gesammelt und verteilt. Zum anderen ist genau dies die Ressource der Verteilungsaktivitäten, so dass ein permanenter Bedarf an möglichst viel Weggeworfenem besteht, um möglichst viel zu verteilen zu haben. Folglich findet sich bei den Tafeln häufig die Klage, nicht genügend Lebensmittel einsammeln zu können, aber kaum jemals ein Ausdruck der Freude darüber.

In sozialer Hinsicht ist die Lage komplexer; ein wichtiger Ausgrenzungsaspekt lässt sich wie folgt zusammenfassen: Lebensmittelüberschüsse entstehen nicht zuletzt durch reiche Auswahlmöglichkeiten im Konsum. Je mehr ausgewählt werden kann, desto mehr wird letztlich nicht gewählt oder abgewählt, bleibt übrig. Das Übrige wird von den Tafeln eingesammelt und an die verteilt, die sich nicht am Wählen beteiligen können, weil ihr Konsumstatus brüchig geworden ist. Diese Art Unterstützung entspricht einer bloßen Versorgung und bringt die Unterstützten deshalb nicht näher an einen vergleichbaren Konsumstatus, wie er von allen anderen ausgeübt wird. Ausgrenzung bedeutet analytisch betrachtet entsprechend, da, wo alle anderen wählen, nicht am Wählen beteiligt zu sein, keine Wahl zu haben, mit dem Abgewählten versorgt zu werden.

Die Tafelpraxis folgt einem falschen Versprechen, nämlich Überflussprobleme und Ausgrenzung in einem Zuge bearbeiten zu können, wenn das, was zu viel ist, einfach an die verteilt wird, die zu wenig haben. Damit wird aber implizit befördert, möglichst viele Lebensmittel wegzuwerfen, um mehr sammeln und verteilen zu können; im Handel sind zudem viele erleichtert, dass das Weggeworfene noch einem ‚guten Zweck' zukommt, das heißt, man wirft mit erleichtertem Gewissen weg. Zugleich zementiert diese Hilfepraxis soziale Ausgrenzung mehr als sie zu überwinden; sie versorgt das Problem, ohne es lösen zu können, und überblendet das mit

---

[133] Ergänzen lässt sich, dass die Tafeln auch Umwelt- und Nachhaltigkeitspreise erhielten und beispielsweise im Nachhaltigkeitsbericht des Lebensmittel-Handelskonzerns REWE, einem Hauptsponsor der Tafeln, als wichtiges Beispiel sozialen Engagements des Unternehmens dargestellt werden.

dem Lob des Freiwilligen-Engagements. Die Effekte und Anreizstrukturen stehen bei dieser Praxis im Gegensatz zu den erhofften Zielen der Verringerung von Überschüssen und Ausgrenzung.

Das Beispiel zeigt, dass soziale und ökologische Deutungen und Aktivitäten hier eine problematische Liaison eingegangen sind. Oder anders formuliert: Die bloße Verknüpfung von sozialen und ökologischen Problemen beziehungsweise Zielen kann noch nicht als nachhaltig gelten. Im Falle der Tafeln ist es vielmehr so, dass sich die sozialen und ökologischen Probleme nur adäquat lösen lassen, wenn man sie auseinander hält. Zur Überwindung von Ausgrenzung müssten – ganz unabhängig von Erwägungen zur Vermeidung von Lebensmittelüberschüssen – sozialpolitisch entsprechende grundsichernde soziale Rechte durchgesetzt werden. Statt ‚Bedürftige' auf der Basis von Wohltätigkeit, das heißt immer: in Abhängigkeitsverhältnissen von den Wohltätern und deren Kapazitäten als freiwillig Helfenden, mit überschüssigen Lebensmitteln zu versorgen, müsste ein soziokulturelles Existenzminimum verbindlich garantiert sein (z.B. durch ein Grundeinkommen, wie es auch Opielka (2017) vorsieht). Eine tatsächliche Verminderung von Lebensmittelabfällen wiederum müsste bei deren Entstehung ansetzen, das heißt in Produktion, Handel und Konsum. Die Tafeln setzen dagegen da an, wo die Lebensmittelüberschüsse immer schon entstanden sind und bereits aussortiert und weggeworfen wurden.

Die soziologische Nachhaltigkeitsanalyse zeigt also, dass nicht jede sozial-ökologische Integration eine nachhaltig gelungene ist, und mitunter muss die Empfehlung deshalb lauten, im engeren Sinne soziale und ökologische Probleme getrennt zu bearbeiten. Auf diese Weise befasst sich die soziologische Analyse zwar mit Fragen sozialer Ungleichheit und Ausgrenzung (Sozial 3). In diesem Fall zeigt sie, was Ausgrenzung für Tafelnutzende heißt und was Sozialpolitik berücksichtigen müsste, um den herausgearbeiteten Formen der Ausgrenzung zu begegnen. Aber sie bleibt nicht darauf beschränkt. Denn sie wird sich genauso den Fragen der Lebensmittelverschwendung zuwenden (Sozial 2). Die soziologische Analyse untersucht hier die Akteurskonstellationen und die Prozesse in Produktion, Handel und Konsum, die systematisch Überschüsse und Abfälle hervorbringen. Dabei sind nicht Gerechtigkeitsfragen zentral,[134] wie im Falle von Ausgrenzung, sondern die gesellschaftlichen Prozesse und Strukturen der Nutzung und gegebenenfalls Übernutzung im Feld der Ernährung. Relevante Fragen sind dabei:

---

[134] Hier bedeutet „nicht zentral", dass sie gegebenenfalls dennoch, etwa über Arbeitsbedingungen in Produktion und Handel, in solchen Untersuchungen relevant werden können.

Welche Akteure sind hier in welcher Weise beteiligt? Wie entstehen in deren Zusammenwirken Überschüsse? Welche Dynamiken treiben Über/Nutzungen an? Insbesondere für die Bestimmung dessen, was genau Übernutzung heißen soll, bedarf es auch der interdisziplinären Kooperation.[135] Schließlich gehört die Reflexion des Zusammenspiels sozialer und ökologischer Problembearbeitungen und ihrer problematischen Effekte zur soziologischen Aufgabe (Sozial1).

9.4   Fazit

Der Beitrag beschäftigte sich zentral mit begrifflichen Differenzierungen, die für soziologische Zugänge zu nachhaltiger Entwicklung bedeutsam sind, im Konzept „Soziale Nachhaltigkeit" aber noch nicht genauer expliziert sind und unter diesem Begriff, so die diskutierte Vermutung, auch kaum präzise zu fassen sein werden. Es handelte sich um die Unterscheidung dreier Begriffe von ‚sozial' und in diesem Zuge auch um die analytische Trennung sozialer und ökologischer Probleme. Bestimmt werden muss folglich ein engerer Begriff des Sozialen (Sozial 3), welcher soziale Aspekte nachhaltiger Entwicklung bezeichnet, nämlich als Teilperspektive auf insbesondere Gerechtigkeitsfragen und sozialpolitisch relevante Probleme (die ‚soziale Frage'). Darauf ist aber eine soziologische Perspektive nicht zu reduzieren. Denn sie muss zudem eine soziale Fassung der ökologischen Dimension von Nachhaltigkeit anbieten (Sozial 2) und darüber hinaus eine soziologische Konzeptualisierung von Nachhaltigkeit insgesamt (Sozial 1), also eine Perspektive, die nachhaltige Entwicklung als gesamtgesellschaftliches Anliegen begreift. Nachhaltige Entwicklung wird dabei in ihren Akteurskonstellationen, gesellschaftlichen Dynamiken und Aushandlungsprozessen über physische Reproduktionsgrundlagen der Gesellschaft untersucht.

Im letzteren Verständnis erscheinen die zuerst genannten Begriffe von ‚sozial' als Teilaspekte eines integrativen Ansatzes, der sich Fragen gesellschaftlicher Entwicklung unter besonderer Berücksichtigung ihrer ökologischen Regenerationsfähigkeit widmet. Eine solche Integration ist zwar als Forderung in den Nachhaltigkeitsdebatten verbreitet. Allerdings bedarf es dafür

---

[135] Ein anderes eigenes Forschungsbeispiel für soziologische Analysen ist das sogenannte Bienensterben. Auch hier stehen nicht sozialpolitische Fragen im Vordergrund (engerer Begriff von ‚sozial'), sondern die Analysen der Akteurskonstellationen und Perspektivenvielfalt, symbolischer Deutungen und gesellschaftlicher Dynamiken (Lorenz/Stark 2015, Lorenz 2016). Für die Versammlung transdisziplinärer Perspektiven auf die Thematik vgl. Lorenz/Stark (Hrsg. 2015).

auch der analytischen Klärung spezifisch sozialer und spezifisch (sozio-)ökologischer Problemdiagnosen. Eine Integration unter Nachhaltigkeitsgesichtspunkten, so wurde herausgestellt, ist nur sinnvoll zu leisten, wenn zuvor deren ‚Eigenlogiken' verstanden sind. Das empirische Beispiel der Tafeln veranschaulichte in diesem Sinne, dass eine Nachhaltigkeitsanalyse (Sozial 1) dazu führen kann, die Verknüpfung sozialer (Sozial 3) und (sozial-)ökologischer (Sozial 2) Problembearbeitungen gerade nicht zu empfehlen. Soziologische Aufgabe ist es, soziale (3) und ökologische (2) Herausforderungen in ihrem je eigenen Recht *und* ihren sozialen (1) Zusammenhängen umfassend zu rekonstruieren.

9.5   Literatur

Beck, Ulrich, 1986: *Risikogesellschaft. Auf dem Weg in eine andere Moderne.* Frankfurt a.M. (Suhrkamp)

Brand, Karl-Werner (Hrsg.), 1997: *Nachhaltige Entwicklung. Eine Herausforderung an die Soziologie.* Opladen: Leske + Budrich

Deutscher Bundestag, 1998: *Konzept Nachhaltigkeit – Abschlussbericht der Enquete-Kommission „Schutz des Menschen und der Umwelt" des 13. Deutschen Bundestages.* Bonn

Escobar, Arturo, 2016: *Entwicklung, Kritik der.* in: D'Alisa, Giacomo; Demaria, Federico und Kallis, Giorgos (Hrsg.): *Degrowth. Handbuch für eine neue Ära.* München: Oekom, S. 49-53

Grunwald, Armin/Kopfmüller, Jürgen, 2006: *Nachhaltigkeit.* Frankfurt a.M./New York: Campus

Lorenz, Stephan, 2012: *Tafeln im flexiblen Überfluss. Ambivalenzen sozialen und ökologischen Engagements.* Bielefeld: transcript

Lorenz, Stephan, 2013: *Soziologie im Klimawandel. Verhandlungen und Verfahrenswissenschaft gesellschaftlicher Selbstgefährdung,* in: *Soziologie* 42, 1, S. 42-61

Lorenz, Stephan, 2014: *Mehr oder weniger? Zur Soziologie ökologischer Wachstumskritik und nachhaltiger Entwicklung.* Bielefeld (Transcript)

Lorenz, Stephan, 2016: *The endangerment of bees and new developments in beekeeping: A social science perspective using the example of Germany.* in *International Journal of Environmental Studies* 73, 6, S. 988-1005

Lorenz, Stephan/Stark, Kerstin, 2015: *Saving the honeybees in Berlin? A case study of the urban beekeeping boom,* in: *Environmental Sociology* 1, 2, S. 116-126

Lorenz, Stephan/Stark, Kerstin (Hrsg.), 2015: *Menschen und Bienen. Ein nachhaltiges Miteinander in Gefahr.* München: Oekom

Luhmann, Niklas, 1986: *Ökologische Kommunikation. Kann die moderne Gesellschaft sich auf ökologische Gefährdungen einstellen?* Opladen: Westdeutscher Verlag

Opielka, Michael, 2017: *Soziale Nachhaltigkeit. Auf dem Weg zur Internalisierungsgesellschaft.* München: Oekom

10 Menschenrechte und Nachhaltigkeit

Felix Ekardt

10.1 Problemstellung, tatsächlicher Ausgangsbefund und Einordnung

Immer wieder werden im internationalen Nachhaltigkeitsdiskurs über Klimawandel, Biodiversitätsverluste und weitere Themen auch die Grund- oder Menschenrechte als normativer Maßstab für das aktuelle und etwaige künftige Völkervertragsrecht sowie ein daran anknüpfendes nationales und supranationales Recht genannt.[136] Dies ist auch naheliegend, bedrohen doch etwa erwartete Klimawandelfolgen wie eine prekär werdende Nahrungs- und Wasserversorgung, vermehrte Naturkatastrophen oder zunehmende Kriege und Bürgerkriege potenziell diverse menschenrechtliche Schutzgüter. Menschenrechte sind insoweit der Kern der normativen Ebene (die von Zielen und Zielabwägungen handelt) der Nachhaltigkeitsdebatte, und sie spielen gerade dann eine zentrale Rolle, wenn man – wie der vorliegende Band – eine stärkere Integration ökologischer und sozialer Fragen anstrebt. Dies gilt unabhängig davon, ob man jene stärkere Integration unter dem Rubrum soziale Nachhaltigkeit führt oder nicht (skeptisch dazu Ekardt 2016, wo der Nachhaltigkeitsbegriff konsequent auf das Ziel dauerhaft und global durchhaltbarer Lebens- und Wirtschaftsweisen fokussiert wird, unter Ablehnung von Säulen und unter Kritik der Integration gleichsam sämtlicher Politikthemen ohne Zeit- und Globalitätsbezug in den Nachhaltigkeitsdiskurs – ferner darauf hinweisend, dass die Fragen nach Bedingungen gesellschaftlichen Wandels, nach Strategien einschließlich eines etwaigen Postwachstums sowie nach Politikinstrumenten unstreitig stets zur Nachhaltigkeitsdebatte gehört haben). Denn jedenfalls geht es mit Menschenrechtsgarantien wie jenen auf Nahrung und Wasser eben um Klimaschutz und zugleich um originäre soziale Anliegen.

Primär ist eine nachhaltigkeitsbezogene Menschenrechtsdiskussion von Interesse, wenn die so herleitbaren rechtlichen Garantien nicht ohnehin schon allseits Beachtung finden. Und genau so ist es. Setzt man Umweltschutz mit einer ernsthaften Nachhaltigkeitsidee im Sinne

---

[136] Der Beitrag ist eine knappe Wiedergabe von Ekardt 2016, §§ 4, 5; dort finden sich (hier aus Raumgründen entfallende) umfangreiche Nachweise (dort auch zur Kritik eines Begriffs „Soziale Nachhaltigkeit", indem sowohl die Säulen der Nachhaltigkeit als nicht überzeugend als auch der Begriff „Soziale Nachhaltigkeit" als nicht tauglich zur Überschreibung humanwissenschaftlicher Fragenkreise rund um die Nachhaltigkeit befunden wird); einige weitere einschlägige Texte sind z.B. Rajamani 2010, Knox 2013, Schmidt-Radefeldt 2000, Skillington 2012, Verheyen 2005, Calliess 2001, Koch 2000, Unnerstall 1999.

dauerhaft durchhaltbarer, ggf. auch global nachahmbarer Lebens- und Wirtschaftsweisen gleich, ist Deutschland jedoch keinesfalls ein Umweltvorreiter, sei es beim Klimaschutz, bei der Biodiversität, bei Ressourcenthemen oder ganz generell bei der Größe des ökologischen Fußabdrucks pro Kopf. Die Treibhausgasemissionen in Deutschland pro Kopf verharren z.B. bei einem Vielfachen des dauerhaft und global Durchhaltbaren, und auch die (zudem nur relativen) Reduktionen seit 1990 beruhen großenteils auf Rechentricks wie z.B. der Verlagerung der Produktion und damit der Emissionen der in Deutschland konsumierten Güter in andere Länder.

Diesen Befunden setzen die Menschenrechte, wie man im Folgenden sehen wird, einen normativen Maßstab entgegen, ohne den die Transformation – wie sie im vorliegenden Band unter dem Rubrum soziale Nachhaltigkeit verhandelt wird – nicht wüsste, was ihr Ziel wäre. Ohne Ziel wüsste man auch nicht, an welchem Maßstab Strategien (z.B. technische oder auch Suffizienz- und Postwachstums-Strategien) und Maßnahmen (z.B. Abgaben, Ordnungsrecht, individuelles Handeln, Nudging oder unternehmerische Selbstregulierung) zu messen sind.

Die nachstehenden Analysen zu Menschenrechten als Kern einer nachhaltigkeitsbezogenen – sozial-ökologischen – Normativität basieren erkenntnistheoretisch auf den (nicht deckungsgleichen!) Scheidungen Sein versus Sollen, objektiv versus subjektiv (diese Scheidung kann sowohl für Fakten als auch für Normen getroffen werden!) und Genese versus Geltung. Weder aus naturwissenschaftlichen Fakten noch aus subjektiv von irgendjemandem geteilten Werten noch aus der historischen Genese der Menschenrechte – so interessant all diese Themen auch sind – ergibt sich für die Herleitung des Folgenden unmittelbar etwas. Es wird also insbesondere keine moralsoziologische oder wissenssoziologische Analyse verfolgt, sondern rechtlich argumentiert, wobei die gleiche Argumentation im Kern auch ethisch möglich erscheint (näher zu alledem Ekardt 2016).

10.2 Tatbestand nachhaltigkeitsbezogener Menschenrechte

10.2.1 Schutzbereich der Rechte auf (Zugang zu) Leben, Gesundheit, Nahrung, Wasser, Existenzminimum u.a.m. einschließlich deren Rolle als Freiheitsvoraussetzungen

Zunächst sind die einschlägigen Menschenrechtsgarantien zu benennen. Der Klimawandel kann dabei exemplarisch für andere Umweltprobleme stehen. Es liegt gerade beim Klima-problem auf der Hand, dass mögliche Klimawandelfolgen wie eine in Teilen der Welt prekär(er) werdende Nahrungs- und Wasserversorgung, eine Zunahme von Naturkatastrophen, vermehrte Kriege und Bürgerkriege sowie die Notwendigkeit zur Migration aufgrund solcher Umstände diverse menschenrechtliche Schutzgüter berühren, die national, supra- und international garantiert sind. Besonders offenkundig ist dies für die Rechte auf Leben und Gesundheit sowie Existenzminimum/ Nahrung/ Wasser, wie sie etwa in Art. 2 Abs. 2 GG (Grundgesetz) und Art. 11 IPwskR (Internationaler Pakt über wirtschaftliche, soziale und kulturelle Rechte) garantiert sind. Da diese Belange zugleich als elementare Freiheitsvoraussetzungen wirken (und zudem die befürchteten Klimawandelfolgen in erheblichem Maße Eigentum vernichten können), kann strenggenommen sogar eine Relevanz des Klima-wandels für nahezu alle Menschenrechte konstatiert werden. Dies schließt auch besondere Schutzgarantien für Gruppen wie Frauen, Kinder oder Behinderte z.B. aus Frauenrechtskonvention, Kinderrechtskonvention und Behindertenrechtskonvention ein. Da die genannten Rechtsgarantien einschlägig sind, muss an dieser Stelle nicht die durch Vagheiten gekennzeichnete, nie befriedigend beendete Diskussion um ein explizites Recht auf eine gesunde oder angemessene Umwelt wieder aufgenommen werden.

Im internationalen Rechtsdiskurs wird folgerichtig immer wieder genau jene umfassende Menschenrechtsrelevanz des Klimawandels konstatiert. Aufgegriffen wird das Problem diskursiv auch in den Gremien der verschiedenen internationalen Menschenrechtskonventionen, nicht nur in den Klimaverhandlungen. Dies ist allerdings nicht gleichbedeutend damit, dass unmittelbar praktische Folgerungen daraus gezogen würden. Vielmehr wird im Völkerrechtsdiskurs die Aussage, die Menschenrechte seien durch den Klimawandel betroffen, regelmäßig in eigenartiger Weise mit der Vermeidung einer Rede von menschenrechtlich gebotenen Emissionsreduktionspflichten kombiniert. Dies ist in dem durch einen Kontrast von weitreichender

Symbolik bei gleichzeitiger ebenso weitreichender machtpolitischer Rücksichtnahme geprägten Völkerrecht zwar wenig überraschend, doch rechtlich konsistent ist dies nicht. Wenn man (zutreffend) annimmt, dass Menschenrechtsgarantien durch den – anthropogenen – Klimawandel beeinträchtigt werden, entsteht – vorbehaltlich einiger weiterer Prüfungsstufen im Folgenden – auch eine Handlungspflicht.

In Deutschland ist der Rechtsdiskurs über umweltbezogene Menschenrechte, gerade im Klimaschutz, im Ergebnis genauso defensiv, wobei trotz der geschilderten Offensichtlichkeit nicht einmal die Relevanz des Klimawandels für die Menschenrechte sonderliche Beachtung findet. Hierzulande geht allgemein die Rechtsprechung der Verfassungs- und Verwaltungsgerichte mit der Anerkennung umweltgrundrechtlicher Rechtspositionen ziemlich zurückhaltend um. Vermieden wird, anstelle des Redens von bloßen Schutz*pflichten*, bereits der Begriff Schutz*rechte*, der überhaupt erst deutlich machen würde, dass es sich bei umweltbezogenen Menschenrechten um subjektive Rechte handelt (mögen sie auch Abwägungen mit gegenläufigen Rechtspositionen im Rahmen ihrer Schrankenprüfung unterliegen). Grundlage ist die Vorstellung, Schutzrechte gäben nur ein Ziel vor, aber kein genaues Ausmaß des Schutzes, und man habe nur zu prüfen, ob die getroffenen Schutzmaßnahmen evident unzureichend seien, was dann jedoch stets verneint wird, da irgendwelche gesetzgeberischen Bemühungen in Deutschland in jedem Sachgebiet anzutreffen sind und dies dann jeweils als per se „nicht evident unzureichend" qualifiziert wird. Als weitere für Deutschland zuständige (nicht nationale) Verfassungsgerichte halten sich zwar auch Europäischen Gerichtshof (der EU) und Europäischem Gerichtshof für Menschenrechte (der europäischen Völker-rechtsgemeinschaft) zum Thema umweltbezogene Menschenrechte bislang eher zurück, sie artikulieren dies indes nicht so kategorisch wie das BVerfG (Bundesverfassungsgericht). In Deutschland wird der verfassungsrechtliche Umweltschutz selten als durch Grund- bzw. Menschenrechte garantiert thematisiert, sondern eher der Rubrik „Staatsziele" zugeordnet, also bezogen auf Art. 20a GG oder im europäischen Recht Art. 191 AEUV (Vertrag über die Arbeitsweise der Europäischen Union). Die Problematik dessen wird hier nicht vertieft. Der Fokus auf die umweltbezogenen Menschenrechte erscheint umso zwingender, als ein menschenrechtlicher Umweltschutz bereits unabhängig von Einzelgarantien für Leben, Gesundheit, Nahrung, Wasser usw. rechtsinterpretativ einleuchtend ist. Denn der in den Grund-rechten enthaltene Freiheitsbegriff, der im Umweltkontext traditionell vor allem die wirtschaftliche Freiheit der hier und heute Lebenden, also die Umweltnutzung, in den Blick nimmt, verdient ergänzend die Interpretation, dass sie auch die elementaren physischen Freiheitsvoraussetzungen einschließen – also einen Anspruch nicht nur auf Sozialhilfe, wie ihn in Deutschland das BVerfG inzwischen eindeutig anerkennt, sondern auch auf ein Vorhandensein einer einigermaßen stabilen Ressourcenbasis und eines entsprechenden Global-klimas. Denn ohne ein solches Existenzminimum und ohne Leben und Gesundheit dürfte Freiheit nicht sinnvoll denkbar sein (ein menschenrechtlicher Anspruch auf Einführung eines Grundeinkommens, wie ihn Opielka in seiner Studie andeutet[137], ergibt sich daraus freilich nicht, denn selbst der klassische Anspruch auf das Existenzminimum kann auf ganz unterschiedliche Weise garantiert werden). Ein umweltbezogener Menschenrechts-schutz folgt damit schon aus den klassischen bürgerlichen und politischen Freiheitsrechten respektive, soweit ausdrücklich normiert, des allgemeinen Freiheitsrechts.

10.2.2 Global-grenzüberschreitende sowie intertemporale Menschenrechtsgeltung und das Problem der Exterritorialität

Viele Umweltbeeinträchtigungen entstehen freilich über lange Zeiträume hinweg und häufig auch über Staatsgrenzen hinweg. Das gilt gerade für Ressourcenknappheitsfragen und den globalen Klimawandel. Damit entsteht die Frage, ob Menschenrechte, soweit es von der Be-drohungslage her in Betracht kommt und keine besonderen Gründe für eine Beschränkung dessen bestehen, auch intertemporal über lange Zeiträume hinweg (bis hin zu künftigen Men-schen) sowie grenzüberschreitend und letztlich global Geltung beanspruchen oder nicht.

In aktuellen völkerrechtlichen Abhandlungen wird diese Frage bezogen auf den Klimawandel nicht weiter erörtert, sondern einfach angenommen, dass die Menschenrechte auch insoweit Geltung beanspruchen (oder es wird schlicht nicht differenziert danach, ob es um An-sprüche der eigenen Bürger oder von Bürgern anderer Staaten – oder zukünftigen Generationen – geht). Allein der Hinweis auf die Universalität der Menschenrechte macht eine solche intertem-porale und grenzüberschreitende Menschenrechtsgeltung indes noch nicht zwingend plausi-bel. In der Tradition seit der Aufklärung hat die intertemporale Menschenrechtsgeltung viel-mehr keine Rolle gespielt; zu einem Diskurs kam es wohl allein schon deswegen nicht, weil man sich generationenübergreifende Freiheitsprobleme wie den Klimawandel schlicht nicht vorstellen konnte. Trotz aller Universalitätsbekenntnisse ist in der aufklärerischen Tradition (mit einer nur partiellen Ausnahme bei Kant ohne expliziten Menschenrechtsbezug) auch stets

---

[137] Opielka 2017.

vorausgesetzt worden, dass die Freiheitsgarantien zwar innerhalb aller Staaten gelten, dass aber über Staatsgrenzen hinweg keine besonderen normativen Vor-gaben bestehen. In dieser Tradition steht es, dass die Frage in Deutschland in aller Regel gar nicht erst erörtert wird. Eine Ausnahme bilden lediglich einzelne Fallkonstellationen, in denen ein grenzüberschreitender Menschenrechtsbezug manifest ist, etwa bei Hoheitsakten, an denen explizit mehrere Staaten beteiligt sind, z.B. im Falle von Auslieferungsersuchen. Zwar können Normen wie Art. 2 Abs. 1 IPbürgR (Internationaler Pakt über bürgerliche und politische Rechte), 1 EMRK (Europäische Menschenrechtskonvention) den Eindruck, dass Menschenrechte nur im Rahmen der Hoheits-gewalt des jeweiligen Staates gelten, scheinbar bekräftigen. Doch beantwortet dies die aufge-worfene Frage nicht, denn es ist eben gerade klärungsbedürftig, was mit Hoheitsgewalt ge-meint ist, ob also beispielsweise die von einem Staat hingenommenen oder sogar explizit er-laubten Treibhausgasemissionen einschließlich ihrer Folgen in anderen Ländern und zu ande-ren Zeiten hierunter fallen. Diesbezüglich spricht viel dafür, der menschenrechtlichen Freiheit und dem dargelegten elementaren Freiheitsvoraussetzungsschutz im Wege der Rechtsinter-pretation des allen Grundrechten immanenten Begriffs der Freiheit eben gerade doch eine in-tertemporale und globale Dimension zu entnehmen. Denn (neben ausführlicheren Argumen-ten, die den philosophischen Unterbau der Menschenrechte mit in Betracht ziehen und daher vorliegend zu weit führen) in ihrem Lebenszeitpunkt sind auch künftige Menschen natürlich Menschen – und schon heute sind dies junge Menschen sowie die Menschen in anderen Län-dern – und damit Träger der Menschenrechte. Und das Recht auf gleiche Freiheit muss genau in der Richtung gelten, aus der ihm die Gefahren drohen – und sie drohen in einer technisierten, globalisierten Welt zunehmend über Zeitgrenzen und über Staatsgrenzen hinweg. Eine solche Begründung erscheint präziser als der gelegentlich zu lesende Hinweis auf eine völkerrechtli-che Pflicht der Staaten untereinander zur Kooperation; denn selbst wenn diese bestehen mag, so würde sie als solche noch keine intertemporale und transnationale Menschenrechtsgeltung erzwingen.

10.2.3 Multipolarität der Menschenrechte

Allerdings können Menschenrechte in aller Regel und gerade beim Klimawandel nur dann öko-logisch relevant werden, wenn man annimmt, dass zu den Menschenrechten nicht nur ein Ver-bot (ungerechtfertigter) Eingriffe, sondern auch ein Anspruch auf Schutz durch die öffentliche Gewalt gehört. Im jüngeren Völkerrechtsdiskurs wird dies, sofern der Punkt überhaupt explizit

angesprochen wird, beim Klimaschutz meist umstandslos bejaht, wogegen das Problem in Deutschland traditionell stark diskutiert und wie angeklungen eher im Sinne einer nur restriktiv anerkannten Schutzdimension der Menschenrechte aufgelöst wird. Im völkerrechtlichen Diskurs wird die Thematik dabei nicht klar von der Frage der global-grenzüberschreitenden Geltung sowie von der Beantwortung der Frage geschieden, ob von der Rechtsfolge her beim Klimawandel einfach Ansprüche gegen Treibhausgasemissionen oder gerade auch Schutz gegen die Konsequenzen eines nicht erfolgreichen Klimawandels (Adaptation) in Rede stehen. Dies sind jedoch zu trennende Fragen; die Frage nach den Rechtsfolgen wird in der vorliegenden Analyse im letzten Abschnitt behandelt. Zu konstatieren ist auch, dass es eine Diskussion über die Multipolarität im Völkerrecht in anderen Kontexten als dem Klimawandel durchaus gibt.

Der erwähnte Rechtsgedanke „Freiheits(voraussetzungs)schutz dort, wo die Gefahr droht" legt es entgegen der deutschen Tradition nahe, dass die Menschenrechte auch einen Anspruch auf (staatlichen) Schutz vor den Mitbürgern einschließen müssen (und dies nicht nur in Ausnahmefällen), also einen Schutz beispielsweise gegen für meine Freiheit und ihre Voraussetzungen bedrohliche Umweltzerstörungen wie den Klimawandel *durch die öffentliche Gewalt gegen die Mitbürger* (deren – staatlich geduldete oder genehmigte – Handlungen in der Regel die Quelle einer Umweltinanspruchnahme sind). „Schutz" im Sinne dieser gesamten Argumentation kann dabei auch darin bestehen, dass dem Einzelnen eine Leistung, etwa eine Geldleistung zur Sicherung eines Existenzminimums, zugewandt wird. Ein solcher Grundrechtsschutz vor der öffentlichen Gewalt, aber zugleich auch durch die öffentliche Gewalt gegen Private würde die traditionelle eher objektiv-rechtliche Einordnung der grundrechtlichen Schutzseite (Schutz"pflichten") und die traditionelle Ungleichgewichtung von Abwehr- und Schutzseite der Grundrechte – also die Beschränkung der Schutzseite auf Evidenzfälle – aufheben.

Für andernorts näher begründete volle gleichrangige Schutzrechte streiten neben dem für alle Rechtsebenen gleichermaßen gültigen Argument aus der „Freiheit dort, wo die Gefahr droht" auch die Gleichrangigkeit von Achtung und Schutz der Menschenwürde in Normen wie Art. 1 Abs. 1 GG, 1 EuGRC – EU-Grundrechtecharta, die sich auf die einzelnen Grundrechte überträgt, weil die Würde (vgl. „darum" in Art. 1 Abs. 2 GG, aber auch die Materialien zur EuGRC) die Grundlage der einzelnen Grundrechte ist. Anzuführen ist auch der Gleichlauf von Freiheit und Rechten anderer in Normen wie Art. 2 Abs. 1 GG und Art. 52 EuGRC. Im Völkerrecht kann man parallel dazu das Argument anführen, dass die Normtexte von vornherein gar nicht klar zwischen einer Abwehr- und einer Schutzdimension der Menschenrechte unterscheiden und damit scheinbar die Existenz beider Dimensionen zugrunde legen. Als Argument ist zuletzt die seit langem bezweifelte Unterscheidbarkeit der menschenrechtlichen Abwehr- und Schutzfunktion anzuführen, wie sie die deutsche (in dieser Eindeutigkeit allerdings wohl nur die deutsche) Judikatur meist verwendet. Speziell die Abgrenzung von *Abwehrrechten gegen mittelbare Eingriffe* – welche wie die Schutzrechte demjenigen gelten, der letztlich Schutz vor den Mitbürgern durch den Staat sucht – und *Schutzrechten* zueinander erscheint als kaum sinnvoll klärbar.

Das Gesagte gilt, auch wenn (im Interesse eines gewaltenteilig-demokratischen Institutionensystems, welches gerade ein wirksamer Schutz der menschenrechtlichen Freiheit ist) menschenrechtlicher „Schutz" nicht als Direktwirkung der Grundrechte zwischen den Bürgern, sondern als Schutzanspruch gegen den Staat zu lesen ist (vgl. explizit Art. 1 Abs. 3 GG, 51 EuGRC, letztlich aber auch vorausgesetzt in Normen wie Art. 2 Abs. 1 IPbürgR). Und am Gesagten ändert jedenfalls die Praxis der deutschen Verwaltungsgerichte nichts, eine (auch Menschen-)Rechtsbetroffenheit tendenziell dann nicht anzunehmen, wenn eine „Allgemeinheit" betroffen ist, wie dies gerade beim Klimawandel naturgemäß der Fall ist. Denn ob ein Recht beeinträchtigt ist, hängt nicht von Eingriffen bei anderen ab. Und Schutzrechte schützen auch niemanden vor sich selbst und erzwingen keine bestimmte Form des guten Lebens, welches in der liberalen Demokratie die öffentliche Gewalt in der Tat nichts angeht.

Wenig überzeugend erscheint ferner der für die deutsche Diskussion typische weitere Einwand, die Schutzfunktion der Menschenrechte könne doch nur eine objektivrechtliche Funktion ohne Einklagbarkeit und ohne echte Gleichrangigkeit sein, weil sie eben der vom deutschen BVerfG entwickelten Lehre von den Grund- bzw. Menschenrechten als (auch) objektiver Wertordnung entspränge. Doch erstens widerlegt der Einwand keines der eben gegebenen Argumente. Und zweitens ist die Wertordnungslehre des BVerfG in ihrem Inhalt und ihrer Begründung weitgehend unklar – womit sie auch kein (anderes) Schutz-Verständnis begründen kann. Gründe für die Wertordnungslehre – jenseits eines recht vagen Hinweises auf eine „Gesamtschau" grundrechtlicher und staatszielhafter Verfassungsnormen – hat das BVerfG nie genannt. Menschenrechte als „nur objektive Ordnung" und deren zweifelhafter Einklagbarkeit, wie es dem Begriff bloßer Schutz"pflichten" in Umweltkonstellationen entspräche, widersprechen außerdem dem individualistischen Charakter der Grundrechte.

Relevanter erscheint auf nationaler, supranationaler und internationaler Ebene gleichermaßen der Einwand, gleichrangige Schutzrechte würden die demokratischen Parlamente entmachten und die Gewaltenteilung stören, denn sie würden zu komplexeren Abwägungen führen, die dann die zuständigen nationalen oder transnationalen Verfassungsgerichte an sich reißen würden, denn die mit der Anerkennung multipolarer Menschenrechtskonstellationen zwangsläufig verbundenen Abwägungen seien relativ beliebig; es werde außerdem verkannt, dass die Politik in „Schutzfällen" zwangsläufig viel größere Spielräume haben müsse als in „Abwehrfällen". Dies überzeugt indes aus mehreren Gründen nicht:

Parlamente in einer liberal-demokratischen Verfassung haben in aller Regel (selbst im Falle von Extrembeispielen wie Großbritannien) nicht beliebige Spielräume. Eine gewaltenteilige, durch Prinzipien eingehegte Demokratie verspricht ein Mehr an Freiheit (gerade in intertemporaler und globaler Hinsicht, da jene „fernen" Personenkreise nicht demokratisch repräsentiert sind). Ferner sind Abwägungen im Recht immer unausweichlich. Hinter dem Konflikt zwischen Umweltschutz und gegenläufigen Belangen steht das Grundphänomen des Rechts: dass es eben um einen gerechten Ausgleich kollidierender Belange geht, einerlei ob es um Rechtsetzung oder Rechtsanwendung geht, und einerlei ob es im Falle der Rechtsanwendung um eine Norminterpretation oder um eine explizit als „Abwägung" erkennbare Ermessensprüfung, Verhältnismäßigkeitsprüfung oder planerische Abwägung geht. Denn letztlich muss jedwede Rechtsetzung und Rechtsanwendung den kollidierenden Belangen (egal ob menschenrechtlich basiert oder nicht) gerecht zu werden versuchen. Selbst wer einen Belang absolut setzt, setzt damit implizit abwägend andere Belange zurück. Für die Verwaltung, wo der Gesetzgeber diese Abwägung zu einem erheblichen Teil bereits vorgenommen hat, beschränkt sich die Abwägung – meist ohne juristisch so bezeichnet zu werden – dagegen auf das (nie frei von – oft erheblichen – Spielräumen geschehende) Interpretieren des Tatbestands der Normen, die der Gesetzgeber als Ausdruck seiner Abwägung geschaffen hat, sowie auf das Ausfüllen explizit so bezeichneter Ermessens- oder planerischer Abwägungsspielräume.

Bei der Abwägung kollidierender Belange wie z.B. den Menschenrechtsgarantien auf Umweltnutzung einerseits und den Menschenrechtsgarantien auf mehr Umweltschutz andererseits hat das jeweilige Parlament in der Tat gemäß dem Demokratie- und Gewaltenteilungsgedanken eine gewisse, wenngleich keine absolute Prärogative gegenüber der Justiz. Soweit in diesen Abwägungen nämlich aus den kollidierenden Belangen unterschiedliche Abwägungsergebnisse herleitbar sind (oder verschiedene Tatsachenbefunde oder verschiedene Norminterpretationen vertretbar sind), ist die demokratisch besser legitimierte Institution am Zug, weil dies die freiheitsfreundlichere Regelung sein dürfte. Schutzfälle sind insoweit aber nicht anders strukturiert als Abwehrfälle: Dass ein Verfassungsgericht ein Parlament fast nie auf eine einzelne Option einengen darf, aber anzugeben befugt ist, welche Handlungen jedenfalls unzulässig sind („so jedenfalls nicht"), ist gerade für beide Fallkategorien gleichermaßen einleuchtend. Wenn man die Grundrechte multipolar liest, gibt es für Abwehr- und für Schutzrechte gleichermaßen Abwägungs- bzw. Verhältnismäßigkeitsregeln (dazu sogleich). Damit wird die verfassungsgerichtliche Macht (ob nun auf nationaler oder transnationaler Ebene) gerade nicht erweitert, sondern kann bei Weiterentwicklung bisher anerkannter Regeln sogar präziser eingehegt werden.

Da diese Debatte wie gesehen nicht auf die nationalstaatliche Diskussion beschränkt sind, antworten die genannten Argumente zugleich auf Vorbehalte gegen die Multipolarität im völkerrechtlichen Diskurs, die jenseits eines konkreten Bezugs zum Klimawandel existieren. Jene völkerrechtlichen Vorbehalte gehen teils noch über die schon berichteten Vorbehalte hinaus. Dabei geht es häufig um Rechte, die für den Klimaschutz sehr relevant sind, etwa das Recht auf Nahrung und Wasser in Art. 11 IPwskR. Solchen Rechten liege, so die Kritik an einer vollen Anerkennung solcher Schutz- oder Leistungsrechte, zugrunde, dass sie an die Ressourcenverfügbarkeit eines Staates anknüpfen und auf je nach Staat wechselnde Bedingungen träfen. Außerdem zielten sie, so heißt es weiter, auf die schrittweise Erreichung der im IPwskR angestrebten Standards ab. Denn nach Art. 2 Abs. 1 IPwskR verpflichtet sich jeder Staat, „einzeln und durch internationale Hilfe und Zusammenarbeit, insbesondere wirtschaftlicher und technischer Art, unter Ausschöpfung aller seiner Möglichkeiten Maßnahmen zu treffen, um nach und nach mit allen geeigneten Mitteln, vor allem durch gesetzgeberische Maßnahmen, die volle Verwirklichung der in diesem Pakt anerkannten Rechte zu erreichen". Aus dieser Formulierung folge eben keine konkrete, sondern nur eine inhaltlich unbestimmte, zudem von der finanziellen Situation abhängige Verpflichtung der Staaten zu einem konkreten Handeln; es lägen eher politische Programmsätze vor, die dem demokratischen Gestaltungsspielraum unterlägen.

Doch überzeugt jene Kritik einer menschenrechtlichen Schutz- oder Leistungsdimension als vollwertige menschenrechtliche Garantie nicht. Klassisch-liberale Freiheitsrechte sind gerade

nicht „bestimmter" als soziale Rechte und erst recht nicht „absolut" im Sinne von abwägungs-resistent, wie soeben dargestellt wurde. Deshalb enthalten Verfassungen und Menschen-rechtskataloge auch bei klassisch-liberalen Freiheitsrechten stets einen Hinweis auf die Ein-schränkbarkeit dieser Rechte, explizit oder implizit (siehe etwa Art. 52 EuGRC). Auch ist der elementare Freiheitsvoraussetzungsschutz weder generell unbestimmt noch dadurch unbe-stimmt, dass die Erfüllungsmöglichkeiten viel vielfältiger seien als bei klassischen Freiheits-garantien. Denn wie soeben gesehen, gilt das Prinzip der gewaltenteiligen Rahmenkontrolle der Menschenrechtseinhaltung durch Gerichte für Abwehrkonstellationen nicht anders als für Schutzkonstellationen. Und auch die Durchsetzungsschwierigkeiten im internationalen Men-schenrechtsschutz, die man zuletzt vielleicht noch gegen Rechte wie jenes auf Nahrung anzu-führen versuchen könnte, sind kein exklusives Problem von Schutz- und Leistungsrechten.

10.3 Rechtfertigungs-/Schranken-/Abwägungsebene des umweltbezogenen Menschenrechtsschutzes und sein Verhältnis zu umweltbezogenen Völkerrechtsprinzipien

10.3.1 Gewaltenbalance, Abwägungsregeln und demokratischer Gestaltungsspielraum: Wieviel Klimaschutz und wieviel Ressourcenschonung sind geboten?

Der im letzten Abschnitt hergeleitete (multipolare, intertemporale und grenzüberschreitende) umweltbezogene Menschenrechtsschutz gilt, wie bereits erwähnt, nicht schrankenlos, so wie dies auch sonst von Menschenrechtsgarantien grundsätzlich gesagt werden kann. Dies ergibt sich neben bereits angesprochenen grundsätzlichen Abwägungsnotwendigkeiten bereits dar-aus, dass der Umwelt- und konkret der Klimaschutz selbst wieder in Freiheitsgarantien der Bürgerinnen und Bürger eingreift und damit menschenrechtlich begrenzt ist. Im Kontext des Klimawandels wird diese Rechtfertigungs-, Schranken- oder Abwägungsebene der umweltbe-zogenen Menschenrechte bisher kaum diskutiert bzw. die Diskussion auf den Punkt kon-zentriert, wie weit der Menschenrechtsschutz im Lichte von Kausalitäts- und Prognoseunsi-cherheiten über den Klimawandel reicht. Letzterer Punkt handelt indes allein von der Ermitt-lung der Faktenlage und wird in folgenden Abschnitt separat erörtert.

Wie genau ist also der menschenrechtliche Umweltschutz mit den Grundrechten von Unternehmen und Konsumenten in Einklang zu bringen auf den verschiedenen Rechtsebenen, und welche demokratisch-gewaltenteiligen Spielräume bleiben der Politik – wieviel Klimaschutz beispielsweise also ist letztlich konkret geboten? Abwägungen sind wie gesehen im Umweltschutz (und nicht nur dort) im Grundsatz unausweichlich. Indem die Politik die Industriegesellschaft zulässt, Industrieanlagen genehmigt, den Autoverkehr zulässt usw., kommt es statistisch mehr oder minder zwangsläufig zu Kollateralschäden, also Beeinträchtigungen des Rechts auf Leben und Gesundheit, aufgrund der freigesetzten Luftschadstoffe usw. Dies geschieht in Abwägung mit der menschenrechtlichen Freiheit der Konsumierenden und der Unternehmen. Es gibt gerade keine allgemeine Formel „Neminem laedere" – nahezu alles im Leben ist für irgendjemanden auch unvorteilhaft. Nicht umsonst sind Menschenrechte unstreitig einschränkbar. Wichtig sind die formellen Anforderungen, z.B. in Gestalt von Zuständigkeitsverteilungen, aber gerade auch die inhaltlichen Abwägungsregeln, die gängigerweise unter dem (wegen seines bipolaren und nicht multipolaren Anklangs freilich suboptimalen) Begriff Verhältnismäßigkeit bekannt sind. Sie geben die Spielräume an und führen zur Antwort auf die Frage, ob menschenrechtlich z.B. ein Mehr in puncto Umweltschutz eingefordert werden kann. Damit einerseits der Menschenrechtsschutz nicht leerläuft, andererseits aber auch Gerichte nicht nach Belieben in demokratische Entscheidungen intervenieren und selbst Politik machen können, sondern eben nur so viel Menschenrechtsschutz einfordern können, wie die durch die formellen Regeln und Abwägungsregeln gezogenen Grenzen verlangen, muss die Schrankensystematik detailliert entwickelt werden. Dies kann nicht ersetzt werden dadurch, dass Menschenrechte unter pauschale Vorbehalte wie Zumutbarkeit oder Vermeidung übermäßiger Kosten gestellt werden, wie im Kontext des Klimawandels zuweilen zu lesen ist.

Welche formellen Schranken und inhaltlichen Abwägungsregeln im Einzelnen gelten – und eben gerade einen erheblichen Entscheidungsspielraum zurücklassen –, lässt sich im Kern bereits aus den Menschenrechten selbst ableiten, und zwar für „Abwehr" und „Schutz" gleichermaßen (wobei die Rechtspraxis in sehr unterschiedlichem Ausmaß darauf Bezug nimmt). Diese menschenrechtliche Ableitbarkeit zeigt sich zunächst für die Grundregel von Abwägungen, die in der gewohnten Begrifflichkeit der Abwägung als Verhältnismäßigkeitsprüfung meist unter der Überschrift „legitimer Zweck" thematisiert wird: dass das Abwägungsmaterial vollständig sein muss und keine unzulässigen Belange (wie z.B. regelmäßig einen Schutz gegen sich selbst) enthalten darf. Wenn die andernorts näher begründete Vermutung zutrifft, dass

die Selbstbestimmung respektive die neu interpretierte Freiheit – und alles, was daraus folgt an grundrechtlichen elementaren Freiheitsvoraussetzungen sowie weiteren objektiv-rechtlichen für die menschenrechtliche Freiheit förderliche Bedingungen (z.B. der Schutz der Biodiversität) – der einzige mögliche Regelungsgegenstand staatlichen Handelns ist, kann man auch relativ leicht als Abwägungsregel angeben, welches das (allein) zulässige Material verfassungsrechtlicher Abwägungen ist. Angesichts der begrenzten Reichweite der repräsentativen Demokratie in Zeiten komplexer und zahlreicher politischer Entscheidungen implizieren die umweltbezogenen Menschenrechte auch Verfahrensgarantien, insbesondere ein Recht auf angemessene Partizipation an administrativen und mittelbar – etwa unter Einsatz des Internets – auch an legislativen Entscheidungen.

Eine weitere Abwägungsregel ist das Verursacherprinzip respektive das Junktim von Freiheit und Handlungsfolgenverantwortlichkeit, das wiederum aus dem menschenrechtlichen Freiheit selbst hergeleitet werden kann: Denn Freiheit muss ein Einstehenmüssen für vorhersehbare Folgen des eigenen Tuns einschließen. Die negativen Folgen einer für den Handelnden ansonsten positiven Handlung (z.B. der billigen freien Fortbewegung heute) müssen zumindest grundsätzlich also den Handelnden treffen, und sei es nur im Wege der Kostenanlastung für ökologische Schäden. Daran fehlt es bisher in weiten Teilen des Umweltschutzes und auch des Klimaschutzes. Diese Verursacherbeziehung wird auch nicht dadurch aufgehoben, dass auch alle anderen Menschen bzw. Staaten weltweit Treibhausgasemissionen verursachen, denn Menschenrechtsverstöße werden nicht dadurch gegenstandslos, dass andere sie ebenfalls begehen.

Eine weitere naheliegende Abwägungsregel ergibt sich aus der Finanzierungsnotwendigkeit des Freiheitsvoraussetzungsschutzes und der im Junktim von Freiheit und Folgenverantwortlichkeit enthaltenen Idee, dass die Gemeinschaft Probleme, die jemand ohne eigenes Verschulden hat, möglichst ausgleichen soll. und aus dem im Junktim von Freiheit und Folgenverantwortlichkeit enthaltenen Leistungsgedanken. Explizit ist das Leistungsfähigkeitsprinzip z.B. in Art. 13 der französischen Erklärung der Menschen- und Bürgerrechte normiert, aber auch andere Verfassungsordnungen wie die deutsche legen sie aus Ausfluss der Freiheitsrechte zugrunde.

Verursacherprinzip und Leistungsfähigkeitsprinzip können bei der Bestimmung des richtigen Umgangs mit dem Klimaproblem relevant werden, sie können dabei allerdings in unterschiedliche Richtungen weisen. Dies und die relative Bescheidenheit der zuvor genannten Abwägungsregeln belässt den politischen Instanzen bis hierher einen großen Entscheidungsspielraum im Umgang mit dem Klimawandel. Dies ändert sich jedoch fundamental, wenn man eine weitere Abwägungsregel, die bisher in der Praxis keine Rolle spielt, anerkennt: Es liegt als Ausfluss der menschenrechtlichen Freiheit(svoraussetzungen) nahe, dass der politische Entscheidungsspielraum dort endet, wo ein politisches Tun oder Unterlassen das freiheitlich-demokratische System als Ganzes substanziell gefährdet. Und genau dies ist der Fall, wenn man beim Klimaschutz nicht zeitnah einschneidende Schritte unternimmt. Ein einschneidender Klimaschutz – vorbehaltlich unten noch zu erörternder komplexer Tatsachenerhebungsfragen – erscheint damit dem Grunde nach als geboten.

10.3.2 Tatsachenerhebungsfragen und Vorsorgeprinzip

Umweltbezogene Menschenrechtsgarantien können inhaltliche Garantien wie die eben hergeleiteten drastischen Emissionsreduktionen jedoch nur dann hervorbringen, wenn man eine hinreichend klare Faktenlage, im vorliegend verwendeten Beispiel im Sinne eines anthropogenen Klimawandels, annimmt. Nur mit einer klaren Faktenlage kann auch der Grad der konkreten Menschenrechtsbetroffenheit zutreffend ermittelt werden. Die damit angezeigte Debatte über spezielle Abwägungsregeln (ggf. wieder einzuordnen unter den gängigen Begriff der Angemessenheit in der Verhältnismäßigkeitsprüfung) in Gestalt von Tatsachenerhebungsregeln wird in Deutschland seit längerem ansatzweise geführt, freilich ohne Bezug zum Klimawandel.

Die grundlegende Abwägungsregel hinsichtlich des Umgangs mit Tatsachen lautet, dass die der Abwägung als Subsumtionsmaterial zugrunde liegenden Tatsachenannahmen stimmen müssen; denn sonst wäre beliebigen Entscheidungen Tür und Tor geöffnet, was weder mit den Menschenrechten noch mit Gewaltenteilung und Rechtssicherheit als formalen Sicherungen menschenrechtlicher Freiheit zu vereinbaren wäre. Wesentlich ist dabei, dass Tatsachen zwar Subsumtionsmaterial sind, um den Grad der Beeinträchtigung eines Belangs festzustellen, dass aber Tatsachenaussagen als solche nichts Normatives besagen: Aus der faktischen Gefährlichkeit des Klimawandels folgt logisch erst einmal nicht, inwieweit etwa der Klimawandel verhindert werden muss. Die Entscheidung im Rahmen der Abwägungsregeln bleibt also stets eine politisch-demokratische und die Ermittlung und Anwendung der Abwägungsregeln eine

juristische und keine naturwissenschaftliche Entscheidung; deswegen ist z.B. auch das Vorliegen von Lärm und seine mögliche Folge eine Gutachterfrage, die Zumutbarkeit des Lärms – in Abwägung der verschiedenen betroffenen Grundrechtspositionen – dagegen nicht, auch wenn dies oft vermengt wird, indem etwa in Deutschland oft generalisierend von Beurteilungsspielräumen geredet wird.

Tatsachenaussagen sind auf Rechtsetzungs- wie auf Verwaltungsebene jedoch häufig unsicher. Diese Unsicherheit kann darin bestehen, dass bestimmte künftig drohende Schäden erst bei Einwirken kumulativer Faktoren eintreten, dass sie vielleicht gar nicht eintreten oder dass man vielleicht nicht einmal weiß, ob sie überhaupt eintreten können, dass man bestimmte ökosystemare Zusammenhänge und langfristige Verläufe nicht kennt, dass man erwartbare technische Innovationen nicht einschätzen kann usw. All dies trifft gerade auf globale, langfristig wirkende und multifaktorielle Phänomene wie den Klimawandel zu. Vorkehrungen angesichts solcher langfristigen, kumulativen oder ungewissen Schadensverläufe bezeichnet man rechtlich als Vorsorge. Vorsorgeprinzip im nationalen, supranationalen und internationalen Recht als in diversen umweltrechtlichen Rechtsakten ausbuchstabiertes Prinzip meint demgemäß, die Umweltpolitik auf ein Angehen auch jener geschilderten Problemlagen auszurichten. Vorsorge meint dabei entgegen einer in Deutschland geübten Redeweise nicht, dass per se niemand zu Schaden kommt; denn auch wenn man den Umweltschutz auf langfristige, kumulative oder ungewisse Schäden erweitert, bleibt die Möglichkeit der Abwägung mit konkurrierenden Belangen erhalten.

Eine Vorsorgekonstellation erzeugt für Gesetzgebung und Verwaltung gegenüber den Gerichten Entscheidungsspielräume, da, wenn die Faktenlage (wie bei langfristigen, kumulativen oder überhaupt ungewissen Geschehensabläufen zwangsläufig) Unklarheiten aufweist, das demokratisch besser legitimierte Organ die Entscheidungsprärogative hat. Doch auch dann gelten Anforderungen an die Art der Tatsachengewinnung, etwa dass die Informationsgewinnung z.B. ausgewogen sein muss, das vorhandene Material erschöpfend auswerten muss, dass Sachverständige eingeschaltet und verschiedene Behörden und Betroffene gehört werden müssen und dass Begründungserfordernisse bestehen – mit der gleichen Begründung wie jener dafür, dass überhaupt die Tatsachengrundlage von Entscheidungen stimmen muss. Bezogen auf den Klimawandel können diverse Ungewissheiten nicht nur naturwissenschaftlicher Art, sondern auch in Bezug auf ökonomische Zusammenhänge oder die genaue Wirkung ver-

schiedener Steuerungsinstrumente den Entscheidungsinstanzen somit erhebliche Gestaltungsspielräume verschaffen. Klar ist gemäß dem Vorsorgeprinzip aber eben auch, dass Ungewissheit nicht als solche zu Untätigkeit führen darf – und der anthropogene Klimawandel als solcher wie auch die grundsätzliche Notwendigkeit einschneidender Maßnahmen ist von vornherein nicht wirklich ungewiss.

Unklar ist häufig, in welchem Verhältnis das Vorsorgeprinzip und die umweltbezogenen Menschenrechte zueinander stehen. Ein menschenrechtlicher Anspruch auf Vorsorge ist entgegen verbreiteter Auffassung zu bejahen. Menschenrechte im Umweltschutzkontext fallen also nicht dadurch aus dem zulässigen Abwägungsmaterial (oder sogar der Schutzbereichsbeeinträchtigung) heraus, dass sie häufig bloße Grundrechtsgefährdungen betreffen. Zweifellos sind künftige Klimawandelentwicklungen per se nicht exakt prognostizierbar und damit „unsicher". Zudem treten Schäden ggf. erst langfristig ein, vielleicht auch erst in Kumulation verschiedener Ursachen Dennoch überzeugt die Herausnahme solcher „Vorsorgefälle" aus den Grundrechten nicht, jedenfalls bei hochwertigen Grundrechten und drohender Irreversibilität der Schädigung, auch wenn die deutsche Judikatur anders als die europäische Judikatur die Vorsorge meist für uneinklagbar erklärt. Andernfalls würden die Grundrechte nicht das leisten, was der Sinn juridifizierter Grundrechte ist: einen Autonomieschutz genau an der Stelle zu garantieren, an welcher der Autonomie die Beeinträchtigungen drohen. Dafür spricht auch, dass Gefahrenabwehr bezüglich konkret erwartbarer Schäden und Vorsorge gar nicht sinnvoll scheidbar sind, sondern vielmehr ein gleitendes Kontinuum darstellen, wie sich andernorts erwies. Das europäische Verfassungsrecht nennt folgerichtig ganz explizit das Vorsorgeprinzip in Art. 191 AEUV als zentralen Grundsatz.

Bei unsicheren Tatsachenlagen wie dem Klimawandel besteht unter Vorsorgegesichtspunkten eine Pflicht, vorläufige Entscheidungen zu treffen und diese später zu überprüfen und ggf. nachzubessern. Solche Beobachtungs- und Nachbesserungspflichten sind schon bisher aus der deutschen Judikatur geläufig, im Umweltschutz aber wenig konturiert und letztlich nie konkret eingefordert.

10.4 Literatur

Calliess, Christian, 2001: *Rechtsstaat und Umweltstaat*. Tübingen: Mohr Siebeck

Ekardt, Felix, 2016: *Theorie der Nachhaltigkeit: Ethische, rechtliche, politische und transformative Zugänge – am Beispiel von Klimawandel, Ressourcenknappheit und Welthandel*. 3. Aufl. Baden-Baden: Nomos

Knox, John, 2013: *Report of the Independent Expert on the issue of human rights obligations relating to the enjoyment of a safe, clean, healthy and sustainable environment*, UN Doc. A/HRC/25/53 vom 30.12.2013

Koch, Thorsten, 2000: *Der Grundrechtsschutz des Drittbetroffenen*. Tübingen: Mohr Siebeck

Opielka, Michael, 2017: *Soziale Nachhaltigkeit. Auf dem Weg zur Internalisierungsgesellschaft*. München: oekom

Rajamani, Lavanya, 2010: *Rights-based Perspectives in the International Negotiations on Climate Change*, in: *Journal of Environmental Law*, S. 391-429

Schmidt-Radefeldt, Roman, 2000: *Ökologische Menschenrechte*. Baden-Baden: Nomos

Skillington, Tracey, 2012: *Climate Change and the Human Rights Challenge. Extending Justice beyond the Borders of the Nation State*, in: *International Journal of Human Rights*, S. 1196-1212

Unnerstall, Herwig, 1999: *Rechte zukünftiger Generationen*. Würzburg: Königshausen & Neumann

Verheyen, Roda, 2005: *Climate Change Damage and International Law*. Berlin u.a.: Springer

11   Non-social Science Perspectives in Research on social Sustainability

Susan Thieme

Bei der Frage was Wissenschaft zur sozialen Nachhaltigkeit beitragen kann ist ein wichtiger Schritt die Zusammenarbeit mit betroffenen Akteurinnen und Akteuren – also transdisziplinär zu arbeiten. Bestandteil transdisziplinärer Arbeit ist die Zusammenarbeit und Kommunikation mit Personen die nicht aus dem sozialwissenschaftlichen Umfeld sind. Sie haben andere disziplinäre und fachliche Hintergründe und arbeiten aber vor allem auch im nicht-universitären Umfeld, wie in der Politik, der Privatwirtschaft und in zivilgesellschaftlichen Bereichen.

Eine Zusammenarbeit zwischen verschiedenen Disziplinen und gesellschaftlichen Akteuren und Akteurinnen braucht häufig mehr Aufwand und Kommunikation. Gleichzeitig werden besonders in der Wissenschaft und in wissenschaftlichen Karrieren inter- und transdisziplinäre Arbeit häufig kritischer angeschaut und manchmal sogar als weniger wissenschaftlich betrachtet. Um Chancen und auch Herausforderungen solch einer transdisziplinären Arbeit zu diskutieren, möchte ich auf der Grundlage langjähriger eigener empirischer Forschung im Bereich Migration und Multilokalität in Asien folgende Fragen diskutieren:

Welche Formen der Kommunikation von Forschung und Forschungsergebnissen gibt es? Wie entstehen sie, wie werden sie gelebt?

In dem Diskussionsbeitrag werden drei spezifische Möglichkeiten und Erfahrungen von Zusammenarbeit mit unterschiedlichen Akteurinnen und Akteuren präsentiert: die Erarbeitung von Politikempfehlungen, das direkte Bereitstellen von Daten für die Bevölkerung mit der und über die geforscht wurde und die Erarbeitung eines Dokumentarfilmes.

Die Erfahrungen haben gezeigt, dass transdisziplinäre Forschungskommunikation ein reflexiver Prozess ist, der anregt, seine Forschung noch kritischer zu durchdenken. Das Filmprojekt zum Beispiel lieferte nicht nur neue Einblicke in Lebensrealitäten von Menschen, sondern brachte auch eine größere Reflexivität in den Forschungsprozess. In ähnlicher Weise machten die Politikempfehlungen es notwendig, Forschung anders zu denken.

Zudem müssen alle Beteiligten bereit sein, ihre Erfahrungen zu teilen, gegenseitiges (Fach)wissen anzuerkennen und Kompromisse eingehen zu können. Zusätzliche Kosten und Anstrengungen im Zusammenhang mit der Erarbeitung der Endprodukte wie dem Film oder einem Policy-Brief können durch ein transdisziplinäres Verständnis von Forschung gerechtfertigt werden. Transdisziplinarität erfordert, dass die Ergebnisse über akademische Kreise hinweg zugängig gemacht werden, Diskussionen mit politischen Entscheidungsträgerinnen und –trägern geführt werden und die Beforschten (die oft keine englischen wissenschaftlichen Arbeiten lesen) ein aktives Publikum werden. Dazu benötigte Fähigkeiten können akademische Einrichtungen bei ihren Forschenden aktiv fördern und dies auch als Kompetenz und Erfolg im Laufe einer wissenschaftlichen Karriere anerkennen. Gleichsam sollten auch nicht-akademische Institutionen aktiv auf Forschende zugehen und den Dialog für einen Wissensaustausch suchen.

11.1 Introduction

Various direct and indirect linkages between migration and the Sustainable Development Goals (SDGs) and the implementation of the 2030 Sustainable Development Agenda have become widely acknowledged in recent years (e.g. Piper 2017; Thieme and Ghimire 2014).

The author of the paper has a longstanding engagement in research on mobilities and migration and about people in Central and South Asia who are not rooted in one single place - they live and have different engagements and obligations in at least two and often more places, and experience a multi-locality of their livelihoods (e.g. Thieme 2017, 2014 a, 2014 b, 2014 c; Thieme and Hatcher 2016; Thieme and Siegmann 2012).

An important point for the paper at hand is, the fact, there is controversy about existing or necessary policy frameworks and the role and contribution of migration to people's livelihoods. These topics are also a matter of public debate. Therefore, research results should be communicated not only to policymakers but also to the general public and the people under research – and thereby acknowledge that these spheres intersect. In order to shed light on different possibilities of research communication, the main question for this paper reads:

In a context in which a research topic attracts interest from policymakers and the wider public, what possibilities do we have to exchange knowledge beyond academia and to let people participate in our research process and results?

11.2 Reflections on transdisciplinary research communication and the "non-social-science" perspective

Questions of migration and sustainability are of great topical relevance to the lives of people in the study areas and a greater understanding of social practices might also include insights into the applicability and tensions of implemented policies, as well as pathways to new policy formulations (Walford 2001: 3).

However, research findings do not automatically enter arenas of action and have to be made accessible and communicated in appropriate ways (Keen and Todres 2007; Sooryamoorthy 2007). First and foremost, this concerns the people directly affected by it. Secondly, while in policy making migration the mobility of people, remittances and complex engagements in different life worlds have increasingly raised attention among policymakers, donor agencies and NGOs (Vammen and Brønden, 2012). During the last years various donor agencies such as SDC, GIZ or DFID even announced migration as a priority theme.

Furthermore migration is often a very politicised issue and topic of public concern. Therefore research communication can address different groups, such as the general public, policy makers and/or people we have researched.

Independently of the target group, making research results heard requires communication. Communication is a long-term process and, for it to work, trust and confidence have to be built between researchers, policy makers and public (Carden 2009). Format and vocabulary must be adapted, where for example theory and methodology usually become less important than providing answers to questions about daily life (Carden 2009).

In the following sections, I shall reflect on various experiences in research communication. One major motivation for giving this more detailed consideration is that research communication beyond academia is often still neglected and not appreciated as part of a research project

(Keen and Todres 2007) – a fact which has been criticized and tried to overcome by transdisciplinary research (e.g. Schneider and Rist 2014; Zingerli 2010; Zingerli and Salmen 2009; Backhaus 2008; Pohl and Hirsch Hadorn 2007; Giri 2004). Nevertheless, these experiences, and critical reflection on those, can, in the best-case scenario, not only enrich research results but also the researcher's skills and networks. In addition, I wish to emphasize - at least for the given examples - that the researcher plays an active part in deciding to what extent his or her knowledge is used and how it is communicated.

Long (2001) emphasizes that communication with other actors means meeting people with different forms of knowledge. Encounters of actors with different forms of knowledge can be described as social "interfaces" (Long 2001: 243). Those social interfaces are complex situations in which different values, interests, and forms of knowledge intersect.

For this paper I wish to describe three particular situations where I consciously crossed the border of academia and established links to potential users of my research results and thus became engaged with other forms of knowledge. First, an interaction with policymakers; second, an interaction with the people researched about and, third, filmmaking for a wider public.

11.2.1 Policymakers: policy implications and policy briefs

In South and Central Asian countries, migration has increasingly appeared as an important theme in national politics for a variety of reasons. It has raised fundamental questions about how societies and states have handled mobility and the political, economic and social reactions that they have engendered. The research in both Central and South Asia allowed drawing comparisons between countries and leading into policy implications (Thieme et al. 2014; Thieme et al. 2013). Those policy briefs aimed to generate dialogue with people outside academia and to stimulate face-to-face meetings and to facilitate the access of researchers to policy as well as motivating policymakers to get in touch with academia and read more about their research (Michel 2009).

The briefs were developed in various ways. For example one academic institution (e.g. the American University Central Asia (AUCA) in Bishkek, Kyrgyzstan) initiated a dialogue between policymakers, NGOs and researchers to define socially and politically relevant topics in need of knowledge from research and implications for policy. Finally, main topics were agreed upon (e.g. migration and labour rights) and academics agreed to write according to a specific format (in lengths and structure) but were free in content. Later on the briefs were published (English and Russian) and discussed at roundtables held again.

Other policy briefs were produced as part of a wider and long-term research programme in which a major part of my research was embedded (NCCR North-South[138]). We received guidance on style and layout from the programme's communication officer but were free in content. To cover various experiences in the policy briefs, we invited for writing colleagues from partnering countries (e.g. Nepal, Kyrgyzstan) involved in migration research, action research, implementation and policy. The resulting publications were done without any intervention by the research donor (Swiss Development Cooperation and Swiss National Science Foundation) and was well received and discussed at various meetings with SDC in Switzerland and in Asia.

11.2.2 Addressing people we do research about

The second form of research communication is addressing the people we did research about. A rather "unconventional dissemination" (Troman 2001: 257) of research findings took place during interviews and discussions with the people themselves in various research phase. For example during various phases of fieldwork in Kyrgyzstan between 2006 and 2011 the anonymised results of the quantitative survey (number of absentees and overview of migration patterns) of the case study were given to the community council (*ayl okmotü*) – which of course contains local policymakers. During expert interviews with the mayor and other staff of the community council, we agreed beforehand to exchange existing information and statistics in return for my research results. In addition, during interviews, several informants wanted to know about possible contact points in Kyrgyzstan, Russia and Kazakhstan in case they had problems while travelling and during their stays. Therefore my interpreter and I prepared a leaflet (in Kyrgyz) with a list of embassies and emergency numbers. The leaflet as well as a safety passport handed out by International Organisation for Migration (IOM) on legal advise

---

[138] The NCCR North-South was a long-term research programme dedicated to research on sustainable development. The programme's aim is to generate: "new knowledge for sustainable development (…) in mutually beneficial learning processes involving various scientific disciplines (interdisciplinary) as well as non-scientific stakeholders (transdisciplinarity)" (NCCR North-South 2008: 5). Consequently, members of the programme were not only encouraged to do their disciplinary research but also to engage with other disciplines, to collaborate with stakeholders from development policy and practice, and generally with potential users of their results (SNSF 2010).

on documentation and visa procedures was distributed during our daily meetings and conversations with people.

11.2.3 Film making

A third endeavour in transdisciplinary research communication was the attempt to reach a wider public audience by making a film. The initial idea of the film cannot be entirely separated from concerns about how research can enter policy. The topic of migration has great political relevance in the region of Central Asia and there is a lack of local research into the topic. However, while the policy briefings are very targeted towards policy debate, the film was connected to the more general observation that most research results are mainly published for an academic audience (also Gergen and Gergen 2011; Keen and Todres 2007). The "making of the film" (part of the film DVD "the other silk road" 2008) and a further publication (Thieme 2012) are a reflection on the filmmaking process and the interfaces I encountered through collaborating with people from outside my subject Human Geography.

The motivations behind the film were multiple. Firstly, I wanted to address a much broader audience than just policymakers and have more experimental freedom as well as time for reflection. This broader dissemination would also provide the interviewees with a platform to speak out and at the same time to become part of the audience. Secondly, while carrying out multi-site research, I felt that the change of landscape, language and lifestyle could be captured better and differently in pictures than on paper. Presenting research in moving pictures and sound can be far more evocative, immediate and detailed than in a written text and can stimulate additional perceptions among the people who record them as well as the people who view them. Furthermore, as I had no previous experience, I wanted to learn about the process of filmmaking and how film editors or a cameraperson would look at and process film and other research material from an artistic as well as a technical point of view. In addition, I assumed that people from different origins and a different professional background would contribute different ideas, perceptions and observations.

For the implementation of the film I benefitted from two institutional set-ups. First the funding scheme of my research project supported the idea of a film (NCCR N-S). Second in search of film making competence and interest in academic collaboration I found Panos, an interna-

ISÖ
Institut für
Sozialökologie

tional NGO with a strong focus on media to foster debate on under-reported development issues (www.panos.org). With their media expertise and encouragement of research Panos substantially supported the film project with equipment, camera and editorial staff, while I had research, script and logistical responsibility. My longer period of research experience in the region leading up to the film was a major factor in its success. The film was screened on various occasions in Kyrgyzstan, Switzerland, Germany and India, for the people who became part of the film, at festivals, in lecture halls, at policy round tables.

11.3 Conclusion

Overall and in all respects, transdisciplinary research communication was a reflective process that forced me to think much harder about my research. The film project not only provided new insights into people's lives but also brought greater reflexivity to the research process. Similarly, the policy briefs and resulting discussions made it necessary to shape the research into a different format.

All the people involved have to be willing to share their experiences, recognise each other's expertise and be able to compromise. Additional costs and efforts related to the outputs such as the film or a policy brief can be justified by a transdisciplinary understanding of research that requires the results to be disseminated beyond academic circles, attract attention from policymakers and activists, and also allow the subjects of the research (who generally do not read English academic papers) to become an active audience.

The existence of an institution providing space for inter- and transdisciplinary research is not a guarantee for success. Whether those interfaces are used and knowledge is shared across academia and co-produced mostly depends on the motivation of individuals and their willingness to share and give up sovereignty over their knowledge and to recognise other's knowledge. To foster those exchanges, academic institutions should increasingly acknowledge and also capitalize on the skills of staff engaged in inter- and transdisciplinary work in the same way as non-academic institutions should pro-actively invite academia to do so.

11.4 References

Backhaus, Norman, 2008: *Macht und Kraft der Bilder: ein (preisgekröntes) Beispiel transdisziplinärer Forschung*, in F. Darbellay/Th. Paulsen (eds.): *Le Défi de L'inter- et Transdisciplinarité: Concepts, Méthodes et Pratiques Innovantes dans L'enseignement et la Recherche*. Lausanne: Presses Polytechniques et Universitaires Romandes, S. 239-260

Carden, Fred, 2009: *Making the Most of Development Research*. Ottawa: IDRC, International Development Research Centre

Giri, Ananta Kumar, 2004: *The Calling of a Creative Transdisciplinarity*, in: A. Kumar Giri (ed): *Creative Social Research: Rethinking Theories and Methods*. Oxford: Lexington Books, S. 345-358

Hatcher, Craig/Thieme, Susan, 2016: *Institutional Transition: Internal migration, the propiska, and post-socialist urban change in Bishkek, Kyrgyzstan*. Urban Studies 53, 10, S. 2175-2191

Keen, Steven/Todres, Les, 2007: *Strategies for disseminating qualitative research findings: three examples*, in *FQS: Forum Qualitative Social Research*, 8, 3: Article 17

Long, Norman, 2001: *Development Sociology: Actor Perspectives*. London, New York: Routledge

Michel, Claudia, 2009: *Evidence for Policy: Concept for NCCR North-South Policy Briefs*, NCCR North-South. Berne: NCCR North–South

NCCR (Swiss National Centre of Competence in Research) North-South, 2010: *Research Partnerships for Sustainable Development*. NCCR North-South: Berne

Piper, Nicola, 2017: *Migration and the SDGs*, in: *Global Social Policy* 17, 2. S 231-238

Pohl, Christian/Hirsch Hadorn, Gertrude, 2007: *Principles for designing transdisciplinary research*. Munich: Oekom

Schneider, Flurina/Rist, Stephan, 2014: *Envisioning Sustainable Water Futures in a Transdisciplinary Learning Process: Combining Normative, Explorative, and Participatory Scenario Approaches*, in: *Journal Sustainability Science*, 9, 4, S. 463-481. DOI: 10.1007/s11625-013-0232-6

SNSF, Swiss National Science Foundation, 2010: *Guide 2010*. National Centres of Competence in Research (NCCRs). Berne: SNSF

Sooryamoorthy, Radhamany, 2007: *Behind the scenes: making research films in sociology*, in: *International Sociology* 2, 5, S. 547-563

Swiss Agency for Development and Co-operation, SDC, 2010: *Overview priority themes*. http://www.sdc.admin.ch/en/Home/Themes

The other silk road, 2008: 28 min documentary on migration in Kyrgyzstan, 15 min "making of the film", 5 min trailer. NCCR North-South & Panos South Asia. Research: S. Thieme. Script: S. Thieme & X. Barbora. Film: Ahmed K., Bardoloi U. and Kashyap S.

Thieme, Susan, 2017: Educational Consultants in Nepal: Professionalization of services for students who want to study abroad, in: Lin W., Lindquist J., Biao X., Yeoh B., Special Issue *„Migration Infrastructures and the Production of Mobilities"*, Mobilities 12, 2, S. 243-258. http://dx.doi.org/10.1080/17450101.2017.1292780

Thieme, Susan, 2014: *Multilokales Erwerbs- und Familienleben im postsozialistischen Kirgistan*, in: *Geographische Rundschau* 64, 11, S. 40-45

Thieme, Susan, 2014: *An International Degree, Social Ties and Return: When International Graduates Make a Career Back Home in Kyrgyzstan*, in: *Internationales AsienForum*. Vol. 45, S. 113–128

Thieme, Susan, 2014: *Coming Home? Patterns and Characteristics of Return Migration in Kyrgyzstan*, in: *International Migration* 52, 5, S. 127-143

Thieme, Susan/Ghimire, Anita, 2014: *Making Migrants Visible in Post-MDG Debates*, in *Sustainability*, 6, S. 399-415. open access: http://www.mdpi.com/2071-1050/6/1/399

Thieme, Susan, 2012: *"Action": Publishing Research Results* in *Film [46 paragraphs]*. Forum Qualitative Sozialforschung / Forum: Qualitative Social Research, 13, 1, Art. 31, http://nbn-resolving.de/urn:nbn:de:0114-fqs1201316

Thieme, Susan/Ghimire, Anita/Gurung, Ganesh, 2014: *Making Migration Safer. Research Evidence for Policy.* NCCR North-South, Berne

Thieme, Susan/Elebaeva, Ainur/Bruce, Zarina/Samanchina, Jarkyn, 2013: *Studying Abroad: Encouraging Students to Return to Kyrgyzstan.* Evidence for Policy No. 5, NCCR North-South: Kyrgyzstan

Thieme, Susan/Siegmann, Karin Astrid, 2010: *Coping on women's backs: social capital-vulnerability links through a gender lens,* in: *Current Sociology*, 58, 5, S. 719-737

Troman, Geoff, 2001: *Tales from the Interface: Disseminating Ethnography for Policy Making*, in: G. Walford (ed): *Ethnography and Education Policy.* London: Emerald Group Publishing Limited, S. 251-273

Vammen, Ida Marie/Brønden, Brigitte Mossin, 2012: *Donor country responses to the migration–development buzz: from ambiguous concepts to ambitious policies?* in: Int. Migrat.2012, 50, S. 26–42

Walford, Geoffrey, 2001: *Introduction: Ethnography and Policy.* in: G. Walford (Ed.) *Ethnography and education policy. Studies in Educational Ethnography* 4. Amsterdam, New York, Oxford, JAI, S. 1-9

Zingerli, Claudia/Michel, Claudia/Salmi Annika, 2009: *On producing and sharing knowledge across boundaries: experiences from the interfaces of an international development research network.* in: *Knowledge Management for Development Journal* 5, 2, S. 185-196

Zingerli, Claudia, 2010: *A sociology of international research partnerships for sustainable development,* in: *European Journal of Development Research*, 22, S. 217–233

12 Politische Verwendung von Sozialer Nachhaltigkeit und SDG

Zum Zusammenhang von Ökologie und Sozialem - und Ökonomie – und Schlussfolgerungen für die Wirtschafts- und Sozialpolitik

Wolfgang Strengmann-Kuhn

Ökologie und Gesellschaft hängen zusammen. Auch die menschliche Gesellschaft ist Teil der Ökologie. Ökologische und soziale Nachhaltigkeit können also eigentlich gar nicht getrennt werden. Das eine geht letztlich nicht ohne das andere.

Ziel von Politik sollte die Erhaltung der Lebensgrundlagen und Schaffung nachhaltiger guter Lebensbedingungen für Alle sein. Zentrales Problem ist dabei die fehlende Nachhaltigkeit des Wirtschaftens. Die heutige Art zu wirtschaften, ist nicht zukunftsfähig – weder ökologisch noch sozial. Eine freie Marktwirtschaft ist weder sozial noch ökologisch. Wesen der sozialen Marktwirtschaft ist es einerseits soziale Regeln, andererseits das Bewusstsein zu schaffen, dass eine soziale Gesellschaft Voraussetzung für eine gute Wirtschaft ist. Politik, die soziale Nachhaltigkeit im Blick hat, sollte die Weiterentwicklung der sozialen Marktwirtschaft zu einer öko-sozialen Marktwirtschaft zum Ziel haben, die zusätzlich die ökologischen Grenzen des Wirtschaftens einbezieht. Um die Wirtschaft so umzugestalten, dass die ökologischen Grenzen des Planeten nicht dauerhaft überschritten werden, ist ein weitreichender Wandel notwendig. Dieser Wandel kann nur erfolgreich sein, wenn er sozial gerecht erfolgt und wenn er mit sozialen Veränderungen einhergeht.

Ökologische und soziale Herausforderungen hängen häufig zusammen. Einerseits können sie nach Antworten verlangen, die auf Probleme in beiden Felder eingehen. Andererseits können aber auch Zielkonflikte identifiziert werden. Eine Politik der sozialen Nachhaltigkeit muss bestrebt sein, die Synergien nach vorne zu stellen und die Zielkonflikte aufzulösen.

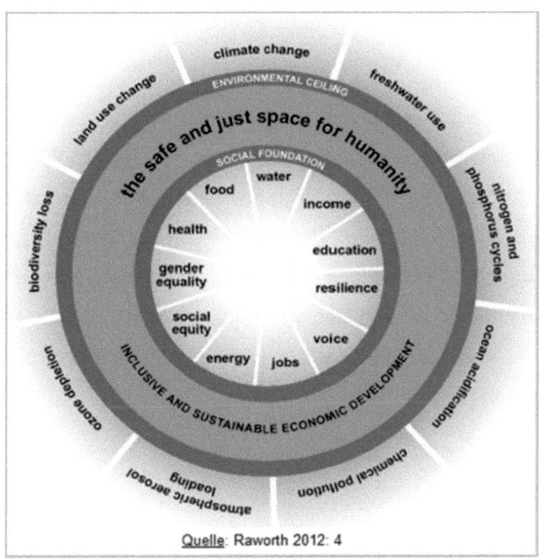

Abbildung 1: Systematisierung relevanter Indikatoren sozialer Nachhaltigkeit im Bereich der Energiedienstleistungen

Die britische Ökonomin Kate Raworth (Oxford University) veranschaulicht in ihrem Konzept „Doughnut Economics" den Zusammenhang zwischen Ökonomie, Sozialem und Ökologie (vgl. Raworth 2012, 2017). Jede Gesellschaft strebt durch wirtschaftliches Handeln (Produktion und Konsum) zu einer sozialen Fundierung (innerer Ring). Dabei wird sie begrenzt durch die Tragfähigkeitsgrenzen unseres Planeten (äußerer Ring). D.h. im Idealfall dient das ökonomische System der Gesellschaft soziale Bedürfnisse, unter Verwendung ökologischer Ressourcen, zu befriedigen. Insgesamt also dazu, gesellschaftlichen Wohlstand herzustellen. Ziel ist eine inklusive und nachhaltige ökonomische Entwicklung. Diese Entwicklung - soll sie zukunftsfähig sein - muss sich in einem ökologisch sicheren und sozial gerechten Rahmen bewegen, also innerhalb der beiden Ringe (environmental ceiling – social foundation).

Es handelt sich dabei um ein normatives Konzept, d.h. gesellschaftliche Aushandlungsprozesse - und damit im Kern die Politik – bestimmen den Rahmen und die „Grenzwerte". Sie orientiert sich bei den Tragfähigkeitsgrenzen an dem naturwissenschaftlichen Konzept der

planetary boundaries und bei der Formulierung des sozialen Fundamentes an den international, im UN- Prozess ausgehandelten, *Menschenrechten und sozialen Rechten.*

In der Wissenschaft wird vor diesem Hintergrund immer wieder betont, dass aktuell die Weltgemeinschaft den Planeten 1,5fach übernutzt. Dabei verbrauchen 20-30% der Weltbevölkerung 80% der gesamten Ressourcen, um ihren gewählten Wohlstand zu befriedigen und nur 20% der Ressourcen stehen der übrigen Weltbevölkerung zur Verfügung. Führt man sich das vor Augen wird klar, dass jede Zuspitzung der ökologischen Frage sofort soziale Fragen impliziert und aber auch nicht jede Art von Ökologiepolitik im Sinne sozialer Gerechtigkeit gut ist. Die globale Ökonomie insgesamt bewegt sich nicht innerhalb des ökologisch sicheren und sozial gerechten Rahmens.

12.1 Die Sustainable Development Goals (SDGs)

Ein zentraler Ansatz auf globaler Ebene, diesen Herausforderungen gerecht zu werden, sind die Sustainable Development Goals (SDG), die nachhaltigen Entwicklungsziele der Vereinten Nationen. Das sind 17 Ziele mit 169 Unterzielen, die bis 2030 erfüllt werden sollen, weshalb dieser Prozess auch manchmal Agenda 2030 genannt wird. 193 Mitgliedsstaaten haben am 25. September 2015 auf einem Gipfeltreffen in New York diese Agenda verabschiedet. Ein zentraler Unterschied zum Vorläufer - den Millenium Development Goals (MDG) - ist, dass diese Ziele nicht nur für die Entwicklungsländer, sondern für alle Länder der Erde gelten. Ebenfalls neu und bemerkenswert ist, dass die SDGs sowohl ökologische, soziale als auch ökonomische Ziele formulieren, und insofern das Nachhaltigkeits-Dreieck nachbilden. Damit ist also auch Deutschland gefordert, diese nicht nur ökologischen, sondern auch sozialen Nachhaltigkeitsziele zu erreichen und im eigenen Land umzusetzen. Das erste Ziel ist die Beseitigung von absoluter Armut weltweit. National von Bedeutung ist das Unterziel, Armut nach den jeweils nationalen Indikatoren bis 2030 zu halbieren. Darüber hinaus gibt es zahlreiche weitere soziale Ziele, die auch für Deutschland gelten: von der Verringerung von Ungleichheit über mehr Geschlechtergerechtigkeit bis hin zur Versorgung mit Wohnraum und Zugang zum Gesundheitssystem, um nur einige zu nennen.

12.2 Politische Konsequenzen

In der Zukunft müssen soziale und ökologische Ziele wie bei den SDGs stärker zusammen gedacht und in den Blick genommen werden. Im Folgenden soll dargestellt werden, was das vor allem für die Wirtschafts- und die Sozialpolitik bedeutet.

12.2.1 Weiterentwicklung der sozialen Marktwirtschaft zur ökologisch-sozialen Marktwirtschaft

Die Wirtschaft muss dem Menschen dienen und nicht umgekehrt. Voraussetzung dafür ist eine Wirtschaft, die darauf ausgerichtet ist, die Lebensgrundlagen für die Menschen zu erhalten bzw. wieder herzustellen und sogar zu verbessern. Eine sozial nachhaltige Wirtschaft verfolgt deshalb sowohl soziale als auch ökogische Ziele.

Wesen der *sozialen* Marktwirtschaft ist die Erkenntnis, dass ein funktionierendes Sozialsystem eine wichtige Grundlage für die wirtschaftliche Entwicklung ist. Dafür ist eine Regulierung der Marktwirtschaft notwendig, denn eine freie Marktwirtschaft verfolgt keine sozialen Ziele und führt zu sozialen Verwerfungen. Ebenso wenig verfolgt eine freie Marktwirtschaft ökologische Ziele und würde demnach ohne Regulierung die Tragfähigkeitsgrenzen unseres Planeten sprengen. Deswegen ist eine Weiterentwicklung der sozialen Marktwirtschaft zu einer ökologisch-sozialen Marktwirtschaft dringend erforderlich.

Die Herausforderung ist also, dafür zu sorgen, dass einerseits eine soziale Basis für die Ökonomie hergestellt werden muss und andererseits die Ökonomie die ökologischen Grenzen nicht überschreitet. Auch hier ist wieder zu betonen: Für sozial nachhaltige Reformen der Wirtschaft müssen dabei immer beide Seiten dieser Herausforderung zusammen betrachtet werden und bei einzelnen Maßnahmen, die zum Teil nur auf eine Seite zielen, dürfen die Rückwirkungen auf die andere Seite nicht vernachlässigt werden.

Dies gilt für alle Ebenen: mikro- und makroökonomisch, global, europäisch, national, regional und kommunal. Außerdem müssen bei den ökologisch-sozialen Reformen alle Wirtschaftssubjekte in den Blick genommen werden: Unternehmen, Verbraucherinnen und Verbraucher, Banken und Staat. Unternehmen müssen sich stärker auch an sozialen und ökologischen Zielen orientieren, Verbraucherinnen und Verbraucher sollten ihre Kaufentscheidung noch mehr

als heute selbstbestimmt an ökologischen und sozialen Kriterien orientieren (können), das Finanzsystem muss so umgebaut werden, dass es sich stärker an ethisch-sozialen und ökologischen Kriterien ausrichtet. Der Staat muss dafür nicht nur die Rahmenbedingungen setzen, sondern auch sein eigenes Verhalten hieran orientieren, insbesondere bei staatlichen Investitionen und öffentlichem Konsum.

Um die ökologischen und sozialen Ziele zum Umbau der Wirtschaft zu erreichen, kann politisch in vielfältiger Weise eingegriffen werden. Ein wichtiges, marktwirtschaftliches Mittel ist die Regulierung von Preisen im Sinne von Internalisierung externer Effekte. Preise sollen „die Wahrheit sprechen", d.h. ökologische, aber auch soziale Kosten sollen internalisiert werden. Dafür sollte der Staat vor allem den Rahmen durch soziale und ökologische Leitplanken sowie „Spielregeln" so regulieren, dass sich die Wirtschaftssubjekte innerhalb dieses Rahmens möglichst frei entscheiden können. Gleichzeitig muss der Staat – auch durch sozialpolitische Maßnahmen – sicherstellen, dass sich Wirtschaftssubjekte ökologisch und sozial verhalten können. Wenn es gar nicht anders geht, kann und muss es auch Verbote geben. Neben diesen politischen Maßnahmen im engeren Sinne, brauchen wir aber auch eine andere Kultur des Wirtschaftens, eine andere Unternehmenskultur, die darauf hinwirkt, dass Unternehmen auch soziale und ökologische Ziele mitberücksichtigt, und eine andere Konsumkultur, die nicht nur nach dem Preis fragt, sondern auch danach, wie und unter welchen Bedingungen Güter hergestellt wurden. Wenn Güter fair gehandelt und nach ökologischen Kriterien produziert werden, wirkt sich das zwangläufig auch auf die Preise aus. Deswegen stellt sich auch an dieser Stelle die soziale Frage, um es allen Menschen zu ermöglichen, ökologisch und sozial faire Konsumgüter kaufen zu können.

Internalisierung von ökologischen externen Effekten und sozialer Ausgleich können auch direkt mit einander verknüpft werden, z.B. durch die Weiterentwicklung der Idee der Ökosteuer. Die Ökosteuer war eine wichtige Maßnahme, bei der ökologische und soziale Ziele miteinander verbunden wurden. Einerseits sollte sich ökologisch schädliches Verhalten stärker in den Preisen niederschlagen, andererseits wurden die Einnahmen aus dieser Steuer dazu verwendet, die Beiträge zur Rentenversicherung zu reduzieren und dadurch Beitragszahlerinnen und Beitragszahler zu entlasten. Allerdings werden durch den Zuschuss zu den Rentenversicherungsbeiträgen Menschen mit geringen Einkommen gar nicht, sofern sie Grundsicherung beziehen,

oder nur in geringem Maße entlastet, weil die Höhe der Entlastung proportional zur Höhe der Beiträge ist.

Auch bei einer Weiterentwicklung der Ökosteuer muss das zentrale Ziel sein, die ökologischen Kosten in die Preise zu integrieren, um dadurch eine Lenkungswirkung im Verhalten zu erzielen. Das gilt sowohl für Energiepreise, aber insbesondere für CO2-Zertifikate, um Energiesparen und umweltverträgliches Wirtschaften attraktiver zu machen und den CO2-Ausstoß zu senken. Schon darin liegt ein Gerechtigkeitsaspekt, weil dadurch diejenigen, die mehr zu den Umweltschäden beitragen, auch stärker an den Kosten beteiligt werden. Gleichzeitig sollten die Einnahmen der Ökosteuer dazu verwendet werden, dafür zu sorgen, dass sich auch Menschen mit geringen und mittleren Einkommen die höheren Preise leisten können. Dies kann entweder dadurch geschehen, dass durch die Einnahmen eine einkommensabhängige Transferzahlung finanziert wird, oder dadurch, dass die Einnahmen als pro-Kopf-Zahlung zurückverteilt werden. Letzteres ist erstens wesentlich einfacher und unbürokratischer, und hat zweitens den Vorteil, dass dadurch nicht nur Haushalte mit geringen Einkommen profitieren, sondern auch Haushalte mit mittleren Einkommen.

Ein weiteres Beispiel, bei dem ökologische und soziale Ziele miteinander verknüpft sind, ist die Solidarische Ökonomie. In einer sehr weiten Definition kann darunter alles Wirtschaften gefasst werden, dass nicht oder zumindest nicht primär das Ziel der Gewinnmaximierung hat, sondern bei dem auch soziale Ziele und/oder ökologische Ziele eine zentrale Rolle spielen. Dadurch wird schon auf der Mikroebene eine Entkopplung von Wachstumszwängen und Wohlstand erreicht. Aus Sicht sozialer Nachhaltigkeit ist die Ausweitung und Förderung der solidarischen Ökonomie von wichtiger Bedeutung, weil damit gleichzeitig soziale und ökologische Ziele erreicht werden können.

12.2.2 Postwachstums-Ökonomie

Von zentraler Bedeutung für die Frage der Verknüpfung von Ökologie und Sozialem ist die Wachstumsfrage. Aus ökologischer Sicht gibt es dazu unterschiedliche Auffassungen. Während die einen auf Green Growth setzen, streben andere ein Nullwachstum oder nach dem Motto „weniger ist besser" sogar eine schrumpfende Ökonomie, Degrowth, an. Ich halte beide Ansätze problematisch. Die Alternative ist ein Umbau der Wirtschaft, die konsequent unabhän-

gig von der Wachstumslogik und von Wachstumsabhängigkeiten wird. Gelingt das nicht, werden auch durch „Grünes Wachstum" die ökologischen Ziele, u.a. durch Rebound-Effekte, sehr wahrscheinlich verfehlt. Umgekehrt verharrt auch die Forderung nach Nullwachstum oder Schrumpfung als ökonomisches Ziel (!) letztlich in der Wachstumslogik – wenn auch umgekehrt. Vor allem drohen bei einer Wirtschaftspolitik, die auf Schrumpfung setzt, soziale Probleme. Stattdessen bedarf es einer doppelten Entkopplung. Wie bei Konzepten zum Grünen Wachstum brauchen wir eine Entkopplung von Wachstum und Ressourcenverbrauch durch Effizienzsteigerungen. Gleichzeitig benötigen wir zusätzlich eine Entkopplung von Wohlstand und Wachstum, damit die Effizienzsteigerungen auch tatsächlich zu der notwendigen, deutlichen Reduzierung des Ressourcenverbrauchs führen. An dieser Stelle sind in vielfältiger Sicht soziale und sozialpolitische Maßnahmen erforderlich. Statt der Frage mehr oder weniger Wachstum ist es wichtig die sozialen und ökologischen Ziele des Wirtschaftens in den Vordergrund zu stellen. Um zu einer nachhaltigen Wirtschaft zu kommen, müssen die Ziele neu ausgerichtet werden – weg von der reinen Orientierung auf Wachstum und Gewinnmaximierung hin zu einer stärkeren Mitberücksichtigung von sozialen und ökologischen Zielen - sowohl auf der Makro - als auch der Mikroebene. Wenn es dann gelingt Wachstumszwänge und Wachstumsabhängigkeiten abzubauen, ist die Frage, ob am Ende mehr oder weniger Wachstum im Sinne des BIP herauskommt, zweitrangig.

12.2.3 Soziale Sicherung in einer Postwachstumsökonomie

In einer Ökonomie, die nicht auf Wirtschaftswachstum setzt, stellen sich andere Fragen für die soziale Sicherung als unter der Annahme von andauerndem Wirtschaftswachstum. So stellen sich unter anderem die Fragen, wie eine nachhaltige Finanzierung der sozialen Sicherung auch ohne Wirtschaftswachstum sichergestellt werden kann, wie auch ohne Wirtschaftswachstum Aufstiegsprozesse innerhalb der Gesellschaft organisiert und ermöglicht werden können und wie in einer nachhaltigen Wirtschaft soziale Inklusion gewährleistet wird, bei der niemand ausgegrenzt werden soll und Möglichkeiten zu selbstbestimmter sozialer Teilhabe für Alle geschaffen werden können unabhängig von Geschlecht, Herkunft, körperlichen Fähigkeiten, Alter und anderen Unterschieden.

Das bedeutet einerseits, dass in jeder Lebenslage eine Mindestabsicherung erfolgen muss, die soziale Teilhabe ermöglicht. Andererseits ist es notwendig die sozialen Sicherungssysteme so weiter zu entwickeln, dass eine über eine Mindestabscherung hinaus gehende Absicherung nicht nur für dauerhaft abhängige Vollzeiterwerbstätigkeit gewährleistet ist, um dem Anspruch der Inklusion auch bei der sozialen Sicherung gerecht zu werden.

12.3 Soziale Sicherung im Transformationsprozess hin zur Postwachstumsökonomie

Neben der Frage, wie soziale Sicherung in einer Wirtschaft ohne oder nur mit geringem Wachstum ausgestaltet ist, ist von Bedeutung, wie wir zu einer nachhaltigen Postwachstumsökonomie kommen können und wie soziale Sicherung in diesem Transformationsprozess ausgestaltet sein muss. Im Rahmen dieses Prozesses spielen soziale Sicherheit und Reformen der sozialen Sicherung aus mehreren Gründen eine wichtige Rolle. Sozialpolitik muss dabei einerseits so gestaltet sein, dass sie die notwendigen Veränderungen fördert und unterstützt, andererseits aber auch soziale Härten abgefedert werden.

In Folge der Transformation der Wirtschaft wird es zu erheblichen Veränderungen kommen. Manche Wirtschaftsbereiche werden schrumpfen, andere wachsen. Gesamtgesellschaftlich und makroökonomisch wird dabei ein Wohlfahrtsgewinn erwartet. Mikroökonomisch kann es aber in Teilbereichen der Wirtschaft zu Arbeitslosigkeit und Einkommensverlusten zu kommen, die ohne ausreichende Absicherung zu sozialen Härten führen können und die bestehenden Spaltungen des Arbeitsmarktes noch weiter vertiefen. Soziale Sicherung ist also wichtig, um den Transformationsprozess abzufedern und dadurch auch erst die Akzeptanz für die notwendigen Veränderungen zu schaffen. Mit der Transformation werden Kosten einhergehen, die gerecht finanziert werden müssen. Vor allem ist darauf zu achten, dass Menschen mit geringen Einkommen nicht noch stärker überfordert werden als bisher schon.

Darüber hinaus ist ebenso wichtig die soziale Sicherung so zu gestalten, dass sie die Veränderungsprozesse unterstützt und Innovationen gefördert werden. Wie können die Wirtschaftssubjekte in die Lage versetzt und Anreize geschaffen werden, sich daran zu beteiligen? Wie können Selbständigkeit, Innovationen und Existenzgründungen durch sozialpolitische Maßnahmen gefördert werden? Hierbei sind drei Unterfragestellungen von wichtiger Bedeutung. Die erste ist, wie die einzelnen Wirtschaftssubjekte mit den Ressourcen versorgt werden können (Empowerment), die sie in die Lage versetzt, sich selbstbestimmt am ökonomischen und

sozialen Leben zu beteiligen. Zweitens stellt sich die Frage nach den Arbeitsanreizen. Wie können die sozialen Sicherungssysteme so ausgestaltet werden, dass sich Eigeninitiative und Arbeit lohnt? Dabei ist wichtig zu betonen, dass es hier nicht nur um Anreize für Erwerbsarbeit, sondern auch um Anreize bzw. Ermöglichung von Nicht-Erwerbsarbeit geht, z.B. bei der Frage der Kindererziehung oder auch der Pflege eines Elternteils. Drittens muss beantwortet werden, wie selbständige Tätigkeit und Existenzgründungen besser sozial abgesichert werden können, ohne dass eine finanzielle Überforderung entsteht.

Schließlich besteht eine Herausforderung darin, wie auch Menschen mit geringen Einkommen in die Lage versetzt werden können, sich einen nachhaltigen Lebensstil zu leisten. Dazu gehört der Konsum von ökologisch und fair produzierten Gütern genauso wie die Möglichkeit, weniger erwerbstätig zu sein.

12.4 Demographische Entwicklung und Veränderungen am Arbeitsmarkt

Um die Frage, wie eine nachhaltige soziale Sicherung zu gestalten ist, angemessen zu beantworten, ist es wichtig weitere derzeit stattfindende Prozesse mit zu berücksichtigen, insbesondere die demographische Entwicklung und Veränderungen auf dem Arbeitsmarkt.

Der demographische Wandel hat für die sozialen Sicherungssysteme mehrere Folgen. Erstens leben Menschen länger. Das heißt, dass sie längere Zeit Bezüge aus der gesetzlichen Rentenversicherung erhalten. Die Menschen leben aber, zweitens im Durchschnitt länger gesund und können demnach auch länger arbeiten. Die Entwicklung der Gesundheitskosten ist deswegen in der Wissenschaft umstritten, da die wesentlichen Kosten im Gesundheitswesen unabhängig vom Alter in den letzten beiden Lebensjahren bzw. sogar erst in den letzten Monaten anfallen. Trotzdem ist wohl mit einem Anstieg der Gesundheits- und Pflegekosten zu rechnen, sicher ist das aber nicht. Drittens werden in den nächsten Jahren die „Babyboomer" in den Ruhestand gehen, was zu einer Verschlechterung des Verhältnisses von Ruheständlern zu potentiell Erwerbstätigen führt. Diese ist jedoch nur zeitlich begrenzt und ist deswegen auch bezüglich der politischen Antworten nicht mit den Herausforderungen – aber auch Chancen - einer längeren Lebenserwartung zu verwechseln.

Gleichzeitig steigt die Erwerbsbeteiligung an, einerseits von Frauen, andererseits von Älteren. Letzteres hat wiederum mit der längeren Lebenserwartung zu tun, weil die Menschen schlicht länger produktiv arbeiten können. Da insgesamt das Erwerbspersonenpotential sinkt, die Erwerbsbeteiligung aber steigt, ist die Gesamtentwicklung des Arbeitsangebots also unklar. Vermutlich wird es aber sinken, aber wahrscheinlich nicht so stark wie oft vermutet wird.

Aufgrund dieser Betrachtungen wird prognostiziert, dass sich die Situation auf dem Arbeitsmarkt in den nächsten Jahren grundlegend verändern könnte, von einer Situation mit hoher Arbeitslosigkeit, bei der also das Arbeitsangebot höher als die Arbeitsnachfrage ist, hin zu einem Arbeitsmarkt mit einem Fachkräfte- bzw. allgemeinen Arbeitskräftemangel, bei dem die Arbeitsnachfrage das Arbeitsangebot übersteigt und die Arbeitslosigkeit abnimmt.

Diese Prognose gilt allerdings nur unter der Annahme, dass die Arbeitsnachfrage konstant bleibt oder zumindest nicht stärker sinkt als das Arbeitsangebot. Bei keinem oder nur geringen Wachstumsraten und gleichzeitig steigender Produktivität ist das allerdings nicht notwendigerweise der Fall, weil weniger Erwerbsarbeit benötigt wird, um den gleichen Output zu produzieren. Sollten sich die Vermutungen bewahrheiten, dass durch die Digitalisierung der Ökonomie die Produktivität noch erheblich gesteigert werden könnte, würde das bedeuten, dass die Arbeitsnachfrage deutlich stärker sinken würde als das Arbeitsangebot.

Als Konsequenz könnte also sowohl das Arbeitsangebot sinken (aufgrund des demographischen Wandels) als auch die Arbeitsnachfrage (aufgrund der Produktivitätsentwicklung bei geringem/konstantem Wachstum). Die Folge wäre, dass im Durchschnitt trotz demographischem Wandel weniger Erwerbsarbeit pro Person erbracht werden müsste. Ungesteuert würde diese „Arbeitszeitverkürzung" allerdings sehr ungleich verlaufen, so wird prognostiziert, dass es durch die Digitalisierung zu erheblich Arbeitsplatzverlusten und Arbeitslosigkeit in einigen Bereichen und Branchen kommen würde, während andere nicht so stark davon betroffen sind. Es ist auch zu vermuten, dass eher gering qualifizierte Berufe stärker betroffen sind.

Es sind also letztlich zwei Szenarien denkbar: eins mit Fachkräftemangel und weitgehender Vollbeschäftigung und eins mit nach wie vor hoher Arbeitslosigkeit bzw. Vollbeschäftigung durch Arbeitsumverteilung. Bei geringem Wachstum und hohem Produktivitätsanstieg in Folge der Digitalisierung ist letzteres wahrscheinlicher.

Ganz unabhängig von den beschriebenen Entwicklungen hat sich der Arbeitsmarkt bereits in den letzten Jahren erheblich verändert und diese Entwicklungen werden sich voraussichtlich auch in der Zukunft fortsetzen. Sowohl das so genannte Normalarbeitsverhältnis mit einem unbefristeten, abhängigen Vollzeitjob als auch Normalerwerbsbiografien - 45 Jahre im gleichen Job, beim gleichen Betrieb und immer in Vollzeit und sozialversicherungspflichtig beschäftigt – werden immer seltener. Teilzeiterwerbstätigkeit und selbständige Tätigkeit nehmen zu. Das kann einerseits positiv gesehen werden. Denn vor dem Hintergrund sich verringernden Arbeitszeiten können freiwillige Phasen mit Teilzeiterwerbstätigkeit einen wichtigen Beitrag leisten. Hinzu kommt, dass mehr selbständige Tätigkeiten zu begrüßen sind, weil der Prozess des Wandels der Ökonomie neue Ideen und unternehmerische Aktivitäten braucht. Die Entwicklung hat aber andererseits auch Schattenseiten. Häufig ist Teilzeit nicht freiwillig, insbesondere die Minijobs erweisen sich häufig als eine Falle. Nicht zu vergessen die ungleiche Verteilung zwischen Männern und Frauen: der Minijob ist mehrheitlich weiblich. Und was die zunehmende Selbständigkeit angeht, handelt es sich oft um prekäre Selbständigkeit mit Einkommen am Existenzminimum und mit unzureichender sozialer Absicherung.

Es wird also zentral darum gehen, wie und zu welchen Bedingungen wir Arbeit verteilen, wie wir Arbeitslosigkeit vermeiden, wie Erwerbsarbeitszeiten reduziert und dabei gleichzeitig das Einkommen sichergestellt werden kann, und wie wir insbesondere selbständige Tätigkeiten besser sozial absichern. Reduzierung und Umverteilung von Erwerbsarbeit sind dabei wichtige Bausteine für die Entkopplung von Wohlstand und Wirtschaftswachstum. Individueller und gesellschaftlicher Wohlstand entsteht nicht nur durch Produktion und Konsum von Gütern, sondern auch durch Freizeit der Individuen, und nicht nur durch Erwerbsarbeit werden Güter produziert und entsteht Wohlstand, sondern auch durch Nichterwerbsarbeit. Reduzierung von Erwerbstätigkeit kann also auch mit einem Wohlfahrtsgewinn einhergehen, obwohl das Wachstum des BIP dadurch weniger zunimmt.

12.4.1 Soziale Sicherungssysteme nachhaltig und stabil finanzieren

Die Finanzierung der Sozialsysteme wird sich nur durch einen grundlegend anderen Ansatz stabil halten lassen. Die Finanzierung ist auf eine möglichst breite Basis zu stellen. Möglichst breite Basis heißt Steuerfinanzierung oder eine möglichst steuerähnliche Finanzierung. Die Idee der Bürgerversicherung ist dabei aus mehreren Gründen zentral.

Bürgerversicherung bedeutet, dass letztlich für alle Bürgerinnen und Bürger in jeder Lebenslage Beiträge und zwar auf ihr gesamtes Einkommen in die Sozialversicherung eingezahlt werden (vgl. Strengmann-Kuhn 2005). Dadurch wird die Finanzierung nachhaltig und auch resilient, sowohl bezüglich des demographischen Wandels als auch bezüglich Phasen ohne oder mit geringem Wachstum. Eine Finanzierung nur auf Basis von Erwerbseinkommen ist schon heute nicht mehr zukunftsfähig. Die Kopplung der Systeme an vornehmlich von Männern besetzte sozialversicherungspflichtige Vollzeitstellen führt dazu, dass die Systeme weder auf den demographischen Wandel, noch auf eine Wirtschaft ohne nennenswertes Wachstum ausgelegt sind. Schon der demographische Wandel führt durch den größeren Anteil von älteren Menschen zu einer zunehmenden Bedeutung von Vermögenseinkommen. Diese zunehmende Verschiebung der Einkommen weg von den Einkommen aus Lohnarbeit und hin zu Einkommen aus Kapitalerträgen könnte durch die zunehmende Digitalisierung der Wirtschaft noch verstärkt werden. Außerdem ist es vor den oben dargestellten Fragen wichtig, bisher nicht abgesicherte Phasen, insbesondere von Nichterwerbstätigkeit und selbständiger Tätigkeit, besser abzusichern. Die bisherige Trennung zwischen Selbständigkeit und abhängiger Erwerbstätigkeit wird schon deswegen immer problematischer, weil die Grenzen immer fließender werden. Die Bezahlung von Beiträgen von bzw. für alle Bürgerinnen und Bürger ist außerdem auch aus genderpolitischen Gründen sinnvoll, damit jede Person egal ob weiblich oder männlich eine eigenständige, individuelle soziale Absicherung erhält.

Das Prinzip Bürgerversicherung sollte dabei nicht nur bei Gesundheit und Pflege gelten, sondern ist vor allem auch für die Rentenversicherung wichtig. Die Altersvorsorge ist besonders vom Wachstum abhängig. Das betrifft sowohl die umlagefinanzierte gesetzliche Rente als auch die kapitalgedeckte betriebliche und private Vorsorge. Die Rendite der umlagefinanzierten Rentenversicherung speist sich daraus, dass zukünftige Generationen mehr in die Rentenversicherung einzahlen als die Jetzige. Wenn sich die Rentenversicherung nur von Erwerbstätigen und nur auf Basis der Erwerbseinkommen finanziert, wird die Rendite negativ, wenn die Lohnsumme schrumpft. Wenn durch die Weiterentwicklung der Rentenversicherung zu einer Bürgerversicherung sowohl mehr Menschen einzahlen als auch die Bemessungsbasis verbreitert wird, kann die Rendite wieder positiv werden, weil das ökonomisch genauso wirkt wie eine Zunahme der Geburtenzahlen. Den steigenden Einnahmen stehen – wie bei einer höheren Geburtenrate - irgendwann auch höhere Leistungen gegenüber. Dies ist aber erst Jahrzehnte nach dem letzten Schritt zur Bürgerversicherung der Fall.

12.4.2 Bessere Mindestabsicherung in Richtung Grundeinkommen

Neben einer besseren Absicherung gegen Krankheit, Pflegebedürftigkeit und im Alter durch die Weiterentwicklung der Sozialversicherungen zu Bürgerversicherungen, ist es wichtig aus Sicht der oben dargestellten Fragen insbesondere bei Erwerbsunterbrechungen, Teilzeiterwerbstätigkeit und selbständiger Beschäftigung die Mindestsicherung zu verbessern. Eine bessere Mindestabsicherung für Erwerbsunterbrechungen und Teilzeiterwerbstätigkeit wäre erstens ein Beitrag zur Umverteilung von Arbeit, zweitens würde sie Wohlstand schaffende Nichterwerbstätigkeit ermöglichen und drittens den Zwang zur Erwerbsarbeit entkoppeln. Damit würde einer der zentralen Wachstumszwänge reduziert. Eine bessere Mindestabsicherung von Selbständigen wäre in diesem Zusammenhang eine indirekte Förderung von Existenzgründungen und damit Grundlage von Innovationen. Das bestehende Grundsicherungssystem ist für alle diese Gruppen nicht geeignet. Das Arbeitslosengeld II ist auf Arbeitsuchende ausgerichtet. Sowohl Menschen, die dem Arbeitsmarkt nicht zur Verfügung stehen sollen, als auch Menschen, die nicht Arbeit suchen, weil sie bereits erwerbstätig sind sollten durch vorgelagerte Leistungen abgesichert sein, um nicht „Hartz IV" beziehen zu müssen. Diese Leistungen können auch deutlich unbürokratischer gewährt werden als dies beim Arbeitslosengeld II der Fall ist.

Im Rahmen von zeitpolitischen Debatten wird über bessere Möglichkeiten diskutiert, wie die Erwerbsarbeit für Zeiten der Kinderbetreuung, Pflege von Pflegebedürftigen, (Weiter-)Bildung, ehrenamtliche bzw. politische Tätigkeiten oder auch für sich selbst zu unterbrechen. Diese Phasen müssen dann auch besser sozial abgesichert sein, damit sich das nicht nur Menschen mit höheren Einkommen leisten können. Das kann, wie beim Elterngeld, durch Lohnersatzleistungen passieren, die umso höher sind, je höher das vorherige Einkommen war, durch Pauschalleistungen, die für alle gleich hoch sind oder durch einkommensabhängige bzw. bedürftigkeitsgeprüfte Leistungen nur für Menschen mit geringen Einkommen.

Neben der Schaffung von Möglichkeiten, für zeitweise ganz aus dem Erwerbsleben auszuscheiden, sollten Teilzeittätigkeiten besser abgesichert werden, um eine Reduzierung der Erwerbsarbeitszeit zu ermöglichen. Sinnvoll ist eine Leistung durch das Finanzamt, die einerseits ein Mindesteinkommen garantiert, andererseits so ausgestaltet sein sollte, dass sich eine Ausdehnung von Erwerbstätigkeit lohnt, dadurch dass das eigene Einkommen nur teilweise auf das Einkommen angerechnet. Dadurch wird das Existenzminimum unbürokratisch und ohne zusätzliche Bedürftigkeitsprüfung gewährt. Ein solcher Zuschuss zum Erwerbseinkommen ist auch und besonders für Selbständige sinnvoll. Bisher ist diese Gruppe, genauso wie auch abhängig Beschäftigte mit geringem Einkommen, darauf angewiesen, beim Jobcenter Arbeitslosengeld II zu beantragen. Ein Einkommenszuschuss durch das Finanzamt würde Existenzängste von Selbständigen deutlich verringern und Existenzgründungen erleichtern. Außerdem würden damit dann auch für Selbstständige mit geringen Einkommen die Zahlungen zu den Sozialversicherungen mit abgedeckt.

Neben diesen Gruppen, also Selbständige, Personen, die ihre Erwerbsarbeit unterbrechen oder Teilzeitbeschäftigte, ist es darüber hinaus wichtig, garantierte Mindestabsicherungen für die Alterssicherung, um Altersarmut und die Angst davor möglichst ganz zu beseitigen, sowie für Phasen der Bildung zu schaffen. Letztlich sind wir damit schon fast bei der Idee eines bedingungslosen Grundeinkommens, das eine garantierte Mindestabsicherung für alle schafft. Dabei ist wichtig zu betonen, dass die Weiterentwicklung der Sozialversicherungen zu Bürgerversicherungen und die Weiterentwicklung der Mindestsicherung zu einem bedingungslosen Grundeinkommen für Alle keine sich ausschließenden Alternativen sind, sondern sich vielmehr ergänzen oder sogar als Grundeinkommensversicherung (vgl. Opielka 2005) zusammengeführt werden können.

12.5 Literatur

Opielka, Michael, 2005: *Die Idee einer Grundeinkommensversicherung – Analytische und politische Erträge eines erweiterten Konzepts der Bürgerversicherung*, in: Strengmann-Kuhn, Wolfgang (Hrsg.): *Das Prinzip Bürgerversicherung*. Wiesbaden: VS Verlag für Sozialwissenschaften

Raworth, Kate, 2012: *A Safe and Just Space for Humanity: can we live within the doughnut?* Oxford Discussion Paper. Oxford: Oxfam International

Raworth, Kate, 2017: *The Doughnut Economics: Seven Ways to think like a 21st-Century Economist.* London: Random House Business Books

Strengmann-Kuhn, Wolfgang, 2005 (Hrsg.): *Das Prinzip Bürgerversicherung*. Wiesbaden: VS Verlag für Sozialwissenschaften

13 Die Rolle der privaten Wirtschaft bei der Umsetzung der SDGs

Christoph Brüssel

Die Sustainable Developement Goals wurden von 150 Staaten als bisher größte gemeinsame Vereinbarung der UN gezeichnet. Hierin verpflichten sich die Staaten erstmals mit einer gewissen Verbindlichkeit. Klima und Umwelt, Ernährung der dann zehn Milliarden Menschen, soziale Gerechtigkeit und globale Menschenrechte sind die Kernthemen der 17 Ziele. Verpflichtet haben sich Regierungen. Als Sanktion ist vor allem das Berichtswesen vorgesehen. Die Mechanik geht davon aus, dass Regierungen durch diesen öffentlichen Druck dann sich selber verpflichtet fühlen und so die Umsetzung dieser Ziele ernsthaft vorantreiben.

Realistisch betrachtet sind die Möglichkeiten von Regierungen letztendlich begrenzt. Die Erreichung der vorgegebenen Ziele können in jedem Fall nur durch die Gesellschaften und durch die globale Wirtschaft erst erreicht werden. Nur nennenswerte Veränderungen und die Schaffung wirksamer Lösungsansätze bei Produktion und beim Verbrauch können die erforderlichen Ergebnisse bewirken.

Die Integration des privaten Sektors in die Bemühungen zur Erreichung der Ziele ist unumgänglich. Natürlich haben die Eltern dieser SDGs unmittelbar an Konsequenzen auf Industrie, Produktion, Verbraucherverhalten und Regeln des gesellschaftlichen Lebens gedacht. Zu fragen ist, in wieweit alleine staatliche Mechanismen hinreichend oder vernünftig zur Regelung sind. Entsprechend ist zu fragen ob und wie die private Wirtschaft, private gesellschaftliche Institutionen und Privatpersonen gleichermaßen in Verantwortung stehen, die Ziele für eine globale Nachhaltigkeit (SDG) selbstständig und freiwillig zu unterstützen.

Die staatlichen Mittel zur Korrektur oder Milderung von Hunger oder Benachteiligung im wirtschaftlichen Sinne reichen schon lange nicht mehr aus, um die angestrebten Ziele auch nur ansatzweise zu verwirklichen. Die von den Industriestaaten ausgebrachten Transfermittel zur Unterstützung der schwächeren Länder sind schon nominal erheblich zu gering. Hinzu kommt die Erkenntnis, dass seit Jahren die ausgelobten oder versprochenen Mittel nur zu Teilen tat-

sächlich hingegeben werden. Große Budgetanteile fallen Etatkürzungen im Geberland zum Opfer. Nur wenige Staaten sind dabei vorbildliche Ausnahmen und leisten auch das, was sie zugesagt haben.

Die Verwirklichung der Nachhaltigkeitsziele der UN allerdings erfordern erheblich größere Transferleistungen der wohlhabenden Staaten an die notleidendenden Regionen. Davon ist realistisch nicht auszugehen. Alleine diese Tatsache lässt erkennbar werden, wie wesentlich die Integration privater Akteure in die Umsetzung der Nachhaltigkeitsziele ist. Hier geht es nicht nur um die Entwicklungshilfe oder die Nothilfe, erforderlich ist auch die Verwirklichung einer radikalen Änderung industrieller Produktionsmethoden, ebenso eine radikale Minderung der Emissionen im täglichem Lebensverhalten. Gemeint sind unter anderem Konsum, Reisen, Freizeit, Gütertransport, Umgang mit Produktivkraft. Das sind nur einige Schlagworte, die verdeutlichen können welche Aufgaben auch auf der privaten Seite gestellt sind.

Sicher könnte eine politische Logik meinen, dass die sich selber verpflichteten Regierungen, in ihren jeweiligen Ländern, durch Regulierung die Wirtschaft und Gesellschaft lenken, um den Nachhaltigkeitszielen gerecht zu werden. Fraglich ist, ob eine solche strenge Regulierung tatsächlich zu den gewünschten Ergebnissen führt. Es wird gerade bei strenger Pflichtregulierung sicher zahlreiche Versuche geben, diesen Pflichten zu entkommen. Weiter gefragt, werden Regierungen über ein sanftes Maß hinaus bereit sein, die erforderlichen Regeln zu erzwingen? Zumindest die demokratisch gewählten Akteure sind auf Zustimmung ihrer Gesellschaft angewiesen. Politiker wollen gewählt werden und vermeiden vorausschauend Widerstand ihrer potentiellen Wähler.

Zusätzlich muss diskutiert werden wieweit eine allzu starke Regulierung die Motivation zu Fortschritt, ja sogar Kontinuität in Wirtschaft und Gesellschaft mindert. Unternehmen weichen traditionell strengen Regularien durch Ortswechsel aus. Es ist nicht zu erwarten, dass trotz der großen Gemeinsamkeit bei der Verpflichtung auf die SDGs global gleiche Regelungen aufgestellt werden. Ein Ausweichen wird weiter möglich sein. Wichtig ist aber, dass die vereinbarten Ziele tatsächlich auch zu einer Umsetzung kommen, da die erkennbaren und gegenwärtigen Probleme unweigerlich Lösungen erfordern. Umso mehr muss der private Sektor auf einer verantwortlichen und oder freiwilligen Ebene aktiv in die Umsetzung eingebunden werden.

Ein verantwortliches Handeln kann auf vielen Sektoren auch erwartet werden. Es ist praktisch gut umsetzbar. Auf den Feldern der angestrebten Transparenz, der Menschenrechte, der sozialen Gerechtigkeit und speziell auf dem Gebiet des Klimaschutzes und der Umweltgerechtigkeit zeigen sich ideale Ansatzpunkte aus der privaten Wirtschaft und dem privaten Lebensverhalten heraus zu den Zielen wirksam beitragen zu können.

Eindrucksvoll schildert der Ulmer Wissenschaftler Franz Josef Radermacher, der auch Präsident des Senats der Wirtschaft Deutschland ist, in seinem 2017 erscheinenden Buch zur freiwilligen Klimaneutralität des Privatsektors, eine plausible Begründung für die Verantwortung gerade wohlhabender Personen an der Klimagerechtigkeit mitzuwirken. Basis ist die von Radermacher bereits vielfach vorgestellte Lücke zwischen der erreichbaren CO^2 Zielgröße des Pariser Klima-Vertrags und der tatsächlich erforderlichen CO^2 Emissionsgrenze zur Erreichung des 2 Grad Ziels. Nach Radermachers Berechnungen beträgt die zusätzlich zu schließende Differenz weitere 500 Milliarden Tonnen CO^2 bis zum Jahr 2050.[139]

Besonders die wohlhabenden Personen und deren Konsum verursachen hohe Emissionen durch Reisen, die geschäftlich und privat sein können, durch Konsumgüterproduktion und vieles mehr. Das soll nicht kritisiert werden, vielmehr als plausible Begründung zur Übernahme einer freiwilligen Verantwortung dienen. Die Kompensation dieser Aufwendungen durch Umwelt-, Klima-, und soziale Unterstützungsfinanzierungen können ein Schlüssel zur Lösung der drängenden Probleme sein.

Ein weiteres Argument für eine zwingend erforderliche Beteiligung des Privatsektors zeigt die realistische Betrachtung finanzieller Folgen einer staatlich verordneten Beendigung der Nutzung fossiler Energieträger. Da es sich juristisch um wirtschaftliche Enteignung handelt, würden Entschädigungen in Billionengrößen entstehen. Die aktuelle Rechtsprechung in Deutschland gibt hier eine Erkenntnisrichtung vor. Eine Mitwirkung des privaten Sektors kann zu pragmatischen Lösungen beitragen, die von Einfallsreichtum, Ideenstärke und hoher Motivation getragen sind. Wesentlich dabei ist aber auch den Willen zu generieren. Eine Verantwortung entsteht auch durch das Bewusstsein der erforderlichen Akteure. Vieles hat sich in den letzten Jahrzehnten bereits positiv verändert, manches durch privates Handeln. Das Verantwortungsbewusstsein ist ohne Zweifel deutlich angestiegen.

---

[139] Franz Josef Radermacher: Freiwillige Klimaneutralität des Privatsektors. Kurzfassung, im Internet abrufbar unter: www.senat-magazin.de (abgerufen am 24. Oktober 2017).

Ein besonders nutzbares Instrument ist, neben staatlicher Regulierung, der konsensuale Wille der Gesellschaft. So bildet sich nicht nur politischer Wille, auch das Konsumentenverhalten wird durch Diskurse zu Umwelt und Sozialthemen beeinflusst. Das wiederum ist ein maximaler Hebel bei Entscheidungen der Wirtschaft hinsichtlich verbesserter Produktionsmethoden, ebenso wie zu sozialen Dispositionen der Wirtschaft. Überwiegend werden freiwillige Lösungsleistungen der Wirtschaft auf der Basis des erwarteten Konsumentenwillens getroffen oder gar erzwungen.

Letztlich ist es nicht wirklich wesentlich, weshalb eine freiwillige Entscheidung getroffen wird. Wesentlich ist, dass nachhaltig wirksam gehandelt wird. Ob eine verantwortliche Disposition aus altruistischen Gründen erfolgt oder individueller Vorteil als Motiv herhalten muss, ist nicht relevant.

Die Gesellschaft und die Wirtschaft entdecken die Verantwortung für eine umweltgerechte und klimagerechte Zukunft. Die Mitwirkung an einer Welt in Balance ist nicht mehr alleine der Politik überlassen, die Atmosphäre in der Gesellschaft würdigt die Unterstützungsbemühungen bei der Bereinigung der Atmosphäre des Planeten. So bietet sich die Chance, auf die Kraft der globalen Wirtschaft als Helfer beim Klimaschutz zu setzen.

Der Vorteil nachhaltiger Wirtschaftsprozesse ist vornehmlich bei börsennotierten Unternehmen und Konzernbetrieben erkannt worden, denn die Ratingagenturen fragen danach. Nachhaltigkeit im Sinne der Ziele der UN Vereinbarungen bringt Punkte. Das ist gut so, denn es hilft tatsächlich dem Prozess zu einer verbesserten Wirtschaft. Die wichtigen und guten Ziele einiger Unternehmen sind hochgesteckt. Betrachtet man die Bemühungen um Klimaneutralität, dann kann überwiegend trotz ehrlicher Bemühungen alleine durch eine Reduktion der Emissionen im eigenen Betrieb die Neutralität nicht erreicht werden. Auch die Dienstleister sind zur Mitwirkung aufgefordert. Wer nicht klimagerecht ist, riskiert die Aufträge.

Also sieht man zwei gute Gründe eine nachhaltige, verantwortliche und klimagerechte Arbeit anzubieten und grundsätzlich ein CSR gerechtes Unternehmen zu sein: die eigene Überzeugung und die Marktvorteile, die zu erwarten sind.

Hochproblematisch ist für viele strategisch denkende Entscheider konsequent in Nachhaltigkeit zu investieren. Nachhaltiges Handeln kann leider auch ein Risiko sein, ein mächtiges Risiko. Der böse Geist des „Greenwashing" liegt in der Luft. Ist denn tatsächlich gut, was gut aussehen soll, fragen sich die Aktivisten der Umweltorganisationen. Wie Wächter über eine böse Macht prangern sie oft Unternehmen an, die Kompensationen für erforderliche Emissionen durchführen. Mal wird pauschal der Vorwurf eines "Ablasshandels" erhoben, im Mindesten werden die durch Unternehmen unterstützten Projekte kritisch, zweifelnd durchleuchtet.

Richtig ist, Augenwischerei und unehrliches Vortäuschen zu entlarven. Fatal jedoch wirkt sich übereifriges Bezichtigen aus. Eine grundsätzliche Anscheinsvermutung der Unehrlichkeit ist nicht vernünftig. Generalverdacht verhindert die Freiwilligkeit und damit richtige Schritte der privaten Wirtschaft. Ungnädig wird von ideologisch fixierten Akteuren die absolute Reduktion der Treibhausgase eingefordert, auch wenn das nicht mehr wirtschaftlich wäre. Ausgleiche durch umweltgerechte oder umweltreinigende Maßnahmen sind aus Sicht dieser Organisationen nicht akzeptiert.

So sind oft Unternehmen, die wohlmeinend in klimawirksame Kompensation investieren, im Fadenkreuz einiger NGOs. Vorwürfe werden erhoben und veröffentlicht. Rechnungen werden aufgemacht, die gelegentlich zwar die Leistung anerkennen, dann aber im Vergleich zum Gesamterfolg des Unternehmens vorwerfen, die gute Tat sei im Verhältnis zum "Profit" zu gering und deshalb zu kritisieren. Leider bleibt dann manchmal nicht der gute Wille, sondern die bösen Vorwürfe in der öffentlichen Wahrnehmung hängen. Die gute und für das Klima wichtige Leistung wird rhetorisch unter die Argumentation, relativ zu wenig zu leisten, untergepflügt. Die guten Leistungen werden ideologisch zur verantwortungslosen Schande herabgeschimpft.

Das Risiko wird durch ein Management oft als zu hoch eingestuft – mit dem Ergebnis, dass gar keine klimawirksame Kompensation stattfindet. Das ist schade. Es ist schade für die Umwelt, aber auch für das Unternehmen selbst. Eine Chance wurde verpasst.

Natürlich muss es nicht so kommen. Wer die Möglichkeiten einer reputationssicheren Investition in klimagerechte Projekte kennt, der kann die Risiken ausblenden. Es ist an die Umweltorganisationen zu appellieren, bedacht mit Vorwürfen zu haushalten, im Sinne einer ehrlichen Umweltaktivität der Wirtschaft. Inzwischen werden auch mehr reputationssichere Angebote und Projekte aufgebaut, die der Wirtschaft eine Klimaneutralität ermöglichen sollen. Die Klimainitiative des Senats der Wirtschaft wirkt daran tatkräftig mit.

Waldprojekte, die unter ökologischen Gesichtspunkten ebenso wie unter sozialen Aspekten nicht zu kritisieren sind. Eine Zusammenarbeit mit der Weltbank und der Bundesregierung lassen Zweifel verschwinden. Die Ehrlichkeit in der Analyse des CO^2-Verbrauchs und die öffentliche Anerkennung, die Akzeptanz der Notwendigkeit wirtschaftlicher Produktionsaufkommen, das sind Ansätze, die Entscheider vor Angriffen schützen können. Das setzt jedoch voraus, dass die Bemühungen um Klimagerechtigkeit ehrlich und wirksam angesetzt werden. Reine „Show-Effekte" werden nicht unerkannt bleiben.

Die vom Senat der Wirtschaft Deutschland initiierte *Welt Wald Klimainitiative* hat zum Ziel Wiederaufforstung von Wäldern aus privaten Finanzmitteln der Wirtschaft zu motivieren. Unternehmen, Organisationen, Produkte oder auch Einzelpersonen sollen die Möglichkeit erhalten, auf freiwilliger Basis Klimaneutralität zu erreichen. Dabei bleibt es das vornehmliche Ziel, zunächst einmal die Erzeugung von Treibhausgasen zu reduzieren. Die über die ehrlichen Bemühungen hinausgehenden Volumina sollen zum Beispiel durch natürliche Formen von CO2-Bindung kompensiert werden.

Ausgangspunkt der Initiative des Senats der Wirtschaft ist eine Analyse des Forschungsinstituts für anwendungsorientierte Wissensverarbeitung (FAW/n) in Ulm zur Möglichkeit eines Weltklimavertrags und zur Erreichung des von der Weltpolitik verfolgten 2 Grad-Ziels in der Folge der Weltklimakonferenzen in Kopenhagen und Cancún im Jahr 2010. Die Studie sieht die Zielerreichung noch als möglich an – aber nur bei extremen Anstrengungen. Dabei spielt vor allem Zeitgewinn eine zentrale Rolle, da bisher in der Sache viel zu wenig passiert ist.[140]

Ein Weltaufforstungs- und Landschaftsrestaurierungsprogramm auf 5 Mio. km^2 erlaubt bis 2050 die Bindung von 150 Milliarden, im Extremfall von bis zu 200 Milliarden Tonnen CO2 aus der Atmosphäre. Dies erschließt das Potential für einen dringend erforderlichen Zeitgewinn, um über eine mit weiterem wirtschaftlichem Wachstum kompatible und zugleich praktisch machbare Reduktion der jährlichen weltweiten CO2-Emissionen aus fossilen Quellen das 2 Grad-Ziel noch zu erreichen. Das erfordert bis zum Jahr 2050 unter anderem eine Absenkung

---

[140] Franz Josef Radermacher et. al.: Migration, Nachhaltigkeit und ein Marshall Plan mit Afrika, Ulm 2016, im Internet abrufbar unter: http://www.senat-deutschland.de/wp-content/uploads/2016/11/Denkschrift-Marshall-plan-mit-Afrika.pdf (abgerufen am 24. Oktober2017).

von heute etwa 31 Milliarden Tonnen CO2-Emissionen pro Jahr auf etwa zehn Milliarden Tonnen CO_2-Emissionen pro Jahr aus fossilen Energiequellen sowie in der Summe der bis dahin anfallenden Emissionen weltweit die Einhaltung der sogenannten WBGU-Budgetrestriktionen.

13.1 Die soziale Perspektive als weiterer Pluspunkt

Der Erhalt der Wachstumspotentiale ist dabei für die politische Umsetzung entscheidend. Andernfalls werden gerade die Regionen der Erde mit enormem Bevölkerungswachstum noch stärker benachteiligt, da ihnen die Möglichkeit eines wirtschaftlichen Wachstums verschlossen bliebe und die Lebensgrundlage für diese wachsende Bevölkerungszahl noch dramatischer entzogen wäre.

Mit neu entstehenden Wäldern hingegen ist ein in mehrfacher Sicht lösungsbefähigter Ansatz gegeben. Klimaschutz durch CO2 Speicherung und die Chance auf wirtschaftliche Zukunft für die regionalen Bevölkerungen durch eine umweltgerechte und nachhaltige Bewirtschaftung des Waldes und der umliegenden Felder, letzteres auch ausgerichtet auf konsequente Humusbildung und damit weitere erhebliche CO2 Reduktion, stellen eine „Win-Win-Partnerschaft" für alle Beteiligten dar. Das beschriebene Ziel ist nur durch eine globale und auch geregelte Anstrengung erreichbar. Bekannt ist, dass hinreichend Flächen zur Wiederaufforstung verfügbar sind. Die Mittel und die organisatorische Kraft für diese gigantische Aufgabe sind jedoch durch staatliche Instanzen alleine nicht aktivierbar. Eine partnerschaftliche Synergie mit der privaten Wirtschaft ist zwingende Voraussetzung. Sie ist auch aus anderen Gründen sinnvoll, denn der Nutzen für die Wirtschaft wird erkennbar, wenn die Bereitschaft der Konsumenten zur Bevorzugung umweltbewusster Anbieter und die Offenheit der Konsumenten zu persönlichen Anstrengungen in diesem Bereich mitbedacht werden.

Die Atmosphäre ist also gut für eine Klimainitiative der Wirtschaft. Der Senat der Wirtschaft in Deutschland nimmt hierbei die Vorreiterrolle ein, mit dem Ziel, eine praktische Umsetzung des vorhandenen Willens bei vielen Beteiligten zu organisieren. Das kann als Beispiel und Motivation für weitere Initiativen dienen und ist als global ausgerichtete Anstrengung zu sehen. Der Ansatz fand auch international Beachtung und ausdrücklich Zuspruch bei verschiedenen Regierungen, der Weltbank und engagierten Umweltorganisationen. Das eröffnete Möglichkeiten für Partnerschaften und dafür, erforderliches Gehör zu finden.

Die Erfahrungen bei der Ansprache von interessierten Unternehmen führte rasch zu der Erkenntnis, dass die richtigen Rahmenbedingungen entscheidend dafür sind, dass Unternehmen gewissenhaft und professionell eine Entscheidung zur freiwilligen Investition in Wiederaufforstung zur Erreichung von Schritten in Richtung Klimaneutralität treffen können. Seit Beginn der Initiative kann berichtet werden, dass die Forstpartner des Senats der Wirtschaft mit Klienten aus der Privatwirtschaft mehr als 400.000 ha Waldaufbau oder Konservierung realisieren konnten. Gemessen an der Zielmenge ein kleiner Anteil, aber es kann als „prove of concept" gewertet werden. Der Wille und die Möglichkeiten privater Engagements sind erkennbar.

13.2 Private Lösungsmodelle gegen die Not in schwachen Regionen

Solche Lösungsmodelle können aber nicht nur auf dem Gebiet der Klimaneutralität und damit parallel zu Konsumentenverlangen nutzbar konzipiert werden. Weitere Teile der Nachhaltigkeitsziele der UN sind ebenso durch private Unterstützung zu erreichen. Viel mehr noch, auch marktwirtschaftliche Mechanismen mit Investmentmitteln der privaten Hand können geeignet sein, große Problemfelder zu einer Lösung zu führen.

Das gilt zum Beispiel beim Armutsthema. Der Senat der Wirtschaft Deutschland und der Club of Rome entwickelten gemeinsam die Konzeption eines Marshall Plans mit Afrika. Im Rahmen der Bundespressekonferenz am 11. November 2016 übergaben der Präsident des Senats Franz Josef Radermacher und der Präsident des Club of Rome Ernst Ulrich von Weizsäcker die Denkschrift „Migration, Nachhaltigkeit und ein Marshall Plan mit Afrika" an Gerd Müller, Bundesminister für wirtschaftliche Zusammenarbeit und Entwicklung.[141]

Bis 2050 wird sich nach Berechnungen der UN die Bevölkerung Afrikas auf über zwei Milliarden Menschen verdoppeln, bis 2100 möglicherweise vervierfachen. Die Zahl der gescheiterten Staaten könnte weiter zunehmen. Der Regenwald könnte durch Bevölkerungsdruck und Klimawandel ganz verschwinden. Migrationsströme werden zunehmen. Schon heute sind weltweit 65 Millionen Menschen auf der Flucht vor Krieg und Konflikten. Rund 250 Millionen verlassen ihre Heimat, weil sie dort keine wirtschaftliche Perspektive mehr sehen.

---

[141] Franz Josef Radermacher et. al.: Migration, Nachhaltigkeit und ein Marshall Plan mit Afrika, Ulm 2016, im Internet abrufbar unter: http://www.senat-deutschland.de/wp-content/uploads/2016/11/Denkschrift-Marshallplan-mit-Afrika.pdf (abgerufen am 24. Oktober2017).

Angesichts dieser Herausforderungen appellieren der Club of Rome und der Senat der Wirtschaft mit einer Denkschrift an die Bundesregierung, sich für einen Marshall Plan mit Afrika einzusetzen. Dies mit besonderem Fokus auf Teilen der MENA-Region. Dabei sehen sie alle beteiligten Länder als gleichwertige Partner, wie Ernst von Weizsäcker, Ko-Präsident des Club of Rome, betonte: „Ein Marshall-Plan zwischen Europa und Afrika geht nur auf gleicher Augenhöhe". Um der Bevölkerungsexplosion zu begegnen soll der Aufbau von Sozialsystemen in den beteiligten Ländern gefördert werden, die gesellschaftliche Rolle der Frau gestärkt, und in großem Umfang neue Arbeitsplätze für Jugendliche geschaffen werden. Vorgeschlagen wird ein „Fonds Zukunft Afrika". Auf deutscher Seite soll er bis 2030 Gesamteinzahlungen von 120 Milliarden Euro umfassen. Die Mittel können zu großen Teilen über den Finanzmarkt platziert werden und eröffnen dann interessante Anlagemöglichkeiten. Solche Anlagen dienen nicht zur Maximierung der Vermögen westlicher Investoren, sondern werden partnerschaftlich eingesetzt und sollen eine eigene Perspektive für die Menschen in Afrika schaffen: Keine Bevormundung, keine Ausnutzung, keine Ausbeutung, sondern ein gemeinsamer Aufbau zukünftiger Lebensperspektiven. Mittel für Afrika sollen unter anderem in den Bereichen erneuerbare Energie, Infrastrukturaufbau und Aufforstung investiert werden. Der Marshall Plan mit Afrika muss nach Meinung der Autoren verknüpft werden mit einem Ausbau des humanitären Programms für Flüchtlinge in Not und einer gesteuerten Einwanderung zum Vorteil aller Seiten.

Marktwirtschaftliche Investitionen für bessere Lebensperspektiven der in Afrika lebenden Menschen sind nicht nur massiv kosteneffektiver als der Einsatz sozialstaatlicher Mittel, alles, was den Menschen einen Anreiz bietet, ihre Zukunft im eigenen Land zu gestalten, respektiert auch in viel höherem Maße die Menschenwürde der Betroffenen. Voraussetzung ist allerdings Fairness und Ehrlichkeit, Verantwortung und Vertrauen in die Partnerschaftliche Aufbauarbeit. Sicher werden diese Eckpfeiler nicht ohne klare staatliche Regeln zu garantieren sein. Solche jedoch sind denkbar ohne bürokratische Hemmnisse und in ausgewogenem Rahmen einer ökologisch und sozial geregelten Marktwirtschaft.

14 Autorinnen und Autoren

Übersicht

Dr. Christoph Brüssel (Vorstand, Stiftung Senat der Wirtschaft & Universität Bonn)

Dr. Christoph Brüssel studierte Rechtswissenschaften in Bonn und später berufsbegleitend Medienwirtschaftswissenschaften in Bonn und Zürich. Er war als politischer Korrespondent und Moderator für ARD, ZDF, SAT1 und Pro7 tätig. Als Unternehmer produzierte er verschiedene TV-Magazine, Shows und internationale Spielfilme. In der Politik sammelte er Erfahrung als Wahlkampfmanager. Seit 2014 ist er Vorstand des Senats der Wirtschaft. Er hat zudem einen Lehrauftrag an der Universität Bonn.

Prof. Dr. Felix Ekardt (Leiter, Forschungsstelle Nachhaltigkeit und Klimapolitik)

Prof. Dr. Felix Ekardt ist Leiter der Forschungsstelle Nachhaltigkeit und Klimapolitik (Leipzig/Berlin), ferner Professor an der Universität Rostock, Jurist, Soziologe, Philosoph und transdisziplinärer Nachhaltigkeitsforscher.

Prof. Dr. Anita Engels (Professorin, Universität Hamburg, Lehrstuhl f. Sozialstrukturanalyse)

Anita Engels beschäftigt sich seit zwei Jahrzehnten mit soziologischer Forschung zum Klimawandel. In Forschung und Lehre konzentriert sie sich auf Wirtschafts- und Umweltsoziologie, Theorien sozialen Wandels, Klima-Governance und CO_2-Märkte. Nach Studium und Promotion an der Universität Bielefeld wurde sie an die Universität Hamburg berufen. Hier war sie von 2014-2017 Sprecherin des Exzellenzclusters CliSAP.

Prof. Dr. Anna Henkel (Prof. f. Kultur- und Mediensoziologie, Leuphana Universität Lüneburg)

Anna Henkel ist Professorin für Kultur- und Mediensoziologie an der Leuphana. Nach einem Studium der Ökonomie und Sozialwissenschaft in Witten/Herdecke und dem Institut d'Études politiques (Paris) und Post-Doc Positionen in Bielefeld sowie an der CBS (Kopenhagen), war sie Juniorprofessorin für Sozialtheorie an der Universität Oldenburg. Ihr Forschungsschwerpunkt liegt auf der Untersuchung gesellschaftlichen Wandels und darin dem Zusammenwirken von Wissen, Materialität und Verantwortung.

Dr. Beate Littig (Senior Researcher, Institut für Höhere Studien, Wien)

Beate Littig ist habilitierte Soziologin und Leiterin der Einheit sozial-ökologische Transformationsforschung am Institut für Höhere Studien (IHS) in Wien. Sie ist Universitätsdozentin an der Universität Wien und im WS 17/18 Gastwissenschaftlerin an der Universität Hamburg. Ihre

internationalen Forschungs- und Lehrtätigkeiten umfassen Umweltsoziologie, nachhaltige Arbeitsgesellschaften, Gender Studies, Praxistheorien und qualitative Forschungsmethoden.

PD Dr. Stephan Lorenz (Soziologe, Friedrich-Schiller-Universität Jena)

Stephan Lorenz, PD Dr., forscht und lehrt am Institut für Soziologie in Jena und ist assoziiertes Mitglied am DFG-Kolleg „Postwachstumsgesellschaften". Arbeitsschwerpunkte sind Nachhaltigkeit, Ökologie, Armut/ Ausgrenzung, Überfluss, Ernährung, Gesellschaftstheorie, qualitative Methodik. Er forschte u.a. zu Biokonsum, Lebensmitteltafeln und Bienensterben und ist Autor von „Mehr oder weniger? Zur Soziologie ökologischer Wachstumskritik und nachhaltiger Entwicklung".

Prof. Dr. Michael Opielka (Wissenschaftlicher Leiter, ISÖ – Institut für Sozialökologie)

Prof. Opielka ist Wissenschaftlicher Leiter und Geschäftsführer des ISÖ – Institut für Sozialökologie in Siegburg und Professor für Sozialpolitik an der Ernst-Abbe-Hochschule Jena. 2012 bis 2016 leitete er zudem das IZT – Institut für Zukunftsstudien und Technologiebewertung in Berlin. 2015 Gastprofessor für Soziale Nachhaltigkeit an der Universität Leipzig. Visiting Scholar UC Berkeley (1990-1, 2005-6). Promotion (HU Berlin 1996) und Habilitation (Univ. Hamburg 2008) in Soziologie.

Sophie Peter, M.Sc. (Junior Researcher, ISÖ – Institut für Sozialökologie)

Seit November letzten Jahres arbeitet Sophie Peter als Junior Researcher im ISÖ-Institut für Sozialökologie. Seitdem ist sie in mehreren Projekten mit den Themenschwerpunkten soziale Nachhaltigkeit und eine nachhaltige Entwicklung in einem gesellschaftlichen Mehrebenensystem involviert. Seit kurzem promoviert sie über „socio-cultural dynamics of Ecosystem Services" am Senckenberg BiK-F. Im Juni 2016 schloss sie erfolgreich ihren M.Sc. in Environmental Sciences, Policy and Management (MESPOM) ab.

Birgit Pfau-Effinger (Professorin, Universität Hamburg)

Prof. Dr. Birgit Pfau-Effinger ist seit 2004 Professorin für Soziologie und Wissenschaftliche Direktorin an der Universität Hamburg. Vorher war sie Professorin an den Universitäten Jena und Süddänemark und Ehrenprofessorin an der Universität von Süddänemark. Ihre Forschung richtet sich auf Kultur, Gender, Wohlfahrtsstaaten, Care und das Verhältnis von Familie und Erwerbstätigkeit. Sie hat zahlreiche wissenschaftliche Artikel in internationalen Fachzeitschriften und Bücher publiziert.

Prof. Dr. Ortwin Renn (Wissenschaftlicher Direktor, IASS)

Prof. Renn ist Wissenschaftlicher Direktor am Institut für transformative Nachhaltigkeitsforschung (IASS) in Potsdam und Professor für Umwelt und Techniksoziologie an der Universität Stuttgart. Seine Hauptforschungsfelder sind Risikoanalyse (Governance, Wahrnehmung und Kommunikation), Bürgerbeteiligung bei öffentlichen Vorhaben, sowie sozialer und technischer Wandel in Richtung einer nachhaltigen Entwicklung. Für seine Verdienste wurde er mit dem Bundesverdienstkreuz erster Klasse ausgezeichnet.

Daniela Setton, Dipl. Pol. (Senior Wissenschaftliche Mitarbeiterin, IASS)

Daniela Setton forscht als Senior Research Associate am Institut für transformative Nachhaltigkeitsforschung (IASS) in Potsdam. Die Diplom-Politologin arbeitet schwerpunktmäßig an der Erstellung eines jährlichen Barometers zur sozialen Nachhaltigkeit der Energiewende in Deutschland. In ihrer Promotion untersucht sie die Governance der deutschen Energiewende in zentralen politischen Regelungsfeldern im Hinblick auf ihre Triebkräfte, Herausforderungen und Reformperspektiven.

Dr. Wolfgang Strengmann-Kuhn (MdB, Bundestagsfraktion von Bündnis 90/ Die Grünen)

Volkswirt, hat an der Universität Bielefeld (1992-1995), der Goethe Universität Frankfurt (1996-2000 und 2004-2008) und der Universität Hohenheim (2001-2003) gelehrt und geforscht. Promotion (2002) und Habilitation (2006) an der Goethe-Universität Frankfurt. 2007-2008 Vertretungsprofessor der Professur für Labor Economics an der Goethe Universität Frankfurt. Seit 2008 Mitglied des deutschen Bundestags, von 2009-2013 Sprecher für Rentenpolitik, seit 2014 Sprecher für Sozialpolitik.

Prof. Dr. Susan Thieme (Professorin für Soziologie, Universität Bern, Geographisches Institut)

Susan Thieme ist Professorin für Geographie und nachhaltige Entwicklung an der Universität Bern, Schweiz. Von Januar 2015 bis März 2017 war sie Professorin an der Freien Universität Berlin und habilitierte und promovierte an der Universität Zürich. Sie erforscht Formen von Im/mobilität im Kontext von Bildung und Arbeit; Prozesse des gesellschaftlichen Lernens und inter- und transdisziplinäre Debatten zu Fragen sozialer Ungleichheit im Zugang zu gesellschaftlichen Ressourcen.

Irina Zielinska, Dipl.-Volksw. (Researcher, Institut für Höhere Studien, Wien)

Irina Zielinska ist Mitarbeiterin in der Forschungsgruppe sozial-ökologische Transformationsforschung am Institut für Höhere Studien in Wien. Forschungsschwerpunkte sozial-ökologische Transformation und nachhaltige Arbeit.

15   Symposium 2.11.2017

Einladung und Programm

Symposium: Soziale Nachhaltigkeit

Potsdam, IASS, 2. November 2017, 9 bis 17 Uhr

Mit den im September 2015 von den Vereinten Nationen verabschiedeten Sustainable Development Goals (SDGs) der *Agenda 2030* wurden erstmals soziale und ökologische Nachhaltigkeitsziele systematisch verknüpft. Bei den sozialen Nachhaltigkeitszielen wurden ebenfalls erstmals auch die Industrieländer zum Adressaten und nicht ausschließlich die sogenannten Entwicklungsländer, wie noch bei der Vor-Agenda, den Milleniums-Entwicklungszielen der *Agenda 2015*.

Inwieweit verändern sich jedoch soziale und vor allem sozialpolitische Modernisierungsziele im Kontext der Nachhaltigkeitsperspektive? Lässt sich überhaupt von „Sozialer Nachhaltigkeit" sprechen und wenn ja, was ist damit genau gemeint? Genügen die unter dem Begriff „sozial-ökologische" Forschung und Politik formulierten Fragestellungen den komplexen Anforderungen der SDG und eines Programms zur Sozialen Nachhaltigkeit?

Da hier berechtigte Zweifel bestehen, beauftragte das IASS im Sommer 2016 das ISÖ mit einer Studie zu „Soziale Nachhaltigkeit. Konzept und Operationalisierung", die im Frühjahr 2017 unter dem Titel „Soziale Nachhaltigkeit. Auf dem Weg zur Internalisierungsgesellschaft" im oekom Verlag erschien.

Das gemeinsam von IASS und ISÖ am 2. November 2017 in Potsdam veranstaltete Symposium soll anlässlich der Studie und ihrer Buchveröffentlichung die wissenschaftlichen und politischen Perspektiven des Konzepts Soziale Nachhaltigkeit ausloten. Verhandelt werden insbesondere folgende Fragestellungen, sowohl in deutscher, europäischer und international vergleichender Perspektive:

- Was ist der Forschungsstand zum Verhältnis von Wohlfahrtsregime und Umweltregime? Sind wechselseitige Steigerungen zu beobachten? Welche Rolle spielen dabei welche Normative?
- Wie lassen sich Aspekte der Sozialen Nachhaltigkeit empirisch messen? Welche Indikatoren sind hier angemessen und wie lassen sich die Ergebnisse interpretieren?
- Welche Bedeutung kommt außersozialwissenschaftlichen Perspektiven in der Forschung zu Sozialer Nachhaltigkeit zu? Inwieweit kann der Fokus Soziale Nachhaltigkeit einen Beitrag zu vertiefter Transdisziplinarität in der Nachhaltigkeitsforschung leisten?
- Welche politischen Verwendungszusammenhänge des Konzepts Soziale Nachhaltigkeit lassen sich beobachten? Kann das Konzept einen Beitrag zur Entwicklung einer neuen gesellschaftspolitischen Arena auf der Grundlage von SDG und Menschenrechten leisten?

Programm

9 Uhr	**Prof. Dr. Ortwin Renn (Wissenschaftlicher Direktor des IASS)**

9 Uhr — Prof. Dr. Ortwin Renn (Wissenschaftlicher Direktor des IASS)
Soziale Nachhaltigkeit in der transdisziplinären Nachhaltigkeitsforschung

Prof. Dr. Michael Opielka (Wissenschaftlicher Leiter des ISÖ)
Soziale Nachhaltigkeit als Forschungsparadigma

Prof. Dr. Birgit Pfau-Effinger (Universität Hamburg)
Wartet die Wohlfahrtsstaatsforschung auf Nachhaltigkeit?

10.30 — Kaffeepause

11 Uhr — Prof. Dr. Anita Engels (Universität Hamburg)
Zur Messbarkeit Sozialer Nachhaltigkeit am Beispiel der Klimaforschung

Dr. Beate Littig (IHS Wien)
Soziale Indikatoren in der Energieforschung

Sophie Peter (ISÖ)
Soziale Nachhaltigkeitsindikatoren in der ökologischen vs. konventionellen Landwirtschaft

Daniela Setton (IASS)
Soziale Nachhaltigkeit der Energiewende

12.30 — Mittagspause

13.30 — Prof. Dr. Anna Henkel (Leuphana Universität)
Transdisziplinarität in der Nachhaltigkeitsforschung

PD Dr. Stephan Lorenz (FSU Jena)
Kritische Reflexion Sozialer Nachhaltigkeit

Prof. Dr. Felix Ekardt (Universität Rostock)
Menschenrechte, SDGs und Nachhaltigkeit

Prof. Dr. Susan Thieme (Universität Bern)
Außersozialwissenschaftliche Perspektiven in der Forschung zu Sozialer Nachhaltigkeit

15 Uhr — Kaffeepause

15.30 — Dr. habil. Wolfgang Strengmann-Kuhn, MdB
Politische Verwendung von Sozialer Nachhaltigkeit und SDG

Dr. Christoph Brüßel (Vorstand Senat der Wirtschaft)
SDGs in der Unternehmenswirklichkeit einer ökologisch sozialen Marktwirtschaft

Abschlussdiskussion

16.45 — Resümee der Tagung: Prof. Dr. Michael Opielka und Prof. Dr. Ortwin Renn

Impressum

ISÖ – Institut für Sozialökologie gemeinnützige GmbH

Tel.: +49 (0) 2241 1457073

Fax: +49 (0) 2241 1457039

Ringstraße 8

53721 Siegburg

Wissenschaftlicher Leiter und Geschäftsführer

Prof. Dr. habil. Michael Opielka

Förder- und Trägerverein

Sozialökologische Gesellschaft e.V. (gemeinnützig) - gegründet 1987

Mitgliedschaften

Mitglied der Arbeitsgemeinschaft Sozialwissenschaftlicher Institute e.V. (ASI)

Mitglied im Deutschen Verein für öffentliche und private Fürsorge e.V.

www.isoe.org